맥체인 1년 1독 성경읽기

맥체인 통독 맥잡기(7)

(7-9월)

김홍양 지음

신교횃불
ccm2u.com

맥체인 1년 1독 성경읽기

맥체인 통독 맥잡기(7)

(7-9월)

맥체인 성경읽기란?

맥체인 성경읽기표는 1842년 맥체인이 자신이 목양하던 성 베드로 교회 성도들의 영적 성장을 위해 개발한 것으로, 매일 구약과 신약을 각각 2장씩 읽음으로써 1년에 구약 1회, 신약과 시편을 각 2회 정독할 수 있도록 만든 표입니다.

이와 같은 맥체인의 방법에 따라 신구약 성경 전체를 골고루 4등분해서 동시에 읽으면, 성경에 기록된 장구한 구속사를 크게 네 시대로 나누어 동시에 묵상할 수 있습니다.

각각의 시대마다 하나님께서는 하나님이 세우신 사람들과 언약을 맺으셨고, 그 언약을 완성하셨습니다. 그리고 이 시대들은 서로 씨줄과 날줄이 되어 하나님의 구속사를 완성하는 완벽한 하모니를 이루고 있습니다.

때로는 시대별로, 때로는 거시적인 안목에서 구속사 전체를 한 번에 아우르게 합니다. 그렇기에 남녀노소, 교회의 직분을 무론하고, 누구나 맥체인 성경읽기표를 따라 성경을 읽으면, 성경에 대한 명쾌한 이해와 함께 하나님께서 감춰두신 구속의 보화를 찾는 기쁨을 누릴 수 있습니다.

또한 이를 통해 성경의 맥을 보다 쉽게 잡을 수 있습니다. 이렇게 하나님의 계시 목적에 평행선을 그으며 따라가는 것은 맥체인 성경읽기표만의 독특한 방식입니다.

성경을 읽다가 중간에 빠뜨린 부분이 있더라도 포기하지 말고, 그날의 날짜에 맞추어 읽는 것이 좋습니다. 이런 습관은 해가 거듭되더라도 반복적으로 성경을 통독할 수 있게 해 주기 때문입니다. 개인적으로 읽을 때는 아침, 저녁으로 나누어 읽으셔도 됩니다. 각자의 방법대로 성경을 읽으면 됩니다.

> "또 어려서부터 성경을 알았나니 성경은 능히 너로 하여금 그리스도 예수 안에 있는 믿음으로 말미암아 구원에 이르는 지혜가 있게 하느니라 모든 성경은 하나님의 감동으로 된 것으로 교훈과 책망과 바르게 함과 의로 교육하기에 유익하니 이는 하나님의 사람으로 온전하게 하며 모든 선한 일을 행할 능력을 갖추게 하려 함이라" (딤후 3:15-17).

맥체인 성경읽기의 필요성

▶ "맥체인 성경읽기"의 특징과 장점

- ㅇ 맥체인 성경은 구약과 신약(또는 시편)에서 4권씩 짝을 이루고 있어서 흥미롭고 읽는 재미를 더합니다.
- ㅇ 맥체인 성경은 구약과 신약의 대조를 통해 말씀 간 연관성 및 의미의 다채로움을 만끽하게 합니다.
- ㅇ 맥체인 성경은 매일 신구약의 4장씩 일정량을 읽도록 구성되어, 끝까지 효과적으로 읽을 수 있습니다.
- ㅇ 맥체인 성경은 하나님의 구속사를 한눈에 볼 수 있도록 구성되어 있습니다.
- ㅇ 맥체인 성경은 성경 전체를 관통하는 하나님의 생각을 연상하게 훈련시킵니다.
- ㅇ 맥체인 성경은 <읽기표>를 통해 규칙적이고 체계적인 성경읽기를 가능하게 합니다.
- ㅇ 맥체인 성경의 <읽기표>를 활용하면 1년에 구약은 1독, 신약과 시편은 2독 할 수 있습니다.
- ㅇ 맥체인 성경은 말씀의 연관성을 찾아 말씀의 참 의미를 깨닫게 도와줍니다.

▶ 《맥체인성경 365》 말씀연결 사용하는 법

① 네 성경 본문의 소주제를 통해 중심 단어나 문장을 말씀으로 묵상한다.

② 네 본문의 말씀을 순서대로, 천천히 읽는다.

③ 두 본문에서 반복되는 단어나 유사한 문맥을 찾아 서로 연결한다.

④ 본문에서 반대의 뜻을 가진 단어나 문장을 찾는다.

⑤ 두 권의 책에서 공통되는 하나님의 말씀을 연결하여 기록한다.

⑥ 연결되는 말씀을 다른 두 권으로 확대하여 네 권 전체에 흐르는 하나님의 생각과 베푸신 은혜를 누리고, 그 내용을 적어본다.

⑦ 본문에서 지도자나 인도자로부터 배운 신학 주제나 교리들이 함축하고 있는 문맥의 짝을 찾아본다.

⑧ 중심 주제를 필두로, 삶에 적용할 일들을 적어보고 생활 중에 실천함으로써 변화를 경험해 본다.

⑨ 하나님이 오늘 나에게 주신 말씀들을 통하여 가르침, 명령과 약속 권면, 경고 및 행해야 할 일들을 하나님과 대화하는 마음으로(기도) 성경읽기를 마무리한다.

182 일차 / 365 우선 7월 1일

Ⅰ. 맥체인성경의 통독구조<182>

사복음서를 통해 입체적인 예수님을 보듯 신구약 네 장 통독을 통해 하나님의 역사하심을 입체적으로 보는 구조이다.

Ⅱ. 핵심구절 읽기

성경본문	여호수아 3장	시편 126~128편	이사야 63장	마태복음 11장
통일주제	**우선** (于先, 어떤 일에 앞서서 먼저)			
개별주제	언약궤를 멘 제사장이 요단강 도하에 우선함	기쁨으로 단을 거두기 위해 씨뿌림을 우선함	주님이 조건 없이 이스라엘의 구원을 우선함	예수님 오시기 전에 세례요한 보내심을 우선함
연합내용	**세상은 원인에 따라 결과가 주어진다. 인과응보의 역사가 정상이다. 하나님은 이 원리에 따라 믿는 자가 먼저 해야 할 것을 말씀하셨다. 그리고 자신도 우선해야 할 일을 진행하면서 구원의 역사를 이루셨다.**			
핵심구절	3~5,7,10~12 14~16	126:1~3,5~6 127:1~3 128:1~3,5~6	1~5,7~9,11~16	3~6,9~11,13~14 18~21,25,28~29

• 여호수아 3장 : 언약궤를 멘 제사장이 요단강 도하에 우선함

백성에게 명령하여 이르되 너희는 레위 사람 제사장들이 너희 하나님 여호와의 언약궤 메는 것을 보거든 너희가 있는 곳을 떠나 그 뒤를 따르라...(3-5)

여호와께서 여호수아에게 이르시되 내가 오늘부터 시작하여 너를 온 이스라엘의 목전에서 크게 하여 내가 모세와 함께 있었던 것 같이 너와 함께 있는 것을 그들이 알게 하리라(7)

또 말하되 살아 계신 하나님이 너희 가운데에 계시사 가나안 족속과 헷 족속과 히위 족속과 브리스 족속과 기르가스 족속과 아모리 족속과 여부스 족속을 너희 앞에서 반드시 쫓아내실 줄을 이것으로서 너희가 알리라...(10-12)

백성이 요단을 건너려고 자기들의 장막을 떠날 때에 제사장들은 언약궤를 메고 백성 앞에서 나아가니라...(14-16)

• 시편 126-128편 : 기쁨으로 단을 거두기 위해 씨뿌림을 우선함

여호와께서 시온의 포로를 돌려 보내실 때에 우리는 꿈꾸는 것 같았도다...(126:1-3)

눈물을 흘리며 씨를 뿌리는 자는 기쁨으로 거두리로다...(126:5-6)

여호와께서 집을 세우지 아니하시면 세우는 자의 수고가 헛되며 여호와께서 성을 지키지 아니하시면 파수꾼의 깨어 있음이 헛되도다...(127:1-3)

여호와를 경외하며 그의 길을 걷는 자마다 복이 있도다...(128:1-3)

여호와께서 시온에서 네게 복을 주실지어다 너는 평생에 예루살렘의 번영을 보며...(128:5-6)

• 이사야 63장 : 주님이 조건 없이 이스라엘의 구원을 우선함

에돔에서 오는 이 누구며 붉은 옷을 입고 보스라에서 오는 이 누구냐 그의 화려한 의복 큰 능력으로 걷는 이가 누구냐 그는 나이니 공의를 말하는 이요 구원하는 능력을 가진 이니라...(1-5)

내가 여호와께서 우리에게 베푸신 모든 자비와 그의 찬송을 말하며 그의 사랑을 따라, 그의 많은 자비를 따라 이스라엘 집에 베푸신 큰 은총을 말하리라...(7-9)

백성이 옛적 모세의 때를 기억하여 이르되 백성과 양 떼의 목자를 바다에서 올라오게 하신 이가 이제 어디 계시냐 그들 가운데에 성령을 두신 이가 이제 어디 계시냐...(11-16)

• 마태복음 11장 : 예수님 오시기 전에 세례요한 보내심을 우선함

예수께 여짜오되 오실 그이가 당신이오니이까 우리가 다른 이를 기다리오리이까...(3-6)

그러면 너희가 어찌하여 나갔더냐 선지자를 보기 위함이었더냐 옳다 내가 너희에게 이르노니 선지자보다 더 나은 자니라...(9-11)

모든 선지자와 율법이 예언한 것은 요한까지니...(13-14)

요한이 와서 먹지도 않고 마시지도 아니하매 그들이 말하기를 귀신이 들렸다 하더니...(18-21)

그 때에 예수께서 대답하여 이르시되 천지의 주재이신 아버지여 이것을 지혜롭고 슬기 있는 자들에게는 숨기시고 어린 아이들에게는 나타내심을 감사하나이다(25)

Ⅲ. 묵상을 위한 질문

1. 여호수아가 요단을 건널 때 이스라엘에게 지시한 내용은 무엇일까요?(3~5)
2. 이스라엘 자손이 요단강을 건널 때 마른 땅으로 건너갈 수 있었던 것은 무엇 때문일까요?(6,8,13,15~17)
3. 울며 씨를 뿌리고 집을 세우며 성을 지킬지라도 누가 먼저 일하지 아니하시면 아무 소용이 없을까요?(126:3,5~6,127:1~2)
4. 여호와께 복을 받고 형통할 사람은 손으로 수고하기 전에 먼저 무엇을 해야 할까요?(128:1~2,4~5)
5. 이사야는 여호와의 구원이 이스라엘에게 어떻게 성취되었다고 말했나요?(1~5,7,14)
6. 이사야는 이스라엘의 회복을 위하여 어떤 처절한 기도를 드렸나요?(15~17)
7. 예수님은 멸망당할 세대는 어떤 모습을 보인다고 말씀하셨나요?(16~20)
8. 예수님은 자신을 어떤 사명을 가지고 온 존재라고 말씀하셨나요?(27~30)

Ⅳ. 기도

1. 주여, 먼저 믿은 자가 먼저 헌신함으로 하나님의 역사를 이루어 가게 하옵소서.
2. 주여, 먼저 하나님을 경외한 후에 손으로 수고하여 단을 거두게 하옵소서.
3. 주여, 아버지의 뜻을 따라 오신 주님처럼 우리도 주의 뜻을 따라가게 하옵소서.

• 하나님 마음 알아가기 •

• 나에게 주시는 말씀(암송하기) •

• 오늘의 감사(기록하기) •

183 일차 / 365 체험 7월 2일

Ⅰ. 맥체인성경의 통독구조<183>

코끼리 알기 : 한 면만을 볼 경우 단면의 한계로 온전히 이해하기 어렵다.

코, 뿔, 다리, 꼬리 알기 : 각각의 특징, 지체를 종합하여 볼 때 온전한 모습을 볼 수 있다.

그러므로 성경의 네 시대를 함께 봄으로써 전체를 보는 구조이다.

Ⅱ. 핵심구절 읽기

성경본문	여호수아 4장	시편 129~131편	이사야 64장	마태복음 12장
통일주제	**체험** (體驗, 어떤 일을 실제로 보고 듣고 겪음)			
개별주제	온 이스라엘이 기적의 요단강 도하를 체험	성도가 주의 의로우심과 사유하심을 체험	이사야가 주의 강림하심과 침묵하심을 체험	손 마른 자와 벙어리된 자가 치유함을 체험
연합내용	**기독교는 믿음과 체험의 종교다. 하나님과 예수 그리스도를 믿고 그 안에서 영적인 신비의 체험과 육적인 치유의 체험 그리고 환난과 역경 속에서 기적의 체험을 함으로써 구체적인 삶을 영위하는 것이다.**			
핵심구절	1~3,6~7,9 11~12,18~20 23~24	129:1~2,4~5,8 130:2~6 131:1~3	3~9,12	1~2,6~8,10~13 22~26,28,30~33 37,39~42,45,50

• 여호수아 4장 : 온 이스라엘이 기적의 요단강 도하를 체험

그 모든 백성이 요단을 건너가기를 마치매 여호와께서 여호수아에게 말씀하여 이르시되...(1-3)

오직 너는 스스로 삼가며 네 마음을 힘써 지키라 그리하여 네가 눈으로 본 그 일을 잊어버리지 말라 네가 생존하는 날 동안에 그 일들이 네 마음에서 떠나지 않도록 조심하라 너는 그 일들을 네 아들들과 네 손자들에게 알게 하라(9)

모든 백성이 건너기를 마친 후에 여호와의 궤와 제사장들이 백성의 목전에서 건넜으며...(11-12)

여호와의 언약궤를 멘 제사장들이 요단 가운데에서 나오며 그 발바닥으로 육지를 밟는 동시에 요단 물이 본 곳으로 도로 흘러서 전과 같이 언덕에 넘쳤더라...(18-20)

너희의 하나님 여호와께서 요단 물을 너희 앞에서 마르게 하사 너희를 건너게 하신 것

이 너희의 하나님 여호와께서 우리 앞에 홍해를 말리시고 우리를 건너게 하심과 같았나니...(23-24)

• 시편 129-131편 : 성도가 주의 의로우심과 사유하심을 체험

이스라엘은 이제 말하기를 그들이 내가 어릴 때부터 여러 번 나를 괴롭혔도다...(129:1-2)

지나가는 자들도 여호와의 복이 너희에게 있을지어다 하거나 우리가 여호와의 이름으로 너희에게 축복한다 하지 아니하느니라(129:8)

주여 내 소리를 들으시며 나의 부르짖는 소리에 귀를 기울이소서...(130:2-6)

여호와여 내 마음이 교만하지 아니하고 내 눈이 오만하지 아니하오며 내가 큰 일과 감당하지 못할 놀라운 일을 하려고 힘쓰지 아니하나이다...(131:1-3)

• 이사야 64장 : 이사야가 주의 강림하심과 침묵하심을 체험

주께서 강림하사 우리가 생각하지 못한 두려운 일을 행하시던 그 때에 산들이 주 앞에서 진동하였사오니...(3-9)

여호와여 일이 이러하거늘 주께서 아직도 가만히 계시려 하시나이까 주께서 아직도 잠잠하시고 우리에게 심한 괴로움을 받게 하시려나이까(12)

• 마태복음 12장 : 손 마른 자와 벙어리된 자가 치유함을 체험

그 때에 예수께서 안식일에 밀밭 사이로 가실새 제자들이 시장하여 이삭을 잘라 먹으니...(1-2)

한쪽 손 마른 사람이 있는지라 사람들이 예수를 고발하려 하여 물어 이르되 안식일에 병 고치는 것이 옳으니이까...(10-13)

그러나 내가 하나님의 성령을 힘입어 귀신을 쫓아내는 것이면 하나님의 나라가 이미 너희에게 임하였느니라(28)

나와 함께 아니하는 자는 나를 반대하는 자요 나와 함께 모으지 아니하는 자는 헤치는 자니라...(30-33)

네 말로 의롭다 함을 받고 네 말로 정죄함을 받으리라(37)

이에 가서 저보다 더 악한 귀신 일곱을 데리고 들어가서 거하니 그 사람의 나중 형편이 전보다 더욱 심하게 되느니라 이 악한 세대가 또한 이렇게 되리라(45)

Ⅲ. 묵상을 위한 질문

1. 여호와 하나님은 요단강을 건넌 후 여호수아에게 후손의 교육을 위하여 어떤 일을 하라고 말씀하셨나요?(1~3,6~7)
2. 여호와께서 홍해와 요단강을 기적으로 건너게 하신 이유는 무엇일까요?(23~24)
3. 성전에 오르는 자는 사유하시는 여호와를 어느 정도로 기다리나요?(130:4~6)
4. 다윗은 자신의 성품과 영적 상태를 어떻게 표현했나요?(131:1~3)
5. 이사야는 엄위하신 여호와 앞에서 범죄한 이스라엘을 어떻게 표현했나요?(3~7)
6. 이사야는 황폐한 예루살렘의 회복을 위하여 어떤 기도를 드렸나요?(8~12)
7. 예수님은 바리새인들에게 자신을 누구라고 말씀하셨나요?(2,8,41~42)
8. 예수님은 무리 중 한 사람에게 어떻게 행하는 자가 자기의 어머니요 형제요 자매라고 말씀하셨나요?(48~50)

Ⅳ. 기도

1. 주여, 역경과 환난 속에서 기적을 체험하고 여호와를 더 잘 경외하게 하옵소서.
2. 주여, 다윗처럼 겸손하고 무리하지 않으며 젖 뗀 아이같이 순전하게 하옵소서.
3. 주여, 잘못된 신앙관을 버리고 주님 앞에 나와 영육 간에 치유받게 하옵소서.

• 하나님 마음 알아가기 •

• 나에게 주시는 말씀(암송하기) •

• 오늘의 감사(기록하기) •

184 일차 / 365 천국 7월 3일

Ⅰ. 맥체인성경의 통독구조<184>

구약과 신약이 짝을 이루어 흥미롭고 풍성하게 읽을 수 있는 구조다.

구약과 신약이 대조를 이루어 의미의 다채로움을 경험하며 읽을 수 있는 구조다.

Ⅱ. 핵심구절 읽기

성경본문	여호수아 5~6장 5절	시편 132~134편	이사야 65장	마태복음 13장
통일주제	**천국** (天國, 하나님이 새롭게 세우신 약속의 땅이며 영원한 나라)			
개별주제	하나님이 약속하신 젖과 꿀이 흐르는 땅 천국	하나님이 임재하여 계신 성전과 성소인 천국	주가 마지막에 주실 새 하늘과 새 땅인 천국	예수님이 일곱 비유로 소개해 주신 영원한 천국
연합내용	**천국은 하나님의 나라이며 영원한 하늘나라이다. 하나님의 나라는 하나님이 통치하시는 모든 영역임으로 금생도 속한다. 그리고 믿음으로 이 세상을 떠난 자들은 반드시 영원한 하늘나라의 백성이 된다.**			
핵심구절	5:1~5,7~10,12 14~15 6:2~5	132:1~3,5,7,9 11~14,16 133:1~3,134:1~3	1~3,5,7,9 11~14,16~20 23~25	3~8,11,16~17 24~33,43~50,52 57~58

• 여호수아 5-6장 5절 : 하나님이 약속하신 젖과 꿀이 흐르는 땅 천국

요단 서쪽의 아모리 사람의 모든 왕들과 해변의 가나안 사람의 모든 왕들이 여호와께서 요단 물을 이스라엘 자손들 앞에서 말리시고 우리를 건너게 하셨음을 듣고 마음이 녹았고 이스라엘 자손들 때문에 정신을 잃었더라...(5:1-5)

또 그 땅의 소산물을 먹은 다음 날에 만나가 그쳤으니 이스라엘 사람들이 다시는 만나를 얻지 못하였고 그 해에 가나안 땅의 소출을 먹었더라(5:12)

그가 이르되 아니라 나는 여호와의 군대 대장으로 지금 왔느니라 하는지라 여호수아가 얼굴을 땅에 대고 엎드려 절하고 그에게 이르되 내 주여 종에게 무슨 말씀을 하려 하시나이까...(5:14-15)

여호와께서 여호수아에게 이르시되 보라 내가 여리고와 그 왕과 용사들을 네 손에 넘겨 주었으니...(6:2-5)

• 시편 132-134편 : 하나님이 임재하여 계신 성전과 성소인 천국

여호와여 다윗을 위하여 그의 모든 겸손을 기억하소서...(132:1-3)

우리가 그의 계신 곳으로 들어가서 그의 발등상 앞에서 엎드려 예배하리로다(132:7)

여호와께서 다윗에게 성실히 맹세하셨으니 변하지 아니하실지라 이르시기를 네 몸의 소생을 네 왕위에 둘지라...(132:11-14)

보라 형제가 연합하여 동거함이 어찌 그리 선하고 아름다운고...(133:1-3)

보라 밤에 여호와의 성전에 서 있는 여호와의 모든 종들아 여호와를 송축하라...(134:1-3)

• 이사야 65장 : 주가 마지막에 주실 새 하늘과 새 땅인 천국

나는 나를 구하지 아니하던 자에게 물음을 받았으며 나를 찾지 아니하던 자에게 찾아냄이 되었으며 내 이름을 부르지 아니하던 나라에 내가 여기 있노라 내가 여기 있노라...(1-3)

사람에게 이르기를 너는 네 자리에 서 있고 내게 가까이 하지 말라 나는 너보다 거룩함이라 하나니 이런 자들은 내 코의 연기요 종일 타는 불이로다(5)

오직 나 여호와를 버리며 나의 성산을 잊고 갓에게 상을 베풀며 므니에게 섞은 술을 가득히 붓는 너희여...(11-14)

그들의 수고가 헛되지 않겠고 그들이 생산한 것이 재난을 당하지 아니하리니 그들은 여호와의 복된 자의 자손이요 그들의 후손도 그들과 같을 것임이라...(23-25)

• 마태복음 13장 : 예수님이 일곱 비유로 소개해 주신 영원한 천국

예수께서 비유로 여러 가지를 그들에게 말씀하여 이르시되 씨를 뿌리는 자가 뿌리러 나가서...(3-8)

대답하여 이르시되 천국의 비밀을 아는 것이 너희에게는 허락되었으나 그들에게는 아니되었나니(11)

예수께서 그들 앞에 또 비유를 들어 이르시되 천국은 좋은 씨를 제 밭에 뿌린 사람과 같으니...(24-33)

그 때에 의인들은 자기 아버지 나라에서 해와 같이 빛나리라 귀 있는 자는 들으라...(43-50)

예수께서 이르시되 그러므로 천국의 제자된 서기관마다 마치 새것과 옛것을 그 곳간에서 내오는 집주인과 같으니라(52)

예수를 배척한지라 예수께서 그들에게 말씀하시되 선지자가 자기 고향과 자기 집 외에서는 존경을 받지 않음이 없느니라 하시고...(57-58)

Ⅲ. 묵상을 위한 질문

1. 여호와 하나님은 출애굽한 후 광야 길에서 난 이스라엘 자손들에게 무엇을 행하도록 여호수아에게 명령했나요?(5:2~5,7)

2. 하나님은 여호수아에게 여리고성을 무너뜨릴 어떤 방법을 가르쳐 주셨나요?(6:2~5)

3. 다윗은 여호와의 처소 곧 전능자의 성막을 발견하기까지 무엇을 하지 않았나요?(132:3~5)

4. 여호와는 형제가 연합하여 동거함이 선하고 아름다워 어떤 복을 주시나요?(133:1,3)

5. 여호와 하나님은 패역한 백성들의 어떤 죄를 벌하신다고 하셨나요?(2~5,7,11~12)

6. 여호와 하나님이 이사야를 통해 예언하신 미래적인 계획은 무엇일까요?(17~25)

7. 예수님이 제자들에게 말씀해 주신 일곱 가지 천국의 비유는 무엇일까요?(3~8, 24~33, 44~50)

8. 예수님은 자신의 가르침을 잘 받아들이는 제자들에게 무엇을 약속하시고 배척하는 고향 사람들에게는 어떻게 행하셨나요?(11~12,16~17,54~58)

Ⅳ. 기도

1. 주여, 하나님의 자녀로 다시 태어나는 물세례와 불세례를 받게 하옵소서.
2. 주여, 하나님이 가장 기뻐하시는 연합과 동거의 삶으로 복을 누리게 하옵소서.
3. 주여, 이사야의 영원한 나라와 예수님의 천국을 대망하며 살게 하옵소서.

• 하나님 마음 알아가기 •

• 나에게 주시는 말씀(암송하기) •

• 오늘의 감사(기록하기) •

185 일차 / 365 방식 7월 4일

I. 맥체인성경의 통독구조<185>

전혀 다른 역사 속에서 믿는 자에게 발생했던 많은 문제들을 현재라는 시점에서 종합하여 묵상하고 현재의 문제를 창조적으로 해결해 가도록 돕는 구조이다.

II. 핵심구절 읽기

성경본문	여호수아 6장 6~27절	시편 135~136편	이사야 66장	마태복음 14장
통일주제	**방식** (方式, 일정한 형식이나 방법)			
개별주제	여리고 성을 돌면서 점령하는 기적의 방식	출애굽과 기업주심을 찬양하는 고백의 방식	외식을 버리고 참 모습으로 사는 생활의 방식	병든 자와 가난한 자를 돕는 은혜의 방식
연합내용	**성경에는 문제를 해결하는 많은 방식이 나온다. 하나님이 하시는 방식에는 기적과 표적과 이적 등이 있다. 반면 사람이 하는 방식에는 영적, 심적, 신앙적, 감정적, 행위적, 생활적 방식이 있다.**			
핵심구절	6~7,10,12 14~19,22~23 25~26	135:1~3,6,8,12 15~18,20 136:1~2,4~9,25	1~4,7~9,12~14 16~20,22~23	1~3,8~11,14~21 23~33

• 여호수아 6장 6-27절 : 여리고 성을 돌면서 점령하는 기적의 방식

눈의 아들 여호수아가 제사장들을 불러 그들에게 이르되 너희는 언약궤를 메고 제사장 일곱은 양각 나팔 일곱을 잡고 여호와의 궤 앞에서 나아가라 하고...(6-7)

여호수아가 백성에게 명령하여 이르되 너희는 외치지 말며 너희 음성을 들리게 하지 말며 너희 입에서 아무 말도 내지 말라 그리하다가 내가 너희에게 명령하여 외치라 하는 날에 외칠지니라 하고(10)

그 둘째 날에도 그 성을 한 번 돌고 진영으로 돌아오니라 엿새 동안을 이같이 행하니라...(14-19)

여호수아가 그 땅을 정탐한 두 사람에게 이르되 그 기생의 집에 들어가서 너희가 그 여인에게 맹세한 대로 그와 그에게 속한 모든 것을 이끌어 내라 하매...(22-23)

여호수아가 기생 라합과 그의 아버지의 가족과 그에게 속한 모든 것을 살렸으므로 그가 오늘까지 이스라엘 중에 거주하였으니 이는 여호수아가 여리고를 정탐하려고...(25-26)

• 시편 135-136편 : 출애굽과 기업주심을 찬양하는 고백의 방식

할렐루야 여호와의 이름을 찬송하라 여호와의 종들아 찬송하라...(135:1-3)

여호와께서 그가 기뻐하시는 모든 일을 천지와 바다와 모든 깊은 데서 다 행하셨도다(135:6)

그가 애굽의 처음 난 자를 사람부터 짐승까지 치셨도다 (135:8)

그들의 땅을 기업으로 주시되 자기 백성 이스라엘에게 기업으로 주셨도다(135:12)

열국의 우상은 은금이요 사람의 손으로 만든 것이라...(135:15-18)

레위 족속아 여호와를 송축하라 여호와를 경외하는 너희들아 여호와를 송축하라(135:20)

여호와께 감사하라 그는 선하시며 그 인자하심이 영원함이로다...(136:1-2)

모든 육체에게 먹을 것을 주신 이에게 감사하라 그 인자하심이 영원함이로다(136:25)

홀로 큰 기이한 일들을 행하시는 이에게 감사하라 그 인자하심이...(136:4-9)

• 이사야 66장 : 외식을 버리고 참 모습으로 사는 생활의 방식

여호와께서 이와 같이 말씀하시되 하늘은 나의 보좌요 땅은 나의 발판이니 너희가 나를 위하여 무슨 집을 지으랴 내가 안식할 처소가 어디랴...(1-4)

시온은 진통을 하기 전에 해산하며 고통을 당하기 전에 남아를 낳았으니...(7-9)

여호와께서 불과 칼로 모든 혈육에게 심판을 베푸신즉 여호와께 죽임 당할 자가 많으리니...(16-20)

내가 지을 새 하늘과 새 땅이 내 앞에 항상 있는 것 같이 너희 자손과 너희 이름이 항상 있으리라 여호와의 말이니라...(22-23)

• 마태복음 14장 : 병든 자와 가난한 자를 돕는 은혜의 방식

그 때에 분봉 왕 헤롯이 예수의 소문을 듣고...(1-3)

그가 제 어머니의 시킴을 듣고 이르되 세례 요한의 머리를 소반에 얹어 여기서 내게 주소서 하니...(8-11)

예수께서 나오사 큰 무리를 보시고 불쌍히 여기사 그 중에 있는 병자를 고쳐 주시니라...(14-21)

무리를 보내신 후에 기도하러 따로 산에 올라가시니라 저물매 거기 혼자...(23-33)

여호와께서 이와 같이 말씀하시되 보라 내가 그에게 평강을 강 같이, 그에게 뭇 나라의 영광을 넘치는 시내 같이 주리니 너희가 그 성읍의 젖을 빨 것이며 너희가 옆에 안기며 그 무릎에서 놀 것이라...(12-14)

Ⅲ. 묵상을 위한 질문

1. 여호와 하나님은 여호수아에게 여리고성을 함락하기 위해 어떤 독특한 전술을 가르쳐 주셨나요?(6~10,14~16)
2. 여호수아는 여리고성을 점령할 때에 어떤 가정을 구원해 주었나요?(22~23,25)
3. 시편 기자는 여호와께서 이스라엘에게 어떤 일 행하심을 찬양하고 고백했나요? (135:8~12,136:10~21)
4. 시편 기자는 출애굽 사건 외에 하나님의 어떤 성품과 사역을 고백했나요?(136:1~9)
5. 이사야는 하나님이 어떤 자를 기뻐하지 않으시고 심판하신다고 했나요?(2~4,17)
6. 이사야는 하나님이 지으실 새 하늘과 새 땅에서는 어떤 생활이 열릴 것이라고 했나요?(19~23)
7. 예수님은 세례요한이 장사되었다는 소식을 듣고 빈들로 가셔서 모인 자들에게 어떤 일을 하셨나요?(12~21,35~36)
8. 예수님은 풍랑을 만난 제자들에게 나타나셔서 어떤 교훈을 주셨나요?(24~33)

Ⅳ. 기도

1. 주여, 난공불락의 과제도 주님이 가르쳐 주시는 방법으로 해결하게 하옵소서.
2. 주여, 출애굽을 기억하듯 죄에서 구원해 주신 은혜를 기억하게 하옵소서.
3. 주여, 질병과 가난과 고난 속에 있어도 함께 하시는 주님만 의지하게 하옵소서.

• 하나님 마음 알아가기 •

• 나에게 주시는 말씀(암송하기) •

• 오늘의 감사(기록하기) •

186 일차 / 365 문제 7월 5일

Ⅰ. 맥체인성경의 통독구조<186>

편하게 읽을 것인가, 유익하게 읽을 것인가? 편하게 읽는다는 것은 생각을 단순화 시키는 것과 같다. 반면 유익하게 읽으려면 사고를 동원해야 한다.

Ⅱ. 핵심구절 읽기

성경본문	여호수아 7장	시편 137~138편	예레미야 1장	마태복음 15장
통일주제	**문제** (問題, 해답을 필요로 하는 물음이나 사건의 원인을 제공한 것)			
개별주제	아간의 욕심이 낳은 죄가 문제	바벨론에 쫓겨간 범죄가 문제	끓는 가마 재앙의 임함이 문제	전통으로 계명을 범함이 문제
연합내용	**인생은 문제의 연속이다. 나로 인한 문제도 있고 남에게로부터 기인한 문제도 있다. 영적인 문제도 있고 육적인 문제도 있다. 먼저 이런 모든 문제의 원인을 파악하고 그 후 주 안에서 해결하는 자가 올바르다.**			
핵심구절	1~4,6~7,10~11 13~15,19~21 24~26	137:1~4,6,8 138:1~3,6~8	1~3,5~7,9~11 13,15~16,19	1~3,5~9,11,14 17~20,22,25~28 31~32,34~38

• 여호수아 7장 : 아간의 욕심이 낳은 죄가 문제

이스라엘 자손들이 온전히 바친 물건으로 말미암아 범죄하였으니 이는 유다 지파 세라의 증손 삽디의 손자 갈미의 아들 아간이 온전히 바친 물건을 가졌음이라 여호와께서 이스라엘 자손들에게 진노하시니라...(1-4)

여호와께서 여호수아에게 이르시되 일어나라 어찌하여 이렇게 엎드렸느냐...(10-11)

너는 일어나서 백성을 거룩하게 하여 이르기를 너희는 내일을 위하여 스스로 거룩하게 하라 이스라엘의 하나님 여호와의 말씀에 이스라엘아 너희 가운데에 온전히...(13-15)

그러므로 여호수아가 아간에게 이르되 내 아들아 청하노니 이스라엘의 하나님 여호와께 영광을 돌려 그 앞에 자복하고 네가 행한 일을 내게 알게 하라 그 일을 내게 숨기지 말라 하니...(19-21)

여호수아가 이스라엘 모든 사람과 더불어 세라의 아들 아간을 잡고 그 은과 그 외투와 그 금덩이와 그의 아들들과 그의 딸들과 그의 소들과 그의 나귀들과 그의 양들과...(24-26)

• 시편 137-138편 : 바벨론에 쫓겨간 범죄가 문제

우리가 바벨론의 여러 강변 거기에 앉아서 시온을 기억하며 울었도다...(137:1-4)

내가 예루살렘을 기억하지 아니하거나 내가 가장 즐거워하는 것보다 더 즐거워하지 아니할진대 내 혀가 내 입천장에 붙을지로다(137:6)

멸망할 딸 바벨론아 네가 우리에게 행한 대로 네게 갚는 자가 복이 있으리로다(137:8)

내가 전심으로 주께 감사하며 신들 앞에서 주께 찬송하리이다...(138:1-3)

여호와께서는 높이 계셔도 낮은 자를 굽어살피시며 멀리서도 교만한 자를...(138:6-8)

• 예레미야 1장 : 끓는 가마 재앙의 임함이 문제

베냐민 땅 아나돗의 제사장들 중 힐기야의 아들 예레미야의 말이라...(1-3)

내가 너를 모태에 짓기 전에 너를 알았고 네가 배에서 나오기 전에 너를 성별하였고 너를 여러 나라의 선지자로 세웠노라 하시기로...(5-7)

여호와께서 그의 손을 내밀어 내 입에 대시며 여호와께서 내게 이르시되 보라 내가 내 말을 네 입에 두었노라...(9-11)

여호와의 말씀이 다시 내게 임하니라 이르시되 네가 무엇을 보느냐 대답하되 끓는 가마를 보나이다 그 윗면이 북에서부터 기울어졌나이다 하니(13)

그들이 너를 치나 너를 이기지 못하리니 이는 내가 너와 함께 하여 너를 구원할 것임이니라 여호와의 말이니라(19)

• 마태복음 15장 : 전통으로 계명을 범함이 문제

그 때에 바리새인과 서기관들이 예루살렘으로부터 예수께 나아와 이르되...(1-3)

너희는 이르되 누구든지 아버지에게나 어머니에게 말하기를 내가 드려 유익하게 할 것이 하나님께 드림이 되었다고 하기만 하면...(5-9)

그냥 두라 그들은 맹인이 되어 맹인을 인도하는 자로다 만일 맹인이 맹인을 인도하면 둘이 다 구덩이에 빠지리라 하시니...(14)

가나안 여자 하나가 그 지경에서 나와서 소리 질러 이르되 주 다윗의 자손이여 나를 불쌍히 여기소서 내 딸이 흉악하게 귀신 들렸나이다 하되(22)

말 못하는 사람이 말하고 장애인이 온전하게 되고 다리 저는 사람이 걸으며 맹인이 보는 것을 무리가 보고 놀랍게 여겨 이스라엘의 하나님께 영광을 돌리니라...(31-32)

예수께서 이르시되 너희에게 떡이 몇 개나 있느냐 이르되 일곱 개와 작은 생선 두어 마리가 있나이다 하거늘...(34-38)

Ⅲ. 묵상을 위한 질문

1. 이스라엘 자손이 아이성을 정탐한 후 함락하려고 할 때 패배한 원인은 무엇이었나요?(1~5,10~12)
2. 하나님은 아이성 패배의 원인을 어떻게 처리하라고 하셨나요?(13~15,19~25)
3. 시편 기자는 어떤 슬픔을 말하면서 누구의 멸망을 기도했나요?(137:1,3~4,8)
4. 다윗과 세상의 모든 왕들이 주께 감사하며 찬송하는 이유는 무엇 때문일까요?

   (138:1~2,4~5)
5. 예레미야는 남쪽 유다를 향하여 언제부터 언제까지 예언한 선지자일까요?(1~3)
6. 예레미야는 어떤 두 가지 환상을 보았으며 그 환상의 뜻은 무엇일까요?(11~15)
7. 예수님은 바리새인들과 서기관들 그리고 제자들에게 정말 사람을 더럽게 하는 것이 무엇이라고 가르치셨나요?(1~2,11,16~20)
8. 예수님은 영적이고 육적인 어떤 기적들을 행하셨나요?(22~28,30~31,34~38)

Ⅳ. 기도

1. 주여, 어떤 상황 속에서도 물질적 욕심을 버리고 일을 그릇치지 않게 하옵소서.
2. 주여, 나라의 상황을 알고 하나님의 뜻을 담대히 전하는 종이 되게 하옵소서.
3. 주여, 예수님의 영적이고 육적인 기적의 은혜를 날마다 경험하게 하옵소서.

• 하나님 마음 알아가기 •

• 나에게 주시는 말씀(암송하기) •

• 오늘의 감사(기록하기) •

187 일차 / 365 지각 7월 6일

Ⅰ. 맥체인성경의 통독구조<187>

익숙하게 읽을 것인가, 새롭게 읽을 것인가?

습관적으로, 전통적으로 읽으면 익숙하게 읽을 수는 있다. 하지만 새롭게 읽으려면 지도와 도움이 필요하다. 맥체인성경통독은 약간의 훈련이 필요한 구조다.

Ⅱ. 핵심구절 읽기

성경본문	여호수아 8장	시편 139편	예레미야 2장	마태복음 16장
통일주제	**지각** (知覺, 사물의 이치나 도리를 다 알고 분별하며 깨달음)			
개별주제	아이성 점령의 방법을 아시는 하나님의 지각	다윗의 모든 것을 아시는 하나님의 지각	이스라엘의 모든 죄를 아시는 하나님의 지각	바리새인의 교훈을 다 아시는 예수님의 지각
연합내용	**창조주 하나님은 지각에 뛰어나신 분이시다. 성을 함락하는 방법도, 한 인생의 영과 육에 관한 모든 것도, 한 나라의 죄악도, 거짓 교사들의 교훈도 다 아신다. 그러므로 우리의 삶의 모든 답은 하나님이시다.**			
핵심구절	1~3,7~9,13~16 19,22~23,25~26 29~34	1~5,7~10,13~14 17~18,23~24	1~3,5,7~9,13 17~19,21~23,25 27~28,31,35	1,4,8~12,15~19 21~24,27

• 여호수아 8장 : 아이성 점령의 방법을 아시는 하나님의 지각

여호와께서 여호수아에게 이르시되 두려워하지 말라 놀라지 말라 군사를 다 거느리고 일어나 아이로 올라가라 보라 내가 아이 왕과 그의 백성과 그의 성읍과 그의 땅을...(1-3)

너희는 매복한 곳에서 일어나 그 성읍을 점령하라 너희 하나님 여호와께서 그 성읍을 너희 손에 주시리라...(7-9)

그의 손을 드는 순간에 복병이 그들의 자리에서 급히 일어나 성읍으로 달려 들어가서 점령하고 곧 성읍에 불을 놓았더라(19)

그 날에 엎드러진 아이 사람들은 남녀가 모두 만 이천 명이라...(25-26)

그가 또 아이 왕을 저녁 때까지 나무에 달았다가 해 질 때에 명령하여 그의 시체를 나무에서 내려 그 성문 어귀에 던지고 그 위에 돌로 큰 무더기를 쌓았더니 그것이 오늘까지 있더라...(29-34)

• 시편 139편 : 다윗의 모든 것을 아시는 하나님의 지각

여호와여 주께서 나를 살펴 보셨으므로 나를 아시나이다...(1-5)

내가 주의 영을 떠나 어디로 가며 주의 앞에서 어디로 피하리이까...(7-10)

주께서 내 내장을 지으시며 나의 모태에서 나를 만드셨나이다...(13-14)

하나님이여 주의 생각이 내게 어찌 그리 보배로우신지요 그 수가 어찌 그리...(17-18)

하나님이여 나를 살피사 내 마음을 아시며 나를 시험하사 내 뜻을 아옵소서...(23-24)

• 예레미야 2장 : 이스라엘의 모든 죄를 아시는 하나님의 지각

여호와의 말씀이 내게 임하니라 이르시되...(1-3)

나 여호와가 이와 같이 말하노라 너희 조상들이 내게서 무슨 불의함을 보았기에 나를 멀리 하고 가서 헛된 것을 따라 헛되이 행하였느냐(5)

내 백성이 두 가지 악을 행하였나니 곧 그들이 생수의 근원되는 나를 버린 것과 스스로 웅덩이를 판 것인데 그것은 그 물을 가두지 못할 터진 웅덩이들이니라(13)

네 하나님 여호와가 너를 길로 인도할 때에 네가 그를 떠남으로 이를 자취함이 아니냐...(17-19)

내가 또 말하기를 네 발을 제어하여 벗은 발이 되게 하지 말며 목을 갈하게 하지 말라 하였으나 오직 너는 말하기를 아니라 이는 헛된 말이라 내가 이방 신들을 사랑하였은즉...(25)

너희 이 세대여 여호와의 말을 들어 보라 내가 이스라엘에게 광야가 되었었느냐 캄캄한 땅이 되었었느냐 무슨 이유로 내 백성이 말하기를 우리는 놓였으니 다시 주께로 가지...(31)

그러나 너는 말하기를 나는 무죄하니 그의 진노가 참으로 내게서 떠났다 하거니와 보라 네 말이 나는 죄를 범하지 아니하였다 하였으므로 내가 너를 심판하리라(35)

• 마태복음 16장 : 바리새인의 교훈을 다 아시는 예수님의 지각

바리새인과 사두개인들이 와서 예수를 시험하여 하늘로부터 오는 표적 보이기를 청하니(1)

악하고 음란한 세대가 표적을 구하나 요나의 표적 밖에는 보여 줄 표적이 없느니라 하시고 그들을 떠나 가시니라(4)

예수께서 아시고 이르시되 믿음이 작은 자들아 어찌 떡이 없으므로 서로 논의하느냐...(8-12)

이 때로부터 예수 그리스도께서 자기가 예루살렘에 올라가 장로들과 대제사장들과 서기관들에게 많은 고난을 받고 죽임을 당하고 제삼일에 살아나야 할 것을...(21-24)

인자가 아버지의 영광으로 그 천사들과 함께 오리니 그 때에 각 사람이 행한 대로 갚으리라(27)

Ⅲ. 묵상을 위한 질문

1. 하나님은 여호수아에게 아이성을 넘겨주셨다고 말씀하시면서 어떤 방법으로 점령하라고 가르쳐 주셨나요?(1~2,13~16,18~19)
2. 여호수아는 아이성을 점령한 후 제사를 드리면서 어떤 행사를 했나요?(30~34)
3. 다윗은 하나님이 자신에 대하여 무엇을 아신다고 노래했나요?(1~5,13~16)
4. 다윗은 모든 것을 아시는 여호와 하나님 앞에 무슨 기도를 드렸나요?(19~24)
5. 여호와를 위한 성물 즉 소산의 첫 열매였던 이스라엘은 하나님께 어떤 죄를 지었나요?(3,5,7~8,13)
6. 여호와께 죄를 지은 이스라엘의 더 나쁜 점은 무엇일까요?(22~23,27,35)
7. 빌립보 가이사랴 지방에서 예수님은 제자들에게 무엇을 질문하셨나요?(13~19)
8. 예수님은 제자들에게 하나님의 일을 생각하면서 어떻게 살라고 하셨나요?(23~24)

Ⅳ. 기도

1. 주여, 모든 삶의 방향과 방법을 가르쳐 주사 지혜롭게 대처하게 하옵소서.
2. 주여, 모든 것을 아시는 하나님을 믿고 간절한 마음으로 기도하게 하옵소서.
3. 주여, 승리를 위해 자기를 부인하고 제 십자가를 지고 주를 따르게 하옵소서.

• 하나님 마음 알아가기 •

• 나에게 주시는 말씀(암송하기) •

• 오늘의 감사(기록하기) •

188 일차 / 365 꾀함 7월 7일

I. 맥체인성경의 통독구조<188>

영혼의 양식 먹기 : 하나님의 말씀을 먹는 방법은 매우 다양하다.
듣기, 읽기, 공부하기, 암송하기, 묵상하기, 적용하기 등이다.

II. 핵심구절 읽기

성경본문	여호수아 9장	시편 140~141편	예레미야 3장	마태복음 17장
통일주제	**꾀함** (닥친 문제의 해결이나 일의 진행을 위해 생각해 낸 교묘한 방법이나 제안을 옮김)			
개별주제	여리고와 아이성의 소문을 들은 기브온의 꾀	의인과 성도를 함정에 빠뜨리는 악인들의 꾀	배역한 이스라엘과 반역한 유다의 범죄한 꾀	용모가 변한 예수님을 본 베드로의 즉흥적인 꾀
연합내용	**하나님은 인간에게 지혜를 주셨다. 그러나 타락한 인간은 그 지혜를 악한 꾀로 잘못 사용하여 결과를 얻으려고 한다. 성도는 즉흥적이거나 세속적인 꾀를 버리고 슬기롭고 진실한 꾀로 주께 영광을 돌려야 한다.**			
핵심구절	1~6,9~11,14~19 21,23~25	140:1~3,6~8,11~12 141:2~5,8~10	1~8,11~13,15 17,19~20	1~4,9~13,15~18 20,24~26

• 여호수아 9장 : 여리고와 아이성의 소문을 들은 기브온의 꾀

이 일 후에 요단 서쪽 산지와 평지와 레바논 앞 대해 연안에 있는 헷 사람과 아모리 사람과 가나안 사람과 브리스 사람과 히위 사람과 여부스 사람의 모든 왕들이 이 일을 듣고...(1-6)

그들이 여호수아에게 대답하되 종들은 당신의 하나님 여호와의 이름으로 말미암아 심히 먼 나라에서 왔사오니 이는 우리가 그의 소문과 그가 애굽에서 행하신 모든 일을 들으며...(9-11)

무리가 그들의 양식을 취하고는 어떻게 할지를 여호와께 묻지 아니하고...(14-19)

무리에게 이르되 그들을 살리라 하니 족장들이 그들에게 이른 대로 그들이 온 회중을 위하여 나무를 패며 물을 긷는 자가 되었더라(21)

• 시편 140-141편 : 의인과 성도를 함정에 빠뜨리는 악인들의 꾀

여호와여 악인에게서 나를 건지시며 포악한 자에게서 나를 보전하소서...(140:1-3)

내가 여호와께 말하기를 주는 나의 하나님이시니 여호와여 나의 간구하는 소리에 귀를 기울이소서 하였나이다...(140:6-8)

내가 알거니와 여호와는 고난 당하는 자를 변호해 주시며 궁핍한 자에게 정의를 베푸시리이다...(140:11-12)

나의 기도가 주의 앞에 분향함과 같이 되며 나의 손 드는 것이 저녁 제사 같이 되게 하소서...(141:2-5)

주 여호와여 내 눈이 주께 향하며 내가 주께 피하오니 내 영혼을 빈궁한 대로 버려 두지 마옵소서...(141:8-10)

• 예레미야 3장 : 배역한 이스라엘과 반역한 유다의 범죄한 꾀

그들이 말하기를 가령 사람이 그의 아내를 버리므로 그가 그에게서 떠나 타인의 아내가 된다 하자 남편이 그를 다시 받겠느냐 그리하면 그 땅이 크게 더러워지지 아니하겠느냐 하느니라 네가 많은 무리와 행음하고서도 내게로 돌아오려느냐 여호와의 말씀이니라...(1-8)

여호와께서 내게 이르시되 배역한 이스라엘은 반역한 유다보다 자신이 더 의로움이 나타났나니...(11-13)

내가 또 내 마음에 합한 목자들을 너희에게 주리니 그들이 지식과 명철로 너희를 양육하리라(15)

그 때에 예루살렘이 그들에게 여호와의 보좌라 일컬음이 되며 모든 백성이 그리로 모이리니 곧 여호와의 이름으로 말미암아 예루살렘에 모이고 다시는 그들의 악한 마음의 완악한 대로 그들이 행하지 아니할 것이며(17)

• 마태복음 17장 : 용모가 변한 예수님을 본 베드로의 즉흥적인 꾀

엿새 후에 예수께서 베드로와 야고보와 그 형제 요한을 데리시고 따로 높은 산에 올라가셨더니...(1-4)

그들이 산에서 내려올 때에 예수께서 명하여 이르시되 인자가 죽은 자 가운데서 살아나기 전에는 본 것을 아무에게도 이르지 말라 하시니...(9-13)

주여 내 아들을 불쌍히 여기소서 그가 간질로 심히 고생하여 자주 불에도 넘어지며...(15-18)

이르시되 너희 믿음이 작은 까닭이니라 진실로 너희에게 이르노니 만일 너희에게 믿음이 겨자씨 한 알 만큼만 있어도 이 산을 명하여 여기서 저기로 옮겨지라 하면 옮겨질 것이요 또 너희가 못할 것이 없으리라(20)

가버나움에 이르니 반 세겔 받는 자들이 베드로에게 나아와 이르되 너의 선생은 반 세겔을 내지 아니하느냐...(24-26)

Ⅲ. 묵상을 위한 질문

1. 가나안 땅에 살고 있던 기생 라합과 기브온 주민들이 구원을 얻기 위해 행한 방법의 차이점은 무엇일까요?(3~6,9~13)
2. 꾀로 화친조약을 맺은 기브온 주민들은 어떤 대우를 받게 되었나요?(21,23,27)
3. 다윗이 주 안에서 살면서 가장 힘들었던 부분은 무엇이었나요?(140:1,4,8,11)
4. 다윗이 주 안에서 살면서 항상 주의한 것은 무엇일까요?(141:2~5)
5. 예레미야 선지자는 이스라엘과 유다의 어떤 죄를 지적했나요?(2,6~10,13)
6. 악한 꾀를 일삼으며 우상숭배한 이스라엘과 유다에 대해 하나님은 어떤 구원의 계획을 가지고 계셨나요?(15,17~18,22)
7. 예수님이 높은 산에서 용모가 변형되었을 때 베드로의 생각은 무엇이었나요?(1~4)
8. 귀신 들린 아이를 고쳐주신 예수님은 제자들에게 무엇이 부족하다고 말씀하셨나요?(15~17,20)

Ⅳ. 기도

1. 주여, 생명을 구원하기 위해 지혜롭고 진실한 꾀를 생각하게 하옵소서.
2. 주여, 끊임없이 부르시는 하나님의 음성에 귀 기울이는 가족이 되게 하옵소서.
3. 주여, 체험이 있을 때에 즉흥적인 고백보다 주 뜻에 맞는 결단을 하게 하옵소서.

• 하나님 마음 알아가기 •

• 나에게 주시는 말씀(암송하기) •

• 오늘의 감사(기록하기) •

189 일차 / 365 대결 7월 8일

Ⅰ. 맥체인성경의 통독구조<189>

단품, 코스, 퓨전, 뷔페 등 다양하게 음식먹기 : 어떤 음식을 어떻게 먹느냐에 따라 그 맛이 다르다. 맥체인성경통독은 다양한 맛을 느끼게 하는 구조이다.

Ⅱ. 핵심구절 읽기

성경본문	여호수아 10장	시편 142~143편	예레미야 4장	마태복음 18장
통일주제	**대결** (對決, 어떤 상대와 승패나 옳고 그름을 가리기 위해 서로 맞섬)			
개별주제	여호수아와 아모리 족속 다섯 왕들과의 대결	간구하는 다윗과 핍박하는 자들과의 대결	심판하시는 하나님과 회개치 않는 자의 대결	탕감해 준 임금과 은혜를 모르는 종과의 대결
연합내용	**세상은 선과 악의 싸움터다. 선민과 이방인의 대결, 의인과 악인의 대결, 의로우신 하나님과 주를 떠난 백성들의 대결 등이 계속되고 있다. 모든 싸움은 정의가 승리한다. 하나님의 뜻과 질서이기 때문이다.**			
핵심구절	1~4,6~8,11~14 17~18,22,24~27,29 31,33~34,36,38,40	142:1~3,5~6 143:1~4,7~10	1~4,6~7,9 13~14, 18~20 22,26~28,31	1~4,6~8,10,14 15~17,19~22 24~35

• 여호수아 10장 : 여호수아와 아모리 족속 다섯 왕들과의 대결

그 때에 여호수아가 아이를 빼앗아 진멸하되 여리고와 그 왕에게 행한 것 같이 아이와 그 왕에게 행한 것과 또 기브온 주민이 이스라엘과 화친하여 그 중에 있다 함을 예루살렘 왕 아도니세덱이 듣고...(1-4)

그들이 이스라엘 앞에서 도망하여 벧호론의 비탈에서 내려갈 때에 여호와께서 하늘에서 큰 우박 덩이를 아세가에 이르기까지 내리시매 그들이 죽었으니 이스라엘 자손의 칼에 죽은 자보다 우박에 죽은 자가 더 많았더라...(11-14)

그 때에 여호수아가 이르되 굴 어귀를 열고 그 굴에서 그 다섯 왕들을 내게로 끌어내라 하매(22)

여호수아가 온 이스라엘과 더불어 막게다에서 립나로 나아가서 립나와 싸우매(29)

여호수아가 또 온 이스라엘과 더불어 립나에서 라기스로 나아가서 대진하고 싸우더니(31)

여호수아가 또 온 이스라엘과 더불어 에글론에서 헤브론으로 올라가서 싸워(36)

• 시편 142-143편 : 간구하는 다윗과 핍박하는 자들과의 대결

내가 소리 내어 여호와께 부르짖으며 소리 내어 여호와께 간구하는도다...(142:1-3)

여호와여 내가 주께 부르짖어 말하기를 주는 나의 피난처시요 살아 있는 사람들의 땅에서 나의 분깃이시라 하였나이다...(142:5-6)

여호와여 내 기도를 들으시며 내 간구에 귀를 기울이시고 주의 진실과 의로 내게 응답하소서...(143:1-4)

여호와여 속히 내게 응답하소서 내 영이 피곤하니이다 주의 얼굴을 내게서 숨기지 마소서 내가 무덤에 내려가는 자 같을까 두려워하나이다...(143:7-10)

• 예레미야 4장 : 심판하시는 하나님과 회개치 않는 자의 대결

여호와께서 이르시되 이스라엘아 네가 돌아오려거든 내게로 돌아오라 네가 만일 나의 목전에서 가증한 것을 버리고 네가 흔들리지 아니하며...(1-4)

여호와의 말씀이니라 그 날에 왕과 지도자들은 낙심할 것이며 제사장들은 놀랄 것이며 선지자들은 깜짝 놀라리라(9)

보라 그가 구름 같이 올라오나니 그의 병거는 회오리바람 같고 그의 말들은 독수리보다 빠르도다 우리에게 화 있도다 우리는 멸망하도다 하리라...(13-14)

네 길과 행위가 이 일들을 부르게 하였나니 이는 네가 악함이라 그 고통이 네 마음에까지 미치느니라...(18-20)

내 백성은 나를 알지 못하는 어리석은 자요 지각이 없는 미련한 자식이라 악을 행하기에는 지각이 있으나 선을 행하기에는 무지하도다(22)

내가 소리를 들은즉 여인의 해산하는 소리 같고 초산하는 자의 고통하는 소리 같으니 이는 시온의 딸의 소리라 그가 헐떡이며 그의 손을 펴고 이르기를 내게 화가 있도다 죽이는 자로 말미암아 나의 심령이 피곤하도다 하는도다(31)

• 마태복음 18장 : 탕감해 준 임금과 은혜를 모르는 종과의 대결

그 때에 제자들이 예수께 나아와 이르되 천국에서는 누가 크니이까...(1-4)

삼가 이 작은 자 중의 하나도 업신여기지 말라 너희에게 말하노니 그들의 천사들이 하늘에서 하늘에 계신 내 아버지의 얼굴을 항상 뵈옵느니라(10)

이와 같이 이 작은 자 중의 하나라도 잃는 것은 하늘에 계신 너희 아버지의 뜻이 아니니라...(14-17)

진실로 다시 너희에게 이르노니 너희 중의 두 사람이 땅에서 합심하여 무엇이든지 구하면 하늘에 계신 내 아버지께서 그들을 위하여 이루게 하시리라...(19-22)

Ⅲ. 묵상을 위한 질문

1. 여호수아가 아모리 족속을 물리칠 때에 어떤 두 가지 기적이 있었나요?(11~13)
2. 여호와 하나님이 여호수아의 손에 넘겨주신 족속들은 어떤 족속들일까요?

   (29,31,33~34,36,38)
3. 다윗은 핍박하는 자들과 싸울 때 어떤 영적 무기를 사용했나요?(142:1~3,5~6)
4. 다윗의 기도 내용을 볼 때 그는 어느 정도로 힘든 상황이었나요?(143:3~4,7,12)
5. 여호와 하나님은 이스라엘에게 어떻게 회개하라고 말씀하셨나요?(1~4,14)
6. 여호와 하나님은 예레미야 선지자를 통해서 회개하지 않고 여호와께 맞서는 자들은 어떤 심판을 받는다고 말씀하셨나요?(12~13,20,26,29~31)
7. 예수님은 제자들에게 천국에서 큰 자가 누구이며 어떻게 대하여야 한다고 말씀하셨나요?(1~4,6~7,10,14)
8. 예수님은 베드로에게 어떤 비유를 통해 용서를 가르쳐 주셨나요?(24~35)

Ⅳ. 기도

1. 주여, 주께서 약속하신 일을 믿고 실천할 때 기적과 표적으로 도와주옵소서.
2. 주여, 영적으로나 육적으로 힘들 때 신령한 무기인 기도를 사용하게 하옵소서.
3. 주여, 어린 아이같이 자신을 낮추고 죄인을 거듭 용서하며 살게 하옵소서.

• 하나님 마음 알아가기 •

• 나에게 주시는 말씀(암송하기) •

• 오늘의 감사(기록하기) •

190 일차 / 365 싸움 7월 9일

Ⅰ. 맥체인성경의 통독구조<190>

성경통독은 성경을 읽을 때 비행기를 타고 지나가듯 읽을 수 있으며 기차를 타고 지나가듯 읽을 수도 있다. 또한 자전거나 걸어가면서 가까이 보듯 읽을 수도 있다. 반면 맥체인성경은 입체적이며 전체 대강의 줄거리를 보면서 묵상하는 구조다.

Ⅱ. 핵심구절 읽기

성경본문	여호수아 11장	시편 144편	예레미야 5장	마태복음 19장
통일주제	**싸움** (말이나 힘으로 이기려고 상대방과 다툼. 진리가 비진리와 다툼)			
개별주제	여호수아가 가나안 일곱 족속과 싸움	의로운 다윗이 날마다 악한 자들과 싸움	하나님이 타락하고 배반한 자들과 싸움	예수님이 시험하는 바리새인들과 싸움
연합내용	**우리는 세상을 떠나기 전까지 끊임없는 선한 싸움을 해야 한다. 하나님이 허락하신 싸움, 인간관계 속에서 악한 자와의 싸움, 그릇된 가치관과 거짓된 교훈을 가진 자들과의 싸움에서 승리해야 하는 것이다.**			
핵심구절	1,4~7,10,13,15 18~21,23	1~4,7,9~10 12~15	11,4~6,9,11~15 17,19,23~24 27~28,31	3~6,8~9,14 16~24,27~28

• 여호수아 11장 : 여호수아가 가나안 일곱 족속과 싸움

하솔 왕 야빈이 이 소식을 듣고 마돈 왕 요밥과 시므론 왕과 악삽 왕과(1)

하솔은 본래 그 모든 나라의 머리였더니 그 때에 여호수아가 돌아와서 하솔을 취하고 그 왕을 칼날로 쳐죽이고(10)

여호와께서 그의 종 모세에게 명령하신 것을 모세는 여호수아에게 명령하였고 여호수아는 그대로 행하여 여호와께서 모세에게 명하신 모든 것을 하나도 행하지 아니한 것이 없었더라(15)

이와 같이 여호수아가 여호와께서 모세에게 말씀하신 대로 그 온 땅을 점령하여 이스라엘 지파의 구분에 따라 기업으로 주매 그 땅에 전쟁이 그쳤더라(23)

• 시편 144편 : 의로운 다윗이 날마다 악한 자들과 싸움

나의 반석이신 여호와를 찬송하리로다 그가 내 손을 가르쳐 싸우게 하시며 손가락을 가르쳐 전쟁하게 하시는도다...(1-4)

위에서부터 주의 손을 펴사 나를 큰 물과 이방인의 손에서 구하여 건지소서(7)

하나님이여 내가 주께 새 노래로 노래하며 열 줄 비파로 주를 찬양하리이다...(9-10)

우리 아들들은 어리다가 장성한 나무들과 같으며 우리 딸들은 궁전의 양식대로 아름답게 다듬은 모퉁잇돌들과 같으며...(12-15)

• 예레미야 5장 : 하나님이 타락하고 배반한 자들과 싸움

너희는 예루살렘 거리로 빨리 다니며 그 넓은 거리에서 찾아보고 알라 너희가 만일 정의를 행하며 진리를 구하는 자를 한 사람이라도 찾으면 내가 이 성읍을 용서하리라(1)

내가 말하기를 이 무리는 비천하고 어리석은 것뿐이라 여호와의 길, 자기 하나님의 법을 알지 못하니...(4-6)

여호와의 말씀이니라 내가 어찌 이 일들에 대하여 벌하지 아니하겠으며 내 마음이 이런 나라에 보복하지 않겠느냐(9)

그들이 네 자녀들이 먹을 추수 곡물과 양식을 먹으며 네 양 떼와 소 떼를 먹으며 네 포도나무와 무화과나무 열매를 먹으며 네가 믿는 견고한 성들을 칼로 파멸하리라(17)

새장에 새들이 가득함 같이 너희 집들에 속임이 가득하도다 그러므로 너희가 번창하고 거부가 되어...(27-28)

• 마태복음 19장 : 예수님이 시험하는 바리새인들과 싸움

바리새인들이 예수께 나아와 그를 시험하여 이르되 사람이 어떤 이유가 있으면 그 아내를 버리는 것이 옳으니이까...(3-6)

예수께서 이르시되 모세가 너희 마음의 완악함 때문에 아내 버림을 허락하였거니와 본래는 그렇지 아니하니라...(8-9)

예수께서 이르시되 어린 아이들을 용납하고 내게 오는 것을 금하지 말라 천국이 이런 사람의 것이니라 하시고(14)

이에 베드로가 대답하여 이르되 보소서 우리가 모든 것을 버리고 주를 따랐사온대 그런즉 우리가 무엇을 얻으리이까...(27-28)

Ⅲ. 묵상을 위한 질문

1. 하솔왕 야빈이 가나안 북방의 모든 왕을 불러 연합군을 형성하고 이스라엘을 치러 왔을 때 여호와 하나님은 여호수아에게 무엇이라 말씀하셨나요?(1~6)
2. 가나안 일곱 족속이 진멸 당하게 된 두 가지 이유는 무엇일까요?(18~20)
3. 다윗은 여호와 하나님을 무엇과 연관지어 어떻게 고백하고 있나요?(1~2)
4. 여호와를 자기 하나님으로 삼는 백성은 어떤 복을 받을까요?(12~15)
5. 여호와 하나님은 예루살렘에 어떤 사람이 한 사람만 있어도 용서하신다고 하셨나요?(1)
6. 여호와 하나님이 예루살렘을 살펴보신즉 그 성에는 어떤 자들이 가득했나요?(4~5,7~9,11,19,23~24,27~28)
7. 예수님은 남편과 아내에 관하여 어떤 절대적 교훈을 남기셨나요?(3~6)
8. 예수님은 천국에 들어가는 영생이 무엇에 있다고 교훈하셨나요?(16~22,28~29)

Ⅳ. 기도

1. 주여, 하나님이 주신 영역을 싸워 얻기 위해 약속을 믿고 전진하게 하옵소서.
2. 주여, 하나님을 나의 주로 삼아 자녀, 곳간, 기쁨이 넘치는 복을 받게 하옵소서.
3. 주여, 주를 위해 집이나 가족이나 전토를 내려놓고 영생을 상속하게 하옵소서.

• 하나님 마음 알아가기 •

• 나에게 주시는 말씀(암송하기) •

• 오늘의 감사(기록하기) •

업적

7월 10일

Ⅰ. 맥체인성경의 통독구조<191>

일차적으로 성경을 사면으로 이해한다.

이차적으로 네 장의 성경말씀을 핵심본문과 그에 대한 예제의 관계로 이해해 본다. 네 장 중 어떤 본문은 원리가 되고 어떤 본문은 그 예가 될 수 있는 구조다.

Ⅱ. 핵심구절 읽기

성경본문	여호수아 12~13장	시편 145편	예레미야 6장	마태복음 20장
통일주제	**업적** (業績, 일이나 사업에서 이룬 성과나 위대한 공적)			
개별주제	정복하게 하시고 분배하신 하나님의 업적	지으시고 건지시며 일으키신 하나님의 업적	탐욕, 거짓, 가증을 행한 예루살렘의 악한 업적	많은 사람의 대속제물이 되신 예수님의 업적
연합내용	**하나님은 성실하게 일하신다. 일은 언제나 결과를 낳는다. 그 결과는 모두를 유익하게 하는 업적이요 하나님 자신에게 영광을 돌리게 하는 근거가 된다. 하나님의 자녀도 이 길을 가므로 영광을 누리게 된다.**			
핵심구절	12:1~2,4,6~7,24 13:1,6~8,14~15 24,29,32~33	1~4,8~13,15~19	1~2,6~7,9~14 16~17,19,22~23 26,30	1~5,8~13,15 17~19,21~23 26~28,30~34

• 여호수아 12-13장 : 정복하게 하시고 분배하신 하나님의 업적

이스라엘 자손이 요단 저편 해 돋는 쪽 곧 아르논 골짜기에서 헤르몬 산까지의 동쪽 온 아라바를 차지하고 그 땅에서 쳐죽인 왕들은 이러하니라...(12:1-2)

옥은 르바의 남은 족속으로서 아스다롯과 에드레이에 거주하던 바산의 왕이라(12:4)

하나는 디르사 왕이라 모두 서른한 왕이었더라 (12:24)

여호수아가 나이가 많아 늙으매 여호와께서 그에게 이르시되 너는 나이가 많아 늙었고 얻을 땅이 매우 많이 남아 있도다...(13:1)

오직 레위 지파에게는 여호수아가 기업으로 준 것이 없었으니 이는 그에게 말씀하신 것과 같이 이스라엘의 하나님 여호와께 드리는 화제물이 그들의 기업이 되었음이더라...(13:14-15)

모세가 갓 지파 곧 갓 자손에게도 그들의 가족을 따라서 기업을 주었으니(13:24)

모세가 므낫세 반 지파에게 기업을 주었으되 므낫세 자손의 반 지파에게 그들의 가족대로 주었으니(13:29)

- 시편 145편 : 지으시고 건지시며 일으키신 하나님의 업적

왕이신 나의 하나님이여 내가 주를 높이고 영원히 주의 이름을 송축하리이다...(1-4)

여호와는 은혜로우시며 긍휼이 많으시며 노하기를 더디 하시며 인자하심이 크시도다...(8-13)

모든 사람의 눈이 주를 앙망하오니 주는 때를 따라 그들에게 먹을 것을 주시며...(15-19)

- 예레미야 6장 : 탐욕, 거짓, 가증을 행한 예루살렘의 악한 업적

베냐민 자손들아 예루살렘 가운데로부터 피난하라 드고아에서 나팔을 불고 벧학게렘에서 깃발을 들라 재앙과 큰 파멸이 북방에서 엿보아 옴이니라...(1-2)

만군의 여호와께서 이와 같이 말하노라 너희는 나무를 베어서 예루살렘을 향하여 목책을 만들라 이는 벌 받을 성이라 그 중에는 오직 포학한 것뿐이니라...(6-7)

만군의 여호와께서 이와 같이 말씀하시되 포도를 따듯이 그들이 이스라엘의 남은 자를 말갛게 주우리라 너는 포도 따는 자처럼 네 손을 광주리에 자주자주 놀리라 하시나니...(9-14)

땅이여 들으라 내가 이 백성에게 재앙을 내리리니 이것이 그들의 생각의 결과라 그들이 내 말을 듣지 아니하며 내 율법을 거절하였음이니라(19)

딸 내 백성이 굵은 베를 두르고 재에서 구르며 독자를 잃음 같이 슬퍼하며 통곡할지어다 멸망시킬 자가 갑자기 우리에게 올 것임이라(26)

- 마태복음 20장 : 많은 사람의 대속제물이 되신 예수님의 업적

천국은 마치 품꾼을 얻어 포도원에 들여보내려고 이른 아침에 나간 집 주인과 같으니...(1-5)

저물매 포도원 주인이 청지기에게 이르되 품꾼들을 불러 나중 온 자로부터 시작하여 먼저 온 자까지 삯을 주라 하니...(8-13)

예수께서 예루살렘으로 올라가려 하실 때에 열두 제자를 따로 데리시고 길에서 이르시되...(17-19)

너희 중에는 그렇지 않아야 하나니 너희 중에 누구든지 크고자 하는 자는 너희를 섬기는 자가 되고...(26-28)

맹인 두 사람이 길 가에 앉았다가 예수께서 지나가신다 함을 듣고 소리 질러 이르되 주여 우리를 불쌍히 여기소서 다윗의 자손이여 하니...(30-34)

Ⅲ. 묵상을 위한 질문

1. 모세가 요단 저편 해 돋는 쪽에서 정복한 왕들은 누구일까요?(12:1~2,4,6,8)

2. 열 두 지파 중에서 기업을 받지 못한 지파는 어느 지파일까요?(13:14,33)

3. 다윗은 왕이신 하나님의 어떤 모습을 송축했나요?(1~4,8~10,21)

4. 다윗은 하나님이 인생들에게 어떤 분이심을 노래했나요?(14~16,18~20)

5. 만군의 여호와께서 지적하신 예루살렘의 근본적 죄는 무엇일까요?(10~15)

6. 여호와 하나님은 율법을 거절한 예루살렘을 어떻게 멸망시키시나요?(21~23)

7. 예수님은 천국이 마치 무엇과 같다고 비유의 말씀을 해주셨나요?(1~15)

8. 예수님이 제자들에게 말씀하신 영원한 업적과 맹인 두 사람에게 행하신 유한한 업적은 무엇이었나요?(17~19,23,28,30~34)

Ⅳ. 기도

1. 주여, 다양한 기업을 주신 하나님의 인자하심을 항상 감사하게 하옵소서.
2. 주여, 여호와의 말씀을 즐거워하게 하시고 탐욕과 거짓을 행치 말게 하옵소서.
3. 주여, 영원한 업적과 유한한 업적을 누리는 저희가 나태해지지 않게 하옵소서.

• 하나님 마음 알아가기 •

• 나에게 주시는 말씀(암송하기) •

• 오늘의 감사(기록하기) •

192 일차 / 365 진실 7월 11일

Ⅰ. 맥체인성경의 통독구조<192>

66권 중 한 권의 여러 장을 읽을 때 전체 대강의 줄거리를 묵상하는 일반적인 통독과는 달리, 66권 중 다른 네 권의 한 장씩을 합쳐 네 장을 읽을 때 링크된 내용을 묵상하게 됨으로 다양하게 역사하신 하나님의 구속사를 깨닫게 되는 구조다.

Ⅱ. 핵심구절 읽기

성경본문	여호수아 14~15장	시편 146~147편	예레미야 7장	마태복음 21장
통일주제	**진실** (眞實, 거짓이 없고 참됨)			
개별주제	갈렙에게 약속을 지키는 여호수아의 진실	정의로 만물을 통치하시는 하나님의 진실	진실 없는 민족에게 예언하신 하나님의 진실	성전 청결과 두 비유를 전하신 예수님의 진실
연합내용	**하나님이 창조하신 천지만물은 진실하다. 그러나 인간의 죄로 인해 거짓되게 되었다. 하지만 하나님의 성실하심은 예수 그리스도를 통해 다시 진실의 길을 열어 놓으셨고 믿는 자로 하여금 그 길을 걷게 하신다.**			
핵심구절	14:1~2,4,6~13 15:13~19,20,63	146:3~10 147:1,3,5~6 10~11,13~15,17	3~11,16~18 21~24,28,30~32	6~9,12~13 19~22,25~45

• 여호수아 14-15장 : 갈렙에게 약속을 지키는 여호수아의 진실

이것은 이스라엘 자손이 가나안 땅에서 받은 기업 곧 제사장 엘르아살과 눈의 아들 여호수아와 이스라엘 자손 지파의 족장들이 분배한 것이니라...(14:1-2)

이는 요셉의 자손이 므낫세와 에브라임의 두 지파가 되었음이라 이 땅에서 레위 사람에게 아무 분깃도 주지 아니하고 다만 거주할 성읍들과 가축과 재산을 위한 목초지만 주었으니(14:4)

여호와께서 여호수아에게 명령하신 대로 여호수아가 기럇 아르바 곧 헤브론을 유다 자손 중에서 분깃으로 여분네의 아들 갈렙에게 주었으니 아르바는 아낙의 아버지였더라...(15:13-20)

예루살렘 주민 여부스 족속을 유다 자손이 쫓아내지 못하였으므로 여부스 족속이 오늘까지 유다 자손과 함께 예루살렘에 거주하니라(15:63)

• 시편 146-147편 : 정의로 만물을 통치하시는 하나님의 진실

귀인들을 의지하지 말며 도울 힘이 없는 인생도 의지하지 말지니...(146:3-10)

할렐루야 우리 하나님을 찬양하는 일이 선함이여 찬송하는 일이 아름답고 마땅하도다(147:1)

상심한 자들을 고치시며 그들의 상처를 싸매시는도다(147:3)

그가 네 문빗장을 견고히 하시고 네 가운데에 있는 너의 자녀들에게 복을 주셨으며...(147:13-15)

우박을 떡 부스러기 같이 뿌리시나니 누가 능히 그의 추위를 감당하리요(147:17)

• 예레미야 7장 : 진실 없는 민족에게 예언하신 하나님의 진실

만군의 여호와 이스라엘의 하나님께서 이와 같이 말씀하시되 너희 길과 행위를 바르게 하라 그리하면 내가 너희로 이 곳에 살게 하리라...(3-11)

그런즉 너는 이 백성을 위하여 기도하지 말라 그들을 위하여 부르짖어 구하지 말라 내게 간구하지 말라 내가 네게서 듣지 아니하리라...(16-18)

만군의 여호와 이스라엘의 하나님께서 이와 같이 말씀하시되 너희 희생제물과 번제물의 고기를 아울러 먹으라...(21-24)

너는 그들에게 말하기를 너희는 너희 하나님 여호와의 목소리를 순종하지 아니하며 교훈을 받지 아니하는 민족이라 진실이 없어져 너희 입에서 끊어졌다 할지니라(28)

여호와께서 말씀하시되 유다 자손이 나의 눈 앞에 악을 행하여 내 이름으로 일컬음을 받는 집에 그들의 가증한 것을 두어 집을 더럽혔으며...(30-32)

• 마태복음 21장 : 성전 청결과 두 비유를 전하신 예수님의 진실

제자들이 가서 예수께서 명하신 대로 하여...(6-9)

예수께서 성전에 들어가사 성전 안에서 매매하는 모든 사람들을 내쫓으시며 돈 바꾸는 사람들의 상과 비둘기 파는 사람들의 의자를 둘러 엎으시고...(12-13)

길 가에서 한 무화과나무를 보시고 그리로 가사 잎사귀 밖에 아무 것도 찾지 못하시고 나무에게 이르시되 이제부터 영원토록 네가 열매를 맺지 못하리라 하시니 무화과나무가 곧 마른지라...(19-22)

요한의 세례가 어디로부터 왔느냐 하늘로부터냐 사람으로부터냐 그들이 서로 의논하여 이르되 만일 하늘로부터라 하면 어찌하여 그를 믿지 아니하였느냐 할 것이요...(25-45)

Ⅲ. 묵상을 위한 질문

1. 유다 자손 갈렙은 여호수아 앞에서 45년 동안 간직했던 기업에 대한 모세의 약속을 어떻게 성취했나요?(14:6~13)
2. 헤브론을 정복한 갈렙은 자신의 딸 악사를 누구에게 주겠다고 했나요?(15:13~17)
3. 여호와께 자기의 소망을 두는 자에게 하나님은 어떤 분이실까요?(146:5~7)
4. 만물을 창조하시고 다스리시는 하나님은 어떤 자를 기뻐하시나요?(147:11,20)
5. 유다가 여호와 하나님 앞에 행한 불순종의 내용은 무엇이었나요?(8~11,17~18)
6. 하나님이 진정 이스라엘 백성에게 원하셨던 것은 무엇이었나요?(22~26,28,30)
7. 예수님이 성전을 청결케 하신 것과 무화과나무를 저주하신 것은 각각 어떤 교훈을 주시기 위한 것이었나요?(12~13,18~22)
8. 예수님이 전하신 두 아들 비유와 포도원 농부 비유는 누구에게 어떤 교훈을 주시기 위함이었나요?(23,28~45)

Ⅳ. 기도

1. 주여, 믿음 안에서 주어진 약속을 추구하여 성취하는 삶을 살게 하옵소서.
2. 주여, 하나님께 소망을 두어 복을 받고 귀히 여김을 받는 자가 되게 하옵소서.
3. 주여, 매일 보이는 성전과 마음의 성전을 청결하게 하는 자가 되게 하옵소서.

• 하나님 마음 알아가기 •

• 나에게 주시는 말씀(암송하기) •

• 오늘의 감사(기록하기) •

193 일차 / 365 차지 7월 12일

Ⅰ. 맥체인성경의 통독구조<193>

신구약성경 전체를 네 등분으로 하루에 4장씩 동시에 읽으면 성경에 기록된 장구한 하나님의 구원의 역사를 크게 네 시대, 네 상황으로 나누어 동시에 묵상할 수 있는 구조다.

Ⅱ. 핵심구절 읽기

성경본문	여호수아 16~17장	시편 148편	예레미야 8장	마태복음 22장
통일주제	**차지** (次知, 사물이나 공간, 지위 따위를 자기 몫으로 가짐)			
개별주제	요셉 자손이 제비를 뽑아 기업을 차지함	만물을 창조하신 주가 영광과 찬송을 차지함	죄로 멸망당한 예루살렘을 이방이 차지함	예복을 입은 준비된 자가 천국을 차지함
연합내용	**좋은 것을 차지하고 소유하는 데는 반드시 자격과 합리적인 과정이 필요하다. 창조주는 주인이시기에 영광과 찬송과 경배를 차지하심이 마땅하고 주를 섬기는 모든 백성도 기업과 천국을 차지함이 마땅하다.**			
핵심구절	16:1,4~5,9~10 17:1~6,11~18	1~2,5~6,8~13	1~3,6,8~10 12~15,18~21	2~14,17~21 23~32,36~40

• 여호수아 16-17장 : 요셉 자손이 제비를 뽑아 기업을 차지함

요셉 자손이 제비 뽑은 것은 여리고 샘 동쪽 곧 여리고 곁 요단으로부터 광야로 들어가 여리고로부터 벧엘 산지로 올라가고(16:1)

요셉의 자손 므낫세와 에브라임이 그들의 기업을 받았더라...(16:4-5)

그 외에 므낫세 자손의 기업 중에서 에브라임 자손을 위하여 구분한 모든 성읍과 그 마을들도 있었더라...(16:9-10)

므낫세 지파를 위하여 제비 뽑은 것은 이러하니라 므낫세는 요셉의 장자였고 므낫세의 장자 마길은 길르앗의 아버지라 그는 용사였기 때문에 길르앗과 바산을 받았으므로...(17:1-6)

잇사갈과 아셀에도 므낫세의 소유가 있으니 곧 벧 스안과 그 마을들과 이블르암과 그 마을들과 돌의 주민과 그 마을들이요 또 엔돌 주민과 그 마을들과 다아낙 주민과 그 마을들과 므깃도 주민과 그 마을들 세 언덕 지역이라...(17:11-18)

• 시편 148편 : 만물을 창조하신 주가 영광과 찬송을 차지함

할렐루야 하늘에서 여호와를 찬양하며 높은 데서 그를 찬양할지어다 그의 모든 천사여 찬양하며 모든 군대여 그를 찬양할지어다(1-2)

그것들이 여호와의 이름을 찬양함은 그가 명령하시므로 지음을 받았음이로다...(5-6)

불과 우박과 눈과 안개와 그의 말씀을 따르는 광풍이며 산들과 모든 작은 산과 과수와 모든 백향목이며...(8-13)

• 예레미야 8장 : 죄로 멸망당한 예루살렘을 이방이 차지함

여호와의 말씀이니라 그 때에 사람들이 유다 왕들의 뼈와 그의 지도자들의 뼈와 제사장들의 뼈와 선지자들의 뼈와 예루살렘 주민의 뼈를 그 무덤에서 끌어내어...(1-3)

내가 귀를 기울여 들은즉 그들이 정직을 말하지 아니하며 그들의 악을 뉘우쳐서 내가 행한 것이 무엇인고 말하는 자가 없고 전쟁터로 향하여 달리는 말 같이 각각 그 길로 행하도다(6)

너희가 어찌 우리는 지혜가 있고 우리에게는 여호와의 율법이 있다 말하겠느냐 참으로 서기관의 거짓의 붓이 거짓되게 하였나니...(8-10)

그들이 가증한 일을 행할 때에 부끄러워하였느냐 아니라 조금도 부끄러워 하지 않을 뿐 아니라 얼굴도 붉어지지 아니하였느니라 그러므로 그들이 엎드러질 자와 함께 엎드러질 것이라 내가 그들을 벌할 때에 그들이 거꾸러지리라 여호와의 말씀이니라...(12-15)

슬프다 나의 근심이여 어떻게 위로를 받을 수 있을까 내 마음이 병들었도다...(18-21)

• 마태복음 22장 : 예복을 입은 준비된 자가 천국을 차지함

천국은 마치 자기 아들을 위하여 혼인 잔치를 베푼 어떤 임금과 같으니...(2-14)

그러면 당신의 생각에는 어떠한지 우리에게 이르소서 가이사에게 세금을 바치는 것이 옳으니이까 옳지 아니하니이까 하니...(17-21)

부활이 없다 하는 사두개인들이 그 날 예수께 와서 물어 이르되...(23-32)

선생님 율법 중에서 어느 계명이 크니이까 예수께서 이르시되 네 마음을 다하고 목숨을 다하고 뜻을 다하여 주 너의 하나님을 사랑하라 하셨으니 이것이 크고 첫째 되는 계명이요 둘째도 그와 같으니 네 이웃을 네 자신 같이 사랑하라 하셨으니 이 두 계명이 온 율법과 선지자의 강령이니라(36-40)

Ⅲ. 묵상을 위한 질문

1. 요셉 자손은 에브라임 자손과 므낫세 자손으로 나눠 기업을 받았는데 받은 땅에서 누구를 쫓아내지 못했나요?(16:10)
2. 요셉 자손이 여호수아에게 한 제비, 한 분깃으로만은 기업이 너무 좁다고 하자 여호수아는 그들에게 어떻게 하라고 명령했나요?(17:14~18)
3. 시편 기자는 모든 만물이 왜 여호와를 찬양해야 한다고 말했나요?(1~2,5~6)
4. 시편 기자는 여호와 하나님이 누구에게 찬양 받으실 이라고 말했나요?(13~14)
5. 죄로 인해 진멸되고 멸망한 예루살렘을 누가 차지한다고 했나요?(5~6,8~10,13)
6. 선지자 예레미야는 무엇 때문에 근심하고 슬퍼했나요?(18~21)
7. 모든 사람을 천국에 초청한 하나님은 그들에게서 무엇을 찾으셨나요?(2~14)
8. 예수님은 한 율법사에게 어느 계명이 크다고 말씀하셨나요?(36~40)

Ⅳ. 기도

1. 주여, 주께서 역량에 따라 주신 기업과 산업을 감사함으로 감당케 하옵소서.
2. 주여, 주신 기업과 산업을 죄로 인하여 빼앗기지 않도록 깨어 있게 하옵소서.
3. 주여, 하나님 사랑과 이웃 사랑을 실천함으로써 온 율법을 완성하게 하옵소서.

• 하나님 마음 알아가기 •

• 나에게 주시는 말씀(암송하기) •

• 오늘의 감사(기록하기) •

점령

Ⅰ. 맥체인성경의 통독구조<194>

신구약성경 전체를 네 시대로 구분하여 하루에 4장씩 동시에 읽으면 각 시대별로 또한 거시적인 안목으로 하나님의 다스리시는 통치의 역사를 역동적으로 묵상할 수 있는 구조다.

Ⅱ. 핵심구절 읽기

성경본문	여호수아 18~19장	시편 149~150편	예레미야 9장	마태복음 23장
통일주제	**점령** (占領, 일정한 땅이나 영역을 차지하여 제 것으로 함)			
개별주제	여호수아는 기업 차지를 위해 점령을 명령함	이스라엘은 손에 칼을 가지고 뭇 나라를 점령함	여호와의 벌하심이 악한 이스라엘을 점령함	예수님의 교훈이 서기관과 바리새인을 점령함
연합내용	**성경에는 군사적인 점령과 영적인 점령과 복음의 점령 등이 나타나 있다. 선한 것이 점령하면 참된 평화와 풍성한 열매가 있고 악한 것이 점령하면 거짓된 부패와 극심한 패망이 나타날 뿐이다.**			
핵심구절	18:1~4,7~8 19:1,9,16,23 31,39,47~48	149:1~2,4,6~9 150:1~6	1,3~4,6~8 11~12,16,19~20 23~25	1~7,9~11,13~16 19~31,34,37

• 여호수아 18-19장 : 여호수아는 기업 차지를 위해 점령을 명령함

선생님 율법 중에서 어느 계명이 크니이까...(18:1-4)

레위 사람은 너희 중에 분깃이 없나니 여호와의 제사장 직분이 그들의 기업이 됨이며 갓과 르우벤과 므낫세 반 지파는 요단 저편 동쪽에서 이미 기업을 받았나니...(18:7-8)

둘째로 시므온 곧 시므온 자손의 지파를 위하여 그들의 가족대로 제비를 뽑았으니 그들의 기업은 유다 자손의 기업 중에서라(19:1)

시므온 자손의 이 기업은 유다 자손의 기업 중에서 취하였으니 이는 유다 자손의 분깃이 자기들에게 너무 많으므로 시므온 자손이 자기의 기업을 그들의 기업 중에서...(19:9)

잇사갈 자손 지파가 그 가족대로 받은 기업은 이 성읍들과 그 마을들이었더라(19:23)

그런데 단 자손의 경계는 더욱 확장되었으니 이는 단 자손이 올라가서 레셈과 싸워 그것을 점령하여 칼날로 치고 그것을 차지하여 거기 거주하였음이라...(19:47-48)

• 시편 149-150편 : 이스라엘은 손에 칼을 가지고 뭇 나라를 점령함

할렐루야 새 노래로 여호와께 노래하며 성도의 모임 가운데에서 찬양할지어다...(149:1-2)

여호와께서는 자기 백성을 기뻐하시며 겸손한 자를 구원으로 아름답게 하심이로다(149:4)

그들의 입에는 하나님에 대한 찬양이 있고 그들의 손에는 두 날 가진 칼이 있도다...(149:6-9)

할렐루야 그의 성소에서 하나님을 찬양하며 그의 권능의 궁창에서 그를 찬양할지어다...(150:1-6)

• 예레미야 9장 : 여호와의 벌하심이 악한 이스라엘을 점령함

어찌하면 내 머리는 물이 되고 내 눈은 눈물 근원이 될꼬 죽임을 당한 딸 내 백성을 위하여 주야로 울리로다(1)

여호와의 말씀이니라 그들이 활을 당김 같이 그들의 혀를 놀려 거짓을 말하며 그들이 이 땅에서 강성하나 진실하지 아니하고 악에서 악으로 진행하며 또 나를 알지 못하느니라...(3-4)

내가 예루살렘을 무더기로 만들며 승냥이 굴이 되게 하겠고 유다의 성읍들을 황폐하게 하여 주민이 없게 하리라...(11-12)

그들과 그들의 조상이 알지 못하던 여러 나라 가운데에 그들을 흩어 버리고 진멸되기까지 그 뒤로 칼을 보내리라 하셨느니라(16)

여호와께서 이와 같이 말씀하시되 지혜로운 자는 그의 지혜를 자랑하지 말라 용사는 그의 용맹을 자랑하지 말라 부자는 그의 부함을 자랑하지 말라...(23-25)

• 마태복음 23장 : 예수님의 교훈이 서기관과 바리새인을 점령함

이에 예수께서 무리와 제자들에게 말씀하여 이르시되...(1-7)

땅에 있는 자를 아버지라 하지 말라 너희의 아버지는 한 분이시니 곧 하늘에 계신 이시니라...(9-11)

화 있을진저 외식하는 서기관들과 바리새인들이여 너희는 천국 문을 사람들 앞에서 닫고 너희도 들어가지 않고 들어가려 하는 자도 들어가지 못하게 하는도다...(13-16)

맹인들이여 어느 것이 크냐 그 예물이냐 그 예물을 거룩하게 하는 제단이냐...(19-31)

예루살렘아 예루살렘아 선지자들을 죽이고 네게 파송된 자들을 돌로 치는 자여 암탉이 그 새끼를 날개 아래에 모음 같이 내가 네 자녀를 모으려 한 일이 몇 번이더냐 그러나 너희가 원하지 아니하였도다(37)

Ⅲ. 묵상을 위한 질문

1. 여호수아는 이스라엘 자손에게 무엇을 명령했나요?(18:1~4,7~8)
2. 여호수아가 제비를 뽑아 기업을 나눠준 여섯 지파는 어디 어디일까요?(19:1,16,23,31,39,47)
3. 이스라엘은 입과 손에 무엇을 가지고 뭇 나라를 점령해야 할까요?(149:1~2,6~9)
4. 시편 기자는 무엇을 가지고 여호와 하나님을 찬양하라고 했나요?(150:1~6)
5. 예레미야는 여호와의 벌하심이 임할 수밖에 없는 이스라엘의 범죄가 어떤 것들이라고 지적하고 있나요?(3~4,6~8,11~12,16)
6. 여호와 하나님이 예레미야를 통해서 권고하신 말씀은 무엇일까요?(23~24)
7. 예수님이 외식하는 서기관들과 바리새인들에게 책망하신 내용은 근본적으로 무엇을 가르치는 것이었을까요?(1~7,9~11,13~16,19~22)
8. 예수님이 가장 안타까워 하셨던 점은 무엇이었나요?(23~24,27~28,34,37)

Ⅳ. 기도

1. 주여, 주께서 주신 모든 기업들을 성실한 노력으로 차지하게 하옵소서.
2. 주여, 모든 것을 주시는 여호와 하나님께 새로운 노래로 찬송하게 하옵소서.
3. 주여, 겉으로 행하는 모습보다 속으로 품는 동기가 더 온전하게 하옵소서.

• 하나님 마음 알아가기 •

• 나에게 주시는 말씀(암송하기) •

• 오늘의 감사(기록하기) •

195 일차 / 365 요청 7월 14일

I. 맥체인성경의 통독구조<195>

맥체인성경은 각 시대의 상황을 기록한 네 장의 다양한 성경 주제내용을 매일 묵상을 통해 하나로 묶는 풍성하고 놀라운 구조이다.

II. 핵심구절 읽기

성경본문	여호수아 20~21장	사도행전 1장	예레미야 10장	마태복음 24장
통일주제	**요청** (要請, 필요한 일이 이루어지도록 간절하게 부탁함)			
개별주제	레위 사람이 성읍들과 목초지들을 요청함	백이십 명이 아버지의 약속하신 것을 요청함	선민의 신앙회복과 이방의 멸망을 요청함	세상 끝 환난 때에 깨어있기를 요청함
연합내용	**하나님은 선지자에게 당신의 뜻을 전하신다. 선지자는 이 뜻을 자신에게 주어진 환경 속에서 사람들에게 대언한다. 즉 하나님이 사람에게, 사람이 하나님에게, 인간이 인간에게 그 뜻을 전하게 되고 또 그 뜻을 온전히 이루기 위하여 요구하고 요청하는 과정을 갖게 된다.**			
핵심구절	20:2~4,6~8 21:2~3,8,41~44	3~5,8,11,13~17 22~26	2~8,10,14,16 18~19,21~23,25	2~14,21~24,27 30~31,35~39,42 44~51

• 여호수아 20-21장 : 레위 사람이 성읍들과 목초지들을 요청함

이스라엘 자손에게 말하여 이르기를 내가 모세를 통하여 너희에게 말한 도피성들을 너희를 위해 정하여...(20:2-4)

그 살인자는 회중 앞에 서서 재판을 받기까지 또는 그 당시 대제사장이 죽기까지 그 성읍에 거주하다가 그 후에 그 살인자는 그 성읍 곧 자기가 도망하여 나온 자기 성읍 자기 집으로 돌아갈지니라 하라 하시니라...(20:6-8)

여호와께서 모세에게 명령하신 대로 이스라엘 자손이 제비 뽑아 레위 사람에게 준 성읍들과 그 목초지들이 이러하니라(21:8)

레위 사람들이 이스라엘 자손의 기업 중에서 받은 성읍은 모두 마흔여덟 성읍이요 또 그 목초지들이라...(21:41-44)

• 사도행전 1장 : 백이십 명이 아버지의 약속하신 것을 요청함

그가 고난 받으신 후에 또한 그들에게 확실한 많은 증거로 친히 살아 계심을 나타내사 사십 일 동안 그들에게 보이시며 하나님 나라의 일을 말씀하시니라...(3-5)

오직 성령이 너희에게 임하시면 너희가 권능을 받고 예루살렘과 온 유대와 사마리아와 땅 끝까지 이르러 내 증인이 되리라 하시니라(8)

이르되 갈릴리 사람들아 어찌하여 서서 하늘을 쳐다보느냐 너희 가운데서 하늘로 올려지신 이 예수는 하늘로 가심을 본 그대로 오시리라 하였느니라(11)

항상 우리와 함께 다니던 사람 중에 하나를 세워 우리와 더불어 예수께서 부활하심을 증언할 사람이 되게 하여야 하리라 하거늘...(22-26)

• 예레미야 10장 : 선민의 신앙회복과 이방의 멸망을 요청함

여호와께서 이와 같이 말씀하시되 여러 나라의 길을 배우지 말라 이방 사람들은 하늘의 징조를 두려워하거니와 너희는 그것을 두려워하지 말라...(2-8)

오직 여호와는 참 하나님이시요 살아 계신 하나님이시요 영원한 왕이시라 그 진노하심에 땅이 진동하며 그 분노하심을 이방이 능히 당하지 못하느니라(10)

야곱의 분깃은 이같지 아니하시니 그는 만물의 조성자요 이스라엘은 그의 기업의 지파라 그 이름은 만군의 여호와시니라(16)

여호와께서 이와 같이 말씀하시되 보라 내가 이 땅에 사는 자를 이번에는 내던질 것이라 그들을 괴롭게 하여 깨닫게 하리라 하셨느니라...(18-19)

주를 알지 못하는 이방 사람들과 주의 이름으로 기도하지 아니하는 족속들에게 주의 분노를 부으소서 그들은 야곱을 씹어 삼켜 멸하고 그의 거처를 황폐하게 하였나이다 하니라(25)

• 마태복음 24장 : 세상 끝 환난 때에 깨어있기를 요청함

대답하여 이르시되 너희가 이 모든 것을 보지 못하느냐 내가 진실로 너희에게 이르노니 돌 하나도 돌 위에 남지 않고 다 무너뜨려지리라...(2-14)

이는 그 때에 큰 환난이 있겠음이라 창세로부터 지금까지 이런 환난이 없었고 후에도 없으리라...(21-24)

번개가 동편에서 나서 서편까지 번쩍임 같이 인자의 임함도 그러하리라(27)

천지는 없어질지언정 내 말은 없어지지 아니하리라...(35-39)

그러므로 깨어 있으라 어느 날에 너희 주가 임할는지 너희가 알지 못함이니라(42)

이러므로 너희도 준비하고 있으라 생각하지 않은 때에 인자가 오리라...(44-51)

Ⅲ. 묵상을 위한 질문

1. 부지 중에 살인한 자가 피할 수 있는 도피성은 어디에 있었나요?(20:6~8)
2. 모세의 명령에 따라 이스라엘 자손은 무엇을 레위 사람에게 주었나요?(21:8,41)
3. 예수님은 승천하시면서 제자들에게 무엇을 받도록 당부하셨나요?(4~5,8,13~14)
4. 베드로는 형제들과 함께 기도 중에 예수 잡는 자들의 길잡이였던 유다를 대신하여 봉사와 및 사도의 직무를 대신할 자로 누구를 택했나요?(22~26)
5. 예레미야는 참 신이 아닌 우상을 어떻게 표현했나요?(4~5,8~9,11,14~15)
6. 예레미야는 민족의 멸망 예언을 듣고 어떤 간절한 구국기도를 드렸나요?(17~25)
7. 예수 그리스도는 모든 믿는 제자들에게 무엇을 경계하고 깨어 있으라고 하셨나요? (4~5,11,23~24,26,42,44)
8. 예수 그리스도가 제자들에게 예언하신 세상 끝에 나타날 징조들에는 어떤 것들이 있을까요?(6~7,9~10,12,15,29,32~33,37~39)

Ⅳ. 기도

1. 주여, 실수로 죄를 지었을 때 깨닫게 하시고 예수의 보혈을 의지하게 하옵소서.
2. 주여, 하나님 아버지께서 약속하신 성령을 받기 위해 오로지 기도하게 하옵소서.
3. 주여, 말세의 징조를 분별하게 하사 깨어있는 믿음으로 구원을 이루게 하옵소서.

• 하나님 마음 알아가기 •

• 나에게 주시는 말씀(암송하기) •

• 오늘의 감사(기록하기) •

196 일차 / 365 제단 7월 15일

Ⅰ. 맥체인성경의 통독구조<196>

하나님의 구원의 역사를 한 눈에 볼 수 있도록 구성되어 있다.

세상을 향한 하나님의 마음과 생각을 폭넓게 연상할 수 있도록 구성되어 있다.

Ⅱ. 핵심구절 읽기

성경본문	여호수아 22장	사도행전 2장	예레미야 11장	마태복음 25장
통일주제	**제단** (祭壇, 제사를 드리는 단)			
개별주제	두 지파 반이 이스라엘과 상관있음을 알린 제단	오순절에 마가 다락방에 강림한 성령의 제단	유다가 예루살렘에 쌓은 수치스러운 제단	달란트를 받은 자들이 장사하는 생활의 제단
연합내용	**구약의 제단은 하나님을 경외하는 자들이 온전한 제물로 제사를 드리는 곳이다. 또한 신약의 제단은 예수님을 믿는 자들이 하나님께 예배를 드리는 교회이며 동시에 생활에서 본을 보이는 삶의 제단이다.**			
핵심구절	1~5,8,10~12 16~19,21~28 31~34	1~4,37~47	3~8,11~13 15~17,19~23	1~13,15~18,21 23,26,28,33~40 46

• 여호수아 22장 : 두 지파 반이 이스라엘과 상관있음을 알린 제단

그 때에 여호수아가 르우벤 사람과 갓 사람과 므낫세 반 지파를 불러서...(1-5)

말하여 이르되 너희는 많은 재산과 심히 많은 가축과 은과 금과 구리와 쇠와 심히 많은 의복을 가지고 너희의 장막으로 돌아가서 너희의 원수들에게서 탈취한 것을 너희의 형제와 나눌지니라 하매(8)

여호와의 온 회중이 말하기를 너희가 어찌하여 이스라엘 하나님께 범죄하여 오늘 여호와를 따르는 데서 돌아서서 너희를 위하여 제단을 쌓아 너희가 오늘 여호와께 거역하고자 하느냐...(16-19)

르우벤 자손과 갓 자손과 므낫세 반 지파가 이스라엘 천천의 수령들에게 대답하여 이르되...(21-28)

제사장 엘르아살의 아들 비느하스가 르우벤 자손과 갓 자손과 므낫세 자손에게 이르되 우리가 오늘 여호와께서 우리 중에 계신 줄을 아노니 이는 너희가 이 죄를 여호와께 범하

지 아니하였음이니라 너희가 이제 이스라엘 자손을 여호와의 손에서 건져내었느니라 하고...(31-34)

• 사도행전 2장 : 오순절에 마가 다락방에 강림한 성령의 제단

오순절 날이 이미 이르매 그들이 다같이 한 곳에 모였더니...(1-4)

그들이 이 말을 듣고 마음에 찔려 베드로와 다른 사도들에게 물어 이르되 형제들아 우리가 어찌할꼬 하거늘...(37-47)

• 예레미야 11장 : 유다가 예루살렘에 쌓은 수치스러운 제단

그들에게 이르기를 이스라엘의 하나님 여호와께서 이와 같이 말씀하시되 이 언약의 말을 따르지 않는 자는 저주를 받을 것이니라...(3-8)

그러므로 나 여호와가 이와 같이 말하노라 보라 내가 재앙을 그들에게 내리리니 그들이 피할 수 없을 것이라 그들이 내게 부르짖을지라도 내가 듣지 아니할 것인즉...(11-13)

나의 사랑하는 자가 많은 악한 음모를 꾸미더니 나의 집에서 무엇을 하려느냐 거룩한 제물 고기로 네 재난을 피할 수 있겠느냐 그 때에 네가 기뻐하겠느냐...(15-17)

나는 끌려서 도살 당하러 가는 순한 어린 양과 같으므로 그들이 나를 해하려고 꾀하기를 우리가 그 나무와 열매를 함께 박멸하자 그를 살아 있는 자의 땅에서 끊어서 그의 이름이 다시 기억되지 못하게 하자 함을 내가 알지 못하였나이다...(19-23)

• 마태복음 25장 : 달란트를 받은 자들이 장사하는 생활의 제단

그 때에 천국은 마치 등을 들고 신랑을 맞으러 나간 열 처녀와 같다 하리니...(1-13)

각각 그 재능대로 한 사람에게는 금 다섯 달란트를, 한 사람에게는 두 달란트를, 한 사람에게는 한 달란트를 주고 떠났더니...(15-18)

그 주인이 이르되 잘하였도다 착하고 충성된 종아 네가 적은 일에 충성하였으매 내가 많은 것을 네게 맡기리니 네 주인의 즐거움에 참여할지어다 하고(21)

그 주인이 이르되 잘하였도다 착하고 충성된 종아 네가 적은 일에 충성하였으매 내가 많은 것을 네게 맡기리니 네 주인의 즐거움에 참여할지어다 하고(23)

그 주인이 대답하여 이르되 악하고 게으른 종아 나는 심지 않은 데서 거두고 헤치지 않은 데서 모으는 줄로 네가 알았느냐(26)

그에게서 그 한 달란트를 빼앗아 열 달란트 가진 자에게 주라(28)

양은 그 오른편에 염소는 왼편에 두리라...(33-40)

그들은 영벌에, 의인들은 영생에 들어가리라 하시니라(46)

Ⅲ. 묵상을 위한 질문

1. 르우벤 사람과 갓 사람과 므낫세 반 지파가 요단 가에 무엇을 쌓았나요?(10)
2. 두 지파 반이 요단 가에 제단을 쌓은 이유는 무엇이었나요?(21~28,31~34)
3. 오순절에 성령이 강림하자 마가다락방에 모인 120여 명의 제자들에게는 어떤 놀라운 일이 일어났나요?(1~4)
4. 성령 받은 교회 공동체 안에서는 성도 간에 어떤 일이 일어났나요?(42~47)
5. 여호와 하나님이 출애굽 때 이스라엘과 맺은 언약의 내용은 무엇일까요?(3~8)
6. 여호와 하나님은 아나돗 사람들이 예레미야를 죽이고자 할 때에 어떻게 행동 하시겠다고 말씀하셨나요?(19~23)
7. 예수님은 마지막 때에 성도들이 무엇을 준비해야 한다고 말씀하셨나요?(1~13)
8. 예수님은 어떤 자가 영생에, 어떤 자가 영벌에 들어간다고 말씀하셨나요?(33~40, 41~46)

Ⅳ. 기도

1. 주여, 하나님께 찬양과 경배하는 가시적인 제단도 소중히 여기게 하옵소서.
2. 주여, 다시 성령의 강림을 체험하고 날마다 필요한 은사로 사역하게 하옵소서.
3. 주여, 마지막 때가 이른 줄 알고 생활의 제단에서 등불을 밝히게 하옵소서.

• 하나님 마음 알아가기 •

• 나에게 주시는 말씀(암송하기) •

• 오늘의 감사(기록하기) •

197 일차 / 365 당부 7월 16일

Ⅰ. 맥체인성경의 통독구조<197>

기존 성경을 읽을 때는 등장인물이 주인공이 될 때도 많이 있으나 맥체인성경의 신구약 4장을 읽으면 모든 통일주제와 개별주제의 주인공이 대부분 하나님과 예수님과 성령님이 되는 구조이다.

Ⅱ. 핵심구절 읽기

성경본문	여호수아 23장	사도행전 3장	예레미야 12장	마태복음 26장
통일주제	**당부** (當付, 말로 단단히 부탁함)			
개별주제	남은 민족들을 멀리하라는 여호수아의 당부	예수를 믿고 회개하라는 사도 베드로의 당부	돌이키셨을 때 잘 배우라는 예레미야의 당부	시험에 들지 않게 깨어 있으라는 예수님의 당부
연합내용	**성도를 무너뜨리는 큰 적은 안일함과 외식함이다. 그러므로 항상 깨어 있어 경고와 권면 그리고 당부하는 말을 듣고 자신을 지켜야 한다. 이스라엘 자손의 안주, 제자들의 유혹을 향한 지도자의 당부를 보라.**			
핵심구절	1,3~7,11,14~15	1~8,12~16 19~20,25~26	1~4,6,14~17	2,6~13,19~28 31~35,37~41 48~52,59~65,75

• 여호수아 23장 : 남은 민족들을 멀리하라는 여호수아의 당부

여호와께서 주위의 모든 원수들로부터 이스라엘을 쉬게 하신 지 오랜 후에 여호수아가 나이 많아 늙은지라(1)

너희의 하나님 여호와께서 너희를 위하여 이 모든 나라에 행하신 일을 너희가 다 보았거니와 너희의 하나님 여호와 그는 너희를 위하여 싸우신 이시니라...(3-7)

그러므로 스스로 조심하여 너희의 하나님 여호와를 사랑하라(11)

보라 나는 오늘 온 세상이 가는 길로 가려니와 너희의 하나님 여호와께서 너희에게 대하여 말씀하신 모든 선한 말씀이 하나도 틀리지 아니하고 다 너희에게 응하여 그 중에 하나도 어김이 없음을 너희 모든 사람은 마음과 뜻으로 아는 바라...(14-15)

• 사도행전 3장 : 예수를 믿고 회개하라는 사도 베드로의 당부

제 구 시 기도 시간에 베드로와 요한이 성전에 올라갈새...(1-8)

베드로가 이것을 보고 백성에게 말하되 이스라엘 사람들아 이 일을 왜 놀랍게 여기느냐 우리 개인의 권능과 경건으로 이 사람을 걷게 한 것처럼 왜 우리를 주목하느냐...(12-16)

그러므로 너희가 회개하고 돌이켜 너희 죄 없이 함을 받으라 이같이 하면 새롭게 되는 날이 주 앞으로부터 이를 것이요...(19-20)

너희는 선지자들의 자손이요 또 하나님이 너희 조상과 더불어 세우신 언약의 자손이라 아브라함에게 이르시기를 땅 위의 모든 족속이 너의 씨로 말미암아 복을 받으리라 하셨으니...(25-26)

• 예레미야 12장 : 돌이키셨을 때 잘 배우라는 예레미야의 당부

여호와여 내가 주와 변론할 때에는 주께서 의로우시니이다 그러나 내가 주께 질문하옵나니 악한 자의 길이 형통하며 반역한 자가 다 평안함은 무슨 까닭이니이까...(1-4)

네 형제와 아버지의 집이라도 너를 속이며 네 뒤에서 크게 외치나니 그들이 네게 좋은 말을 할지라도 너는 믿지 말지니라(6)

내가 내 백성 이스라엘에게 기업으로 준 소유에 손을 대는 나의 모든 악한 이웃에 대하여 여호와께서 이와 같이 말씀하시니라 보라 내가 그들을 그 땅에서 뽑아 버리겠고 유다 집을 그들 가운데서 뽑아 내리라...(14-17)

• 마태복음 26장 : 시험에 들지 않게 깨어 있으라는 예수님의 당부

너희가 아는 바와 같이 이틀이 지나면 유월절이라 인자가 십자가에 못 박히기 위하여 팔리리라 하시더라(2)

예수께서 베다니 나병환자 시몬의 집에 계실 때에...(6-13)

제자들이 예수께서 시키신 대로 하여 유월절을 준비하였더라...(19-28)

그 때에 예수께서 제자들에게 이르시되 오늘 밤에 너희가 다 나를 버리리라 기록된 바 내가 목자를 치리니 양의 떼가 흩어지리라 하였느니라...(31-35)

예수를 파는 자가 그들에게 군호를 짜 이르되 내가 입맞추는 자가 그이니 그를 잡으라 한지라...(48-52)

이에 베드로가 예수의 말씀에 닭 울기 전에 네가 세 번 나를 부인하리라 하심이 생각나서 밖에 나가서 심히 통곡하니라(75)

Ⅲ. 묵상을 위한 질문

1. 여호수아는 나이 많아 늙었을 때에 이스라엘에게 무엇을 당부했나요?(1,4~8,11)
2. 여호수아는 이스라엘이 여호와를 가까이 하지 않고 남아있는 민족들을 가까이하면 어떤 일이 생길 것이라고 말했나요?(8,12~13,15)
3. 나면서 못 걷게 된 자가 일어나 서서 걷기도 뛰기도 하게 된 것은 무엇 때문이었나요?(6~8,12,16)
4. 베드로는 예수를 거부한 사람이 새롭게 되려면 어떻게 해야 된다고 했나요?(13~15,19)
5. 예레미야는 악한 이스라엘을 보면서 하나님께 어떤 질문을 던졌나요?(1~4)
6. 여호와 하나님은 모든 악한 이웃들이 어떻게 하면 구원을 받을 수 있다고 말씀하셨나요?(14~17)
7. 가룟 유다와 베드로는 예수님이 자신들에 대해 예언해 주심을 듣고 어떻게 행동했나요?(21~25,31~35,74~75)
8. 예수님은 고난을 앞두고 겟세마네에서 어떤 기도를 드렸나요?(36~42,44)

Ⅳ. 기도

1. 주여, 나이와 환경에 관계없이 주어진 사명을 끝까지 감당하게 하옵소서.
2. 주여, 선천적인 장애나 후천적인 상처를 주 안에서 해결하게 하옵소서.
3. 주여, 부패함과 연약함을 인지하고 항상 깨어 기도하게 하옵소서.

• 하나님 마음 알아가기 •

• 나에게 주시는 말씀(암송하기) •

• 오늘의 감사(기록하기) •

198 일차 / 365 결심 7월 17일

Ⅰ. 맥체인성경의 통독구조<198>

맥체인성경 통독은 시간의 초월 즉 역사의 초월을 통해 예언과 성취를 동시에 경험할 수 있는 구조이다. 이미 지나간 과거에 대한 긴 역사를 우리는 한 정점에서 동시에 묵상한다.

Ⅱ. 핵심구절 읽기

성경본문	여호수아 24장	사도행전 4장	예레미야 13장	마태복음 27장
통일주제	**결심** (決心, 마음을 굳게 정함)			
개별주제	여호수아 가정과 온 이스라엘 자손의 신앙 결심	위협 중에도 예수 전하는 베드로와 요한의 결심	예루살렘의 교만에 대한 하나님의 심판 결심	예수님에 대한 대제사장들, 장로들의 잘못된 결심
연합내용	**사람의 아름다움은 선한 것과 옳은 것을 결심할 때 나타난다. 하나님은 믿음의 사람들에게 용기를 주셔서 결단하도록 역사하신다. 그렇지 못한 불신자들은 악한 것을 결심하고 행함으로 멸망으로 치닫는다.**			
핵심구절	1,3,5~8,11 13~18,22~25 29,31	1~4,7~10,12~14 17~21,23~24 29~35	1~7,9~14,17~18 21~23,27	1,3~5,11,15~21 24~25,28,30~32 35,39,44,46 50~54,57~58,64

• 여호수아 24장 : 여호수아 가정과 온 이스라엘 자손의 신앙 결심

여호수아가 이스라엘 모든 지파를 세겜에 모으고 이스라엘 장로들과 그들의 수령들과 재판장들과 관리들을 부르매 그들이 하나님 앞에 나와 선지라(1)

내가 너희의 조상 아브라함을 강 저쪽에서 이끌어 내어 가나안 온 땅에 두루 행하게 하고 그의 씨를 번성하게 하려고 그에게 이삭을 주었으며(3)

너희가 요단을 건너 여리고에 이른즉 여리고 주민들 곧 아모리 족속과 브리스 족속과 가나안 족속과 헷 족속과 기르가스 족속과 히위 족속과 여부스 족속이 너희와 싸우기로 내가 그들을 너희의 손에 넘겨 주었으며(11)

이 일 후에 여호와의 종 눈의 아들 여호수아가 백십 세에 죽으매(29)

이스라엘이 여호수아가 사는 날 동안과 여호수아 뒤에 생존한 장로들 곧 여호와께서 이스라엘을 위하여 행하신 모든 일을 아는 자들이 사는 날 동안 여호와를 섬겼더라(31)

• 사도행전 4장 : 위협 중에도 예수님 전하는 베드로와 요한의 결심

사도들이 백성에게 말할 때에 제사장들과 성전 맡은 자와 사두개인들이 이르러...(1-4)

다른 이로써는 구원을 받을 수 없나니 천하 사람 중에 구원을 받을 만한 다른 이름을 우리에게 주신 일이 없음이라 하였더라...(12-14)

이것이 민간에 더 퍼지지 못하게 그들을 위협하여 이 후에는 이 이름으로 아무에게도 말하지 말게 하자 하고...(17-21)

주여 이제도 그들의 위협함을 굽어보시옵고 또 종들로 하여금 담대히 하나님의 말씀을 전하게 하여 주시오며...(29-35)

• 예레미야 13장 : 예루살렘의 교만에 대한 하나님의 심판 결심

여호와께서 이와 같이 내게 이르시되 너는 가서 베 띠를 사서 네 허리에 띠고 물에 적시지 말라 하시기로...(1-7)

여호와께서 이와 같이 말씀하시니라 내가 유다의 교만과 예루살렘의 큰 교만을 이같이 썩게 하리라...(9-14)

너의 친구 삼았던 자를 그가 네 위에 우두머리로 세우실 때에 네가 무슨 말을 하겠느냐 네가 고통에 사로잡힘이 산고를 겪는 여인 같지 않겠느냐...(21-23)

내가 너의 간음과 사악한 소리와 들의 작은 산 위에서 네가 행한 음란과 음행과 가증한 것을 보았노라 화 있을진저 예루살렘이여 네가 얼마나 오랜 후에야 정결하게 되겠느냐 하시니라(27)

• 마태복음 27장 : 예수님에 대한 대제사장들, 장로들의 잘못된 결심

새벽에 모든 대제사장과 백성의 장로들이 예수를 죽이려고 함께 의논하고(1)

그 때에 예수를 판 유다가 그의 정죄됨을 보고 스스로 뉘우쳐 그 은 삼십을 대제사장들과 장로들에게 도로 갖다 주며...(3-5)

명절이 되면 총독이 무리의 청원대로 죄수 한 사람을 놓아 주는 전례가 있더니...(15-21)

빌라도가 아무 성과도 없이 도리어 민란이 나려는 것을 보고 물을 가져다가 무리 앞에서 손을 씻으며 이르되 이 사람의 피에 대하여 나는 무죄하니 너희가 당하라...(24-25)

그들이 예수를 십자가에 못 박은 후에 그 옷을 제비 뽑아 나누고(35)

그러므로 명령하여 그 무덤을 사흘까지 굳게 지키게 하소서 그의 제자들이 와서 시체를 도둑질하여 가고 백성에게 말하되 그가 죽은 자 가운데서 살아났다 하면 후의 속임이 전보다 더 클까 하나이다 하니(64)

Ⅲ. 묵상을 위한 질문

1. 여호수아는 이스라엘 모든 지파를 모으고 무엇을 결심하게 했나요?(1,14~18)

2. 이스라엘 모든 지파는 누가 사는 동안에 여호와만을 섬겼나요?(29,31)

3. 관리들과 장로들과 서기관들이 예수 전파를 위협할 때 베드로와 요한은 무엇이라고 담대히 말했나요?(17~21)

4. 갇혔다가 놓인 베드로와 요한은 그 동료와 어떤 기도를 드렸나요?(23~24,29~31)

5. 하나님은 허리 띠를 통해 예레미야에게 어떤 교훈과 심판을 말씀하셨나요?(1~11)

6. 교만한 유다와 예루살렘은 어떤 죄로 어떤 심판을 받을까요?(20~22,27)

7. 예수님으로 인하여 놓임을 받게 된 죄수는 누구일까요?(15~21)

8. 예수님이 수난을 받으실 때 그의 옆에 있던 자들은 누구일까요?(32,57~58,61)

Ⅳ. 기도

1. 주여, 어느 곳에 살든지 누구를 만나든지 오직 주님만 섬기게 하옵소서.
2. 주여, 어떤 위협 속에서도 기도와 성령충만으로 위대한 신앙생활을 하게 하옵소서.
3. 주여, 고난과 박해가 있을 때에도 주님 곁에서 사명을 감당하게 하옵소서.

• 하나님 마음 알아가기 •

• 나에게 주시는 말씀(암송하기) •

• 오늘의 감사(기록하기) •

199 일차 / 365 한계 7월 18일

Ⅰ. 맥체인성경의 통독구조<199>

기존의 성경묵상은 한 책을 읽으므로 한 본문에 한 교훈을 찾는 것이 일반적이지만 맥체인 성경 읽기와 묵상은 네 책을 읽고 네 본문의 공통점을 찾기 때문에 몇 개의 교훈이 나타난다. 그 중에 현재 감동을 주는 교훈을 적용하는 구조이다.

Ⅱ. 핵심구절 읽기

성경본문	사사기 1장	사도행전 5장	예레미야 14장	마태복음 28장
통일주제	**한계** (限界, 사물의 정하여 놓은 범위나 경계)			
개별주제	9지파 반이 쫓아내지 못한 정복의 한계	아나니아와 삽비라의 신앙양심의 한계	유다의 애통와 거짓 선지자의 예언의 한계	부활에 관한 경비병들의 거짓말의 한계
연합내용	**성도에게는 사명이 있다. 그 사명을 감당하기 위해 부단히 준비하고 또 노력해야 한다. 하지만 항상 한계가 있다. 한계는 타협과 거짓의 옷을 입고 나타난다. 그 한계를 극복할 때 참된 결과를 얻게 된다.**			
핵심구절	1~4,7~8,12~16 19~25,27~35	1~5,7~9,15~21 27~35,39~42	1~4,7~9,11~14 19~22	5~10,11~15 18~20

• 사사기 1장 : 9지파 반이 쫓아내지 못한 정복의 한계

여호수아가 죽은 후에 이스라엘 자손이 여호와께 여쭈어 이르되 우리 가운데 누가 먼저 올라가서 가나안 족속과 싸우리이까...(1-4)

아도니 베섹이 이르되 옛적에 칠십 명의 왕들이 그들의 엄지손가락과 엄지발가락이 잘리고 내 상 아래에서 먹을 것을 줍더니 하나님이 내가 행한 대로 내게 갚으심이로다 하니라 무리가 그를 끌고 예루살렘에 이르렀더니 그가 거기서 죽었더라...(7-8)

갈렙이 말하기를 기럇 세벨을 쳐서 그것을 점령하는 자에게는 내 딸 악사를 아내로 주리라 하였더니...(12-16)

여호와께서 유다와 함께 계셨으므로 그가 산지 주민을 쫓아내었으나 골짜기의 주민들은 철 병거가 있으므로 그들을 쫓아내지 못하였으며...(19-25)

므낫세가 벧스안과 그에 딸린 마을들의 주민과 다아낙과 그에 딸린 마을들의 주민과 돌과 그에 딸린 마을들의 주민과 이블르암과 그에 딸린 마을들의 주민과 므깃도와 그에

딸린 마을들의 주민들을 쫓아내지 못하매 가나안 족속이 결심하고 그 땅에 거주하였더니...(27-35)

• 사도행전 5장 : 아나니아와 삽비라의 신앙양심의 한계

아나니아라 하는 사람이 그의 아내 삽비라와 더불어 소유를 팔아...(1-5)

세 시간쯤 지나 그의 아내가 그 일어난 일을 알지 못하고 들어오니...(7-9)

심지어 병든 사람을 메고 거리에 나가 침대와 요 위에 누이고 베드로가 지날 때에 혹 그의 그림자라도 누구에게 덮일까 바라고...(15-21)

그들을 끌어다가 공회 앞에 세우니 대제사장이 물어 이르되 우리가 이 이름으로 사람을 가르치지 말라고 엄금하였으되 너희가 너희 가르침을 예루살렘에 가득하게 하니 이 사람의 피를 우리에게로 돌리고자 함이로다...(27-35)

만일 하나님께로부터 났으면 너희가 그들을 무너뜨릴 수 없겠고 도리어 하나님을 대적하는 자가 될까 하노라 하니...(39-42)

• 예레미야 14장 : 유다의 애통와 거짓 선지자의 예언의 한계

가뭄에 대하여 예레미야에게 임한 여호와의 말씀이라...(1-4)

여호와여 우리의 죄악이 우리에게 대하여 증언할지라도 주는 주의 이름을 위하여 일하소서 우리의 타락함이 많으니이다 우리가 주께 범죄하였나이다...(7-9)

여호와께서 또 내게 이르시되 너는 이 백성을 위하여 복을 구하지 말라...(11-14)

주께서 유다를 온전히 버리시나이까 주의 심령이 시온을 싫어하시나이까 어찌하여 우리를 치시고 치료하지 아니하시나이까 우리가 평강을 바라도 좋은 것이 없고 치료 받기를 기다리나 두려움만 보나이다...(19-22)

• 마태복음 28장 : 부활에 관한 경비병들의 거짓말의 한계

천사가 여자들에게 말하여 이르되 너희는 무서워하지 말라 십자가에 못 박히신 예수를 너희가 찾는 줄을 내가 아노라...(5-10)

여자들이 갈 때 경비병 중 몇이 성에 들어가 모든 된 일을 대제사장들에게 알리니...(11-15)

예수께서 나아와 말씀하여 이르시되 하늘과 땅의 모든 권세를 내게 주셨으니...(18-20)

Ⅲ. 묵상을 위한 질문

1. 여호와는 여호수아가 죽은 후에 먼저 누구에게 가나안족속과 싸우라고 하셨나요? (1~2,4)
2. 이스라엘 자손이 가나안 족속, 여부스 족속, 아모리 족속을 쫓아내지 못한 이유는 무엇일까요?(19,21,27~31,33~35)
3. 아나니아와 아내 삽비라가 죽게 된 이유는 무엇일까요?(3~4,9,11,14)
4. 대제사장과 사두개인의 당파가 사도들을 시기하여 옥에 가두었을 때 옥에서 나오고 죽이고자 할 때 바리새인 가말리엘이 등장하여 중단케 한 것은 어떤 역사일까요?(17~25,33~35,39~42)
5. 예레미야가 하나님께 들을 가뭄의 예언의 말씀은 어떤 내용이었나요?(1~4,15~18)
6. 유다 백성을 향한 거짓 선지자들의 예언은 어떤 내용이었나요?(13~14)
7. 예수님은 부활하신 후 누구에게 나타나 어떤 말씀을 하셨나요?(1,9~10)
8. 예수님이 11제자에게 마지막으로 부탁하신 말씀은 무엇이었나요?(16,18~20)

Ⅳ. 기도

1. 주여, 모든 일에 기도하게 하시고 또한 먼저 앞서서 도전하게 하옵소서.
2. 주여, 거짓된 헌신을 하지 않게 하시고 목숨을 건 충성을 하게 하옵소서.
3. 주여, 거짓된 예언에 귀를 기울이지 말게 하시고 주의 뜻에 집중하게 하옵소서.

• 하나님 마음 알아가기 •

• 나에게 주시는 말씀(암송하기) •

• 오늘의 감사(기록하기) •

200 일차 / 365 세대 7월 19일

Ⅰ. 맥체인성경의 통독구조<200>

맥체인성경 통독은 새벽에 80~90절 정도의 핵심요절을 읽고 하루 중 정해 놓은 시간에 통일주제를 중심으로 4장 전체를 정독하면서 묵상문제를 풀어 영적인 만나를 먹는 구조이다.

Ⅱ. 핵심구절 읽기

성경본문	사사기 2장	사도행전 6장	예레미야 15장	마가복음 1장
통일주제	**세대** (世代, 같은 시대에 공통의식을 가지는 비슷한 연령층의 사람들)			
개별주제	선민을 위해 행하신 역사를 모르는 다른 세대	표적을 행하는 스데반을 모함하는 악한 세대	악한 예루살렘은 네 가지 벌로 버림받은 세대	예수 그리스도의 복음을 체험하는 회복 세대
연합내용	**역사의 흐름 속에 많은 세대가 지나간다. 하나님을 참되게 경외하는 믿음세대가 있는 반면 거역하고 우상을 숭배하는 악한 세대도 있다. 선과 악이 공존하는 세대 속에서 복음을 전파하는 밀알세대가 되자.**			
핵심구절	1~4,7,10~19	1~8,10~12,15	1~4,6~7,15~20	1,4~5,7~9,12~15 17,21~25,30~31 34~35,38,40~42

• 사사기 2장 : 선민을 위해 행하신 역사를 모르는 다른 세대

여호와의 사자가 길갈에서부터 보김으로 올라와 말하되 내가 너희를 애굽에서 올라오게 하여 내가 너희의 조상들에게 맹세한 땅으로 들어가게 하였으며 또 내가 이르기를 내가 너희와 함께 한 언약을 영원히 어기지 아니하리니...(1-4)

백성이 여호수아가 사는 날 동안과 여호수아 뒤에 생존한 장로들 곧 여호와께서 이스라엘을 위하여 행하신 모든 큰 일을 본 자들이 사는 날 동안에 여호와를 섬겼더라(7)

그 세대의 사람도 다 그 조상들에게로 돌아갔고 그 후에 일어난 다른 세대는 여호와를 알지 못하며 여호와께서 이스라엘을 위하여 행하신 일도 알지 못하였더라...(10-19)

• 사도행전 6장 : 표적을 행하는 스데반을 모함하는 악한 세대

그 때에 제자가 더 많아졌는데 헬라파 유대인들이 자기의 과부들이 매일의 구제에 빠지므로 히브리파 사람을 원망하니...(1-8)

스데반이 지혜와 성령으로 말함을 그들이 능히 당하지 못하여...(10-12)

공회 중에 앉은 사람들이 다 스데반을 주목하여 보니 그 얼굴이 천사의 얼굴과 같더라(15)

• 예레미야 15장 : 악한 예루살렘은 네 가지 벌로 버림받은 세대

여호와께서 내게 이르시되 모세와 사무엘이 내 앞에 섰다 할지라도 내 마음은 이 백성을 향할 수 없나니 그들을 내 앞에서 쫓아 내보내라...(1-4)

여호와께서 이르시되 네가 나를 버렸고 내게서 물러갔으므로 네게로 내 손을 펴서 너를 멸하였노니 이는 내가 뜻을 돌이키기에 지쳤음이로다...(6-7)

여호와여 주께서 아시오니 원하건대 주는 나를 기억하시며 돌보시사 나를 박해하는 자에게 보복하시고 주의 오래 참으심으로 말미암아 나로 멸망하지 아니하게 하옵시며 주를 위하여 내가 부끄러움 당하는 줄을 아시옵소서...(15-20)

• 마가복음 1장 : 예수 그리스도의 복음을 체험하는 회복 세대

하나님의 아들 예수 그리스도의 복음의 시작이라(1)

세례 요한이 광야에 이르러 죄 사함을 받게 하는 회개의 세례를 전파하니...(4-5)

그가 전파하여 이르되 나보다 능력 많으신 이가 내 뒤에 오시나니 나는 굽혀 그의 신발끈을 풀기도 감당하지 못하겠노라...(7-9)

성령이 곧 예수를 광야로 몰아내신지라...(12-15)

예수께서 이르시되 나를 따라오라 내가 너희로 사람을 낚는 어부가 되게 하리라 하시니(17)

그들이 가버나움에 들어가니라 예수께서 곧 안식일에 회당에 들어가 가르치시매...(21-25)

시몬의 장모가 열병으로 누워 있는지라 사람들이 곧 그 여자에 대하여 예수께 여짜온대...(30-31)

예수께서 각종 병이 든 많은 사람을 고치시며 많은 귀신을 내쫓으시되 귀신이 자기를 알므로 그 말하는 것을 허락하지 아니하시니라...(34-35)

이르시되 우리가 다른 가까운 마을들로 가자 거기서도 전도하리니 내가 이를 위하여 왔노라 하시고(38)

한 나병환자가 예수께 와서 꿇어 엎드려 간구하여 이르되 원하시면 저를 깨끗하게 하실 수 있나이다...(40-42)

Ⅲ. 묵상을 위한 질문

1. 여호와의 사자가 보김에서 이스라엘 자손에게 한 말은 무엇이었나요?(1~4)
2. 이스라엘을 위해 놀라운 일을 행하신 여호와를 모르는 다른 세대는 어떻게 행동하며 살았나요?(10~13,16~19)
3. 구제 문제로 교회에 원망이 생겼을 때 사도들은 무엇을 결정했나요?(1~6)
4. 스데반이 기사와 표적을 민간에 행함으로 시기했던 장로와 서기관들은 어떤 행동을 보였나요?(8~12)
5. 여호와 하나님은 예루살렘에 어떤 네 가지 벌을 내리시겠다고 하셨나요?(1~4)
6. 자신과 예루살렘을 향한 예레미야의 간절한 기도 내용은 무엇일까요?(15~18)
7. 예수 그리스도의 복음의 시작을 알린 사람은 누구일까요?(1,4~5,7~8)
8. 예수 그리스도는 어떤 사역으로 복음을 알리셨나요?(14~15,17,21~25,34,38)

Ⅳ. 기도

1. 주여, 이 세대와 다음 세대가 주님을 온전히 섬기는 세대가 되게 하옵소서.
2. 주여, 신앙생활 중에 원망과 시기가 있어도 지혜와 성품으로 이기게 하옵소서.
3. 주여, 세례요한과 제자들처럼 예수 그리스도의 복음을 널리 전파하게 하옵소서.

• 하나님 마음 알아가기 •

• 나에게 주시는 말씀(암송하기) •

• 오늘의 감사(기록하기) •

201 일차 / 365 영광 7월 20일

Ⅰ. 맥체인성경의 통독구조<201>

맥체인성경의 바른 통독은 읽는 속도보다 읽는 자세에 있다. 신약과 구약의 각각 두 장을 필사하듯 정리하면서 깊이 묵상하는 자세로 읽으면 지혜의 은사를 경험할 수 있는 신비로운 구조이다. 더 나아가 통독을 뛰어넘어 정독의 영적 구조이다.

Ⅱ. 핵심구절 읽기

성경본문	사사기 3장	사도행전 7장	예레미야 16장	마가복음 2장
통일주제	**영광** (榮光, 빛나는 영예)			
개별주제	여호와의 영광을 가리고 우상숭배한 이스라엘	영광의 하나님의 구속사를 설교한 스데반	영광의 하나님의 율법을 지키지 않은 이스라엘	중풍병자를 고치신 예수님을 통해 영광 받으신 주
연합내용	**모든 빛과 영광은 오직 하나님께만 있다. 하나님은 그 빛과 영광을 선민에게 나눠 주셨다. 하지만 그 은혜를 입은 선민이 하나님을 거역하고 그 영광을 욕되게 가렸다. 그럼에도 하나님의 영광은 빛날 뿐이다.**			
핵심구절	2,4,6~12,15	2~4,8~10,14,20~22, 29~35,39~41,44~45, 47,51~53,56~60	2,5,8,10~13 15~18,21	2~5,10~12,14 16~17,22,27~28

• 사사기 3장 : 여호와의 영광을 가리고 우상숭배한 이스라엘

이스라엘 자손의 세대 중에 아직 전쟁을 알지 못하는 자들에게 그것을 가르쳐 알게 하려 하사 남겨 두신 이방 민족들은(2)

남겨 두신 이 이방 민족들로 이스라엘을 시험하사 여호와께서 모세를 통하여 그들의 조상들에게 이르신 명령들을 순종하는지 알고자 하셨더라(4)

그들의 딸들을 맞아 아내로 삼으며 자기 딸들을 그들의 아들들에게 주고 또 그들의 신들을 섬겼더라...(6-12)

이스라엘 자손이 여호와께 부르짖으매 여호와께서 그들을 위하여 한 구원자를 세우셨으니 그는 곧 베냐민 사람 게라의 아들 왼손잡이 에훗이라 이스라엘 자손이 그를 통하여 모압 왕 에글론에게 공물을 바칠 때에(15)

• 사도행전 7장 : 영광의 하나님의 구속사를 설교한 스데반

스데반이 이르되 여러분 부형들이여 들으소서 우리 조상 아브라함이 하란에 있기 전 메소보다미아에 있을 때에 영광의 하나님이 그에게 보여...(2-4)

할례의 언약을 아브라함에게 주셨더니 그가 이삭을 낳아 여드레 만에 할례를 행하고 이삭이 야곱을, 야곱이 우리 열두 조상을 낳으니라...(8-10)

요셉이 사람을 보내어 그의 아버지 야곱과 온 친족 일흔다섯 사람을 청하였더니(14)

모세가 이 말 때문에 도주하여 미디안 땅에서 나그네 되어 거기서 아들 둘을...(29-35)

우리 조상들이 모세에게 복종하지 아니하고자 하여 거절하며 그 마음이 도리어...(39-41)

솔로몬이 그를 위하여 집을 지었느니라(47)

말하되 보라 하늘이 열리고 인자가 하나님 우편에 서신 것을 보노라 한 대...(56-60)

• 예레미야 16장 : 영광의 하나님의 율법을 지키지 않은 이스라엘

너는 이 땅에서 아내를 맞이하지 말며 자녀를 두지 말지니라(2)

여호와께서 이와 같이 말씀하시되 초상집에 들어가지 말라 가서 통곡하지 말며 그들을 위하여 애곡하지 말라 내가 이 백성에게서 나의 평강을 빼앗으며 인자와 사랑을 제함이라 여호와의 말씀이니라(5)

너는 잔칫집에 들어가서 그들과 함께 앉아 먹거나 마시지 말라(8)

네가 이 모든 말로 백성에게 말할 때에 그들이 네게 묻기를 여호와께서 우리에게 이 모든 큰 재앙을 선포하심은 어찌 됨이며 우리의 죄악은 무엇이며 우리가 우리 하나님...(10-13)

여호와께서 이르시되 보라 이번에 그들에게 내 손과 내 능력을 알려서 그들로 내 이름이 여호와인 줄 알게 하리라(21)

• 마가복음 2장 : 중풍병자를 고치신 예수님을 통해 영광 받으신 주

많은 사람이 모여서 문 앞까지도 들어설 자리가 없게 되었는데 예수께서 그들에게 도를 말씀하시더니...(2-5)

또 지나가시다가 알패오의 아들 레위가 세관에 앉아 있는 것을 보시고 그에게 이르시되 나를 따르라 하시니 일어나 따르니라(14)

새 포도주를 낡은 가죽 부대에 넣는 자가 없나니 만일 그렇게 하면 새 포도주가 부대를 터뜨려 포도주와 부대를 버리게 되리라 오직 새 포도주는 새 부대에 넣느니라 하시니라(22)

또 이르시되 안식일이 사람을 위하여 있는 것이요 사람이 안식일을 위하여 있는 것이 아니니...(27-28)

Ⅲ. 묵상을 위한 질문

1. 여호와께서 가나안 땅에 이방 민족을 남겨 두신 이유는 무엇일까요?(2,4)
2. 하나님은 이스라엘 자손이 여호와의 목전에 악을 행할 때 어느 민족들을 사용하여 징계하셨나요?(7~13)
3. 스데반의 설교를 들은 사람들의 반응은 어떠했나요?(54,57~58)
4. 스데반은 설교를 마친 후 성령이 충만하여 무엇을 보며 어떤 말을 들었나요?(55~56)
5. 여호와 하나님은 예레미야에게 어떤 세 가지를 하지 말라고 하셨나요?(2,5,8)
6. 여호와 하나님은 이스라엘의 어떤 죄를 지적하고 징계하셨나요?(10~13)
7. 한 중풍병자를 네 사람이 메고 왔을 때 예수님은 누구의 믿음을 보시고 고쳐 주셨나요?(2~5,10~12)
8. 예수님은 어떤 사람까지 제자로 부르셨으며 어떤 오해를 받으셨나요?(14,16~17)

Ⅳ. 기도

1. 주여, 여호와의 목전에 악을 행하여 징계를 받는 일이 없게 하옵소서.
2. 주여, 스데반처럼 성령에 충만하여 담대히 복음을 전하게 하옵소서.
3. 주여, 남의 아픔과 고통을 도울 때 큰 믿음을 가지고 힘써 중보하게 하옵소서.

• 하나님 마음 알아가기 •

• 나에게 주시는 말씀(암송하기) •

• 오늘의 감사(기록하기) •

202 일차 / 365 단호 7월 21일

Ⅰ. 맥체인성경의 통독구조<202>

영화 감상하기 : 영화의 중심내용은 변할 수 없다. 하지만 그 전개 과정이나 보조적인 내용이 더 큰 감동과 좋은 기억을 주기도 한다. 구약 2장, 신약 2장씩 읽는 맥체인성경 통독방식은 본 중심내용 외에 다양한 감동을 줄 수 있는 구조이다.

Ⅱ. 핵심구절 읽기

성경본문	사사기 4장	사도행전 8장	예레미야 17장	마가복음 3장
통일주제	**단호** (斷乎, 매우 과단성 있고 엄격함)			
개별주제	민족구원을 위해 단호하게 행동한 드보라와 야엘	큰 박해 중에도 단호하게 복음을 전파한 빌립	유다의 죄와 벌을 단호하게 선포한 예레미야	미쳤다고 하는 자들을 단호하게 교훈하신 예수님
연합내용	**사람에게 가장 아쉬우면서 미련한 모습은 우유부단한 것이다. 능력이 부족해도 용기내어 단호하게 일을 처리하는 자가 멋있고 역사를 이룬다. 드보라, 야엘, 빌립, 예레미야 그리고 예수님은 단호하셨다.**			
핵심구절	1,4~9,15~16,21	1,4~15,17 20~24,29~31 35~38	1~5,7~10,14 17~18,21~22 24~27	3~5,13~15,21 28~29,35

• 사사기 4장 : 민족구원을 위해 단호하게 행동한 드보라와 야엘

에훗이 죽으니 이스라엘 자손이 또 여호와의 목전에 악을 행하매(1)

그 때에 랍비돗의 아내 여선지자 드보라가 이스라엘의 사사가 되었는데...(4-9)

여호와께서 바락 앞에서 시스라와 그의 모든 병거와 그의 온 군대를 칼날로 혼란에 빠지게 하시매 시스라가 병거에서 내려 걸어서 도망한지라...(15-16)

그가 깊이 잠드니 헤벨의 아내 야엘이 장막 말뚝을 가지고 손에 방망이를 들고 그에게로 가만히 가서 말뚝을 그의 관자놀이에 박으매 말뚝이 꿰뚫고 땅에 박히니 그가 기절하여 죽으니라(21)

• 사도행전 8장 : 큰 박해 중에도 단호하게 복음을 전파한 빌립

사울은 그가 죽임 당함을 마땅히 여기더라 그 날에 예루살렘에 있는 교회에 큰 박해가 있어 사도 외에는 다 유대와 사마리아 모든 땅으로 흩어지니라(1)

그 흩어진 사람들이 두루 다니며 복음의 말씀을 전할새...(4-15)

이에 두 사도가 그들에게 안수하매 성령을 받는지라(17)

베드로가 이르되 네가 하나님의 선물을 돈 주고 살 줄로 생각하였으니 네 은과 네가 함께 망할지어다...(20-24)

성령이 빌립더러 이르시되 이 수레로 가까이 나아가라 하시거늘...(29-31)

빌립이 입을 열어 이 글에서 시작하여 예수를 가르쳐 복음을 전하니...(35-38)

• 예레미야 17장 : 유다의 죄와 벌을 단호하게 선포한 예레미야

유다의 죄는 금강석 끝 철필로 기록되되 그들의 마음 판과 그들의 제단 뿔에 새겨졌거늘...(1-5)

그러나 무릇 여호와를 의지하며 여호와를 의뢰하는 그 사람은 복을 받을 것이라...(7-10)

여호와여 주는 나의 찬송이시오니 나를 고치소서 그리하시면 내가 낫겠나이다 나를 구원하소서 그리하시면 내가 구원을 얻으리이다(14)

여호와께서 이와 같이 말씀하시되 너희는 스스로 삼가서 안식일에 짐을 지고 예루살렘 문으로 들어오지 말며...(21-22)

여호와의 말씀이니라 너희가 만일 삼가 나를 순종하여 안식일에 짐을 지고 이 성문으로 들어오지 아니하며 안식일을 거룩히 하여 어떤 일이라도 하지 아니하면...(24-27)

• 마가복음 3장 : 미쳤다고 하는 자들을 단호하게 교훈하신 예수님

예수께서 손 마른 사람에게 이르시되 한 가운데에 일어서라 하시고...(3-5)

또 산에 오르사 자기가 원하는 자들을 부르시니 나아온지라...(13-15)

예수의 친족들이 듣고 그를 붙들러 나오니 이는 그가 미쳤다 함일러라(21)

내가 진실로 너희에게 이르노니 사람의 모든 죄와 모든 모독하는 일은 사하심을 얻되...(28-29)

누구든지 하나님의 뜻대로 행하는 자가 내 형제요 자매요 어머니이니라(35)

Ⅲ. 묵상을 위한 질문

1. 드보라는 가나안 왕 야빈을 멸하기 위해 어떤 전략을 세웠나요?(4,6~9)
2. 도망가던 야빈의 군대장관 시스라는 드보라의 예언대로 어떻게 죽었나요?(21)
3. 빌립이 사마리아 성에 복음을 전파할 때 마술사 시몬은 돈으로 무엇을 사려고 했나요?(5~6,9,12~13,18,20)
4. 빌립은 주의 사자의 명령대로 광야로 가서 누구에게 복음을 전했나요?(26~35)
5. 선지자 예레미야는 유다의 어떤 죄를 단호하게 지적했나요?(1~5)
6. 선지자 예레미야는 유다에게 어떤 희망의 복음을 전했나요?(7~10)
7. 예수님께서 안식일에 손 마른 사람을 고치신 이유가 무엇일까요?(3~5)
8. 예수님은 미쳤다 귀신 들렸다 하는 모든 사람들에게 어떤 교훈을 남기셨나요?

Ⅳ. 기도

1. 주여, 나라가 어려울 때 용기있는 자가 되어 쓰임받게 하옵소서.
2. 주여, 직분을 초월하여 성령에 인도하심을 받아 복음을 전하게 하옵소서.
3. 주여, 어떤 소문이나 평가를 듣더라도 꾸준히 주의 일을 감당하게 하옵소서.

• 하나님 마음 알아가기 •

• 나에게 주시는 말씀(암송하기) •

• 오늘의 감사(기록하기) •

203 일차 / 365 연합 7월 22일

Ⅰ. 맥체인성경의 통독구조<203>

맥체인성경통독은 구약과 신약 4장을 읽을 때 특별히 교훈을 찾기 어려운 본문을 만나면 다른 본문을 통해 충분한 교훈을 얻을 수 있는 구조다. 예를 들어 구약에 족보만 나오는 장이 있을 때 신약은 족보와 연관된 풍성한 다른 내용이 펼쳐짐으로 충분한 교훈을 얻게 되는 구조다.

Ⅱ. 핵심구절 읽기

성경본문	사사기 5장	사도행전 9장	예레미야 18장	마가복음 4장
통일주제	**연합** (聯合, 둘 이상의 사람이나 집단이 합하여 하나의 조직체를 만듦)			
개별주제	이스라엘의 영솔자들과 백성이 함께 연합함	주를 만나 사울과 베드로가 사역으로 연합함	유다와 이스라엘은 심히 가증한 죄와 연합함	천국과 기적을 사모하는 자는 예수님과 연합함
연합내용	**연합은 놀라운 열매를 가져다 준다. 이스라엘의 연합은 승전을, 사도들의 연합은 기적을, 예수님과의 연합은 금생과 내생에 축복을 준다. 반면 유다와 이스라엘이 멸망할 때는 그들이 죄와 연합했음을 본다.**			
핵심구절	1~2,6~7,12~13 16~18,23~24,31	1,4~6,10~12 15~20,23,25~27 31,33~34,36~40	2~4,7~12,15~16 18,20,23	3~8,15~20 26~29,31~32,34 37~40

• 사사기 5장 : 이스라엘의 영솔자들과 백성이 함께 연합함

이 날에 드보라와 아비노암의 아들 바락이 노래하여 이르되...(1-2)

아낫의 아들 삼갈의 날에 또는 야엘의 날에는 대로가 비었고 길의 행인들은...(6-7)

깰지어다 깰지어다 드보라여 깰지어다 깰지어다 너는 노래할지어다 일어날지어다 바락이여 아비노암의 아들이여 네가 사로잡은 자를 끌고 갈지어다...(12-13)

네가 양의 우리 가운데에 앉아서 목자의 피리 부는 소리를 들음은 어찌 됨이냐 르우벤 시냇가에서 큰 결심이 있었도다...(16-18)

여호와의 사자의 말씀에 메로스를 저주하라 너희가 거듭거듭 그 주민들을 저주할 것은 그들이 와서 여호와를 돕지 아니하며 여호와를 도와 용사를 치지 아니함이니라 하시도다...(23-24)

여호와여 주의 원수들은 다 이와 같이 망하게 하시고 주를 사랑하는 자들은 해가 힘 있게 돋음 같게 하시옵소서 하니라 그 땅이 사십 년 동안 평온하였더라(31)

• 사도행전 9장 : 주를 만나 사울과 베드로가 사역으로 연합함

사울이 주의 제자들에 대하여 여전히 위협과 살기가 등등하여 대제사장에게 가서(1)

땅에 엎드러져 들으매 소리가 있어 이르시되 사울아 사울아 네가 어찌하여 나를 박해하느냐 하시거늘...(4-6)

그 때에 다메섹에 아나니아라 하는 제자가 있더니 주께서 환상 중에 불러...(10-12)

여러 날이 지나매 유대인들이 사울 죽이기를 공모하더니(23)

그리하여 온 유대와 갈릴리와 사마리아 교회가 평안하여 든든히 서 가고 주를 경외함과 성령의 위로로 진행하여 수가 더 많아지니라(31)

욥바에 다비다라 하는 여제자가 있으니 그 이름을 번역하면 도르가라...(36-40)

• 예레미야 18장 : 유다와 이스라엘은 심히 가증한 죄와 연합함

너는 일어나 토기장이의 집으로 내려가라 내가 거기에서 내 말을 네게 들려 주리라...(2-4)

내가 어느 민족이나 국가를 뽑거나 부수거나 멸하려 할 때에...(7-12)

무릇 내 백성은 나를 잊고 허무한 것에게 분향하거니와 이러한 것들은 그들로 그들의 길 곧 그 옛길에서 넘어지게 하며 곁길 곧 닦지 아니한 길로 행하게 하여...(15-16)

그들이 말하기를 오라 우리가 꾀를 내어 예레미야를 치자 제사장에게서 율법이, 지혜로운 자에게서 책략이, 선지자에게서 말씀이 끊어지지 아니할 것이니 오라 우리가 혀로 그를 치고 그의 어떤 말에도 주의하지 말자 하나이다(18)

여호와여 그들이 나를 죽이려 하는 계략을 주께서 다 아시오니 그 악을 사하지 마옵시며 그들의 죄를 주의 목전에서 지우지 마시고 그들을 주 앞에 넘어지게 하시되 주께서 노하시는 때에 이같이 그들에게 행하옵소서 하니라(23)

• 마가복음 4장 : 천국과 기적을 사모하는 자는 예수님과 연합함

들으라 씨를 뿌리는 자가 뿌리러 나가서...(3-8)

말씀이 길 가에 뿌려졌다는 것은 이들을 가리킴이니 곧 말씀을 들었을 때에 사탄이 즉시 와서 그들에게 뿌려진 말씀을 빼앗는 것이요...(15-20)

또 이르시되 하나님의 나라는 사람이 씨를 땅에 뿌림과 같으니...(26-29)

겨자씨 한 알과 같으니 땅에 심길 때에는 땅 위의 모든 씨보다 작은 것이로되...(31-32)

큰 광풍이 일어나며 물결이 배에 부딪쳐 들어와 배에 가득하게 되었더라...(37-40)

Ⅲ. 묵상을 위한 질문

1. 사사 삼갈과 야엘의 시대와 사사 드보라의 시대는 어떻게 달랐나요?(6~7,12~13)

2. 사사 드보라가 가나안을 칠 때에 어떤 지파가 협력하지 않았나요?(16~17,23)

3. 사울이 주의 제자들을 결박하려고 다메섹으로 향할 때 누구를 만났나요?(1,4~6)

4. 베드로는 사방을 다니다가 룻다와 욥바에서 어떤 사역을 행했나요?(32~34,36~40)

5. 하나님은 토기장이의 비유를 통해 자기의 무엇을 말씀하셨나요?(2~4,7~12)

6. 예레미야는 죽이려는 자들의 꾀를 보고 하나님께 어떤 기도를 드렸나요?(18,20,23)

7. 예수님은 어떤 비유들을 통해 천국을 가르치셨나요?(3~8,26~29,31~32,34)

8. 예수님이 광풍을 잔잔케 하신 것은 무엇을 가르치려하심 이었나요?(37~40)

Ⅳ. 기도

1. 주여, 성별을 초월하여 주의 사역을 감당함으로 나라와 민족을 구하게 하옵소서.
2. 주여, 체험을 통해 주님을 만나고 변화되어 교회를 부흥시키는 자가 되게 하옵소서.
3. 주여, 하나님 나라의 비유를 마음에 품고 늘 성별된 삶을 살게 하옵소서.

• 하나님 마음 알아가기 •

• 나에게 주시는 말씀(암송하기) •

• 오늘의 감사(기록하기) •

204 일차 / 365 음성 7월 23일

I. 맥체인성경의 통독구조<204>

맥체인성경의 묵상하기 문제는 성경을 읽어나가면서 바로 성령의 감동을 받아 질문 문제를 작성한다. 읽은 말씀 중에서 여러 요절의 내용으로 문제를 만들 수도 있고 한 요절로 문제를 만들 수도 있다.

II. 핵심구절 읽기

성경본문	사사기 6장	사도행전 10장	예레미야 19장	마가복음 5장
통일주제	**음성** (音聲, 사람의 발음 기관에서 나오는 의사소통의 구체적인 소리)			
개별주제	기드온이 하나님의 음성을 듣다	고넬료와 베드로가 주의 음성을 듣다	예레미야가 하나님의 음성을 듣다	귀신도 죽은 자도 주의 음성을 듣다
연합내용	**하나님은 이스라엘 자손을 구원하시기 위해 또 개인이나 가정을 구원하시기 위해 주의 사자를 통하여 음성을 들려 주셨고, 예수님도 한 영혼을 구원하시기 위해 그의 음성으로 명령하여 귀신을 내쫓으셨다.**			
핵심구절	1,4,7~10,12 14~18,23~26 30~31,34~35,38~39	1~5,9~15,19~22 25~29,33~35 38~46	1~6,10~11,14	1~2,7~9,13,15,19 22~23,25,27~29 33~34,39,41~42

• 사사기 6장 : 기드온이 하나님을 듣다

이스라엘 자손이 또 여호와의 목전에 악을 행하였으므로 여호와께서 칠 년 동안 그들을 미디안의 손에 넘겨 주시니(1)

여호와의 사자가 기드온에게 나타나 이르되 큰 용사여 여호와께서 너와 함께 계시도다 하매(12)

여호와께서 그를 향하여 이르시되 너는 가서 이 너의 힘으로 이스라엘을 미디안의 손에서 구원하라 내가 너를 보낸 것이 아니냐 하시니라...(14-18)

여호와께서 그에게 이르시되 너는 안심하라 두려워하지 말라 죽지 아니하리라 하시니라...(23-26)

여호와의 영이 기드온에게 임하시니 기드온이 나팔을 불매 아비에셀이 그의 뒤를 따라 부름을 받으니라...(34-35)

• 사도행전 10장 : 고넬료와 베드로가 주님의 음성을 듣다

가이사랴에 고넬료라 하는 사람이 있으니 이달리야 부대라 하는 군대의 백부장이라...(1-5)

이튿날 그들이 길을 가다가 그 성에 가까이 갔을 그 때에 베드로가 기도하려고 지붕에 올라가니 그 시각은 제 육 시더라...(9-15)

베드로가 그 환상에 대하여 생각할 때에 성령께서 그에게 말씀하시되 두 사람이 너를 찾으니...(19-22)

마침 베드로가 들어올 때에 고넬료가 맞아 발 앞에 엎드리어 절하니...(25-29)

하나님이 나사렛 예수에게 성령과 능력을 기름 붓듯 하셨으매 그가 두루 다니시며 선한 일을 행하시고 마귀에게 눌린 모든 사람을 고치셨으니 이는 하나님이 함께 하셨음이라...(38-46)

• 예레미야 19장 : 예레미야가 하나님의 음성을 듣다

여호와께서 이와 같이 말씀하시되 가서 토기장이의 옹기를 사고 백성의 어른들과 제사장의 어른 몇 사람과...(1-6)

너는 함께 가는 자의 목전에서 그 옹기를 깨뜨리고...(10-11)

예레미야가 여호와께서 자기를 보내사 예언하게 하신 도벳에서 돌아와 여호와의 집 뜰에 서서 모든 백성에게 말하되(14)

• 마가복음 5장 : 귀신도 죽은 자도 주의 음성을 듣다

예수께서 바다 건너편 거라사인의 지방에 이르러...(1-2)

큰 소리로 부르짖어 이르되 지극히 높으신 하나님의 아들 예수여 나와 당신이 무슨 상관이 있나이까 원하건대 하나님 앞에 맹세하고 나를 괴롭히지 마옵소서 하니...(7-9)

예수께 이르러 그 귀신 들렸던 자 곧 군대 귀신 지폈던 자가 옷을 입고 정신이 온전하여 앉은 것을 보고 두려워하더라(15)

회당장 중의 하나인 야이로라 하는 이가 와서 예수를 보고 발 아래 엎드리어...(22-23)

열두 해를 혈루증으로 앓아 온 한 여자가 있어(25)

들어가서 그들에게 이르시되 너희가 어찌하여 떠들며 우느냐 이 아이가 죽은 것이 아니라 잔다 하시니(39)

Ⅲ. 묵상을 위한 질문

1. 사사 기드온은 여호와 하나님께 어떤 음성을 듣나요?(12,14~16)
2. 사사 기도온은 하나님이 자신을 통해 미디안으로부터 이스라엘 자손을 구원하신다는 말씀을 확신하기 위해 어떤 표징을 구했나요?(36~40)
3. 이달리야 군대의 백부장 고넬료는 하나님께 무엇이 상달되었나요?(1~4)
4. 하나님은 고넬료에게 어떤 지시와 어떤 영적 축복을 주셨나요?(5,25~29,38~46)
5. 하나님은 예레미야를 통해 유다 왕들과 예루살렘 주민에게 어떤 말씀을 선포하셨나요?(1~6)
6. 하나님은 유다의 멸망을 무엇에 비유하셨나요?(10~11)
7. 예수님은 거라사인의 지방에서 더러운 귀신 들린 사람을 어떻게 고쳐주셨나요?(1~2, 7~9,13)
8. 야이로의 딸과 혈루증을 앓던 여자는 어떻게 고침을 받았나요?(22~23,25,27~29,34,41)

Ⅳ. 기도

1. 주여, 어떤 사역을 맡든지 주님의 역사하심을 믿고 담대히 행동하게 하옵소서.
2. 주여, 경건과 사랑이 습관이 되게 하사 주님의 영적 축복을 받게 하옵소서.
3. 주여, 죽을병 또는 불치병에 걸렸을 때 절대적 믿음으로 나아가게 하옵소서.

• 하나님 마음 알아가기 •

• 나에게 주시는 말씀(암송하기) •

• 오늘의 감사(기록하기) •

205 일차 / 365 확신 7월 24일

Ⅰ. 맥체인성경의 통독구조<205>

맥체인성경통독은 성경을 내용 중심뿐만이 아니라 적용 중심으로 보게 하는 구조다. 일반적으로 적용은 한 본문일 경우 단면적 교훈을 찾게 된다. 하지만 맥체인성경은 4장의 본문을 읽는 것이기 때문에 현실 상황에 맞는 응용적인 여러 개의 교훈을 찾아 적용할 수 있도록 도와주는 놀라운 구조이다.

Ⅱ. 핵심구절 읽기

성경본문	사사기 7장	사도행전 11장	예레미야 20장	마가복음 6장
통일주제	**확신** (確信, 굳게 믿음)			
개별주제	삼백 명으로 미디안을 물리칠 것을 확신	이방인에게도 구원이 이루어짐을 확신	온 유다와 바스훌이 포로가 될 것을 확신	권능을 받아 회개를 외친 제자들의 확신
연합내용	**하나님을 믿은 사람들은 확신에 차 있다. 이길 수 없는 적과 싸울 때에도, 선민이 아닌 이방인이 성령을 받을 때에도, 부족한 자가 제자가 되어 천국과 회개를 외칠 때에도 능히 역사가 일어날 것을 확신했다.**			
핵심구절	2~4,7,10,13~15 18,22	2~3,12~15 17~18,20~21 24~26	1~6,8~10,12,14 17~18	4~5,7,11~13,20 27~28,34,41,44 46,48,51,55~56

• 사사기 7장 : 삼백 명으로 미디안을 물리칠 것을 확신

여호와께서 기드온에게 이르시되 너를 따르는 백성이 너무 많은즉 내가 그들의 손에 미디안 사람을 넘겨 주지 아니하리니 이는 이스라엘이 나를 거슬러 스스로 자랑하기를 내 손이 나를 구원하였다 할까 함이니라...(2-4)

여호와께서 기드온에게 이르시되 내가 이 물을 핥아 먹은 삼백 명으로 너희를 구원하며 미디안을 네 손에 넘겨 주리니 남은 백성은 각각 자기의 처소로 돌아갈 것이니라 하시니(7)

기드온이 그 곳에 이른즉 어떤 사람이 그의 친구에게 꿈을 말하여 이르기를 보라 내가 한 꿈을 꾸었는데 꿈에 보리떡 한 덩어리가 미디안 진영으로 굴러 들어와 한 장막에 이르러 그것을 쳐서 무너뜨려 위쪽으로 엎으니 그 장막이 쓰러지더라...(13-15)

삼백 명이 나팔을 불 때에 여호와께서 그 온 진영에서 친구끼리 칼로 치게 하시므로 적군이 도망하여 스레라의 벧 싯다에 이르고 또 답밧에 가까운 아벨므홀라의 경계에...(22)

• 사도행전 11장 : 이방인에게도 구원이 이루어짐을 확신

베드로가 예루살렘에 올라갔을 때에 할례자들이 비난하여...(2-3)

성령이 내게 명하사 아무 의심 말고 함께 가라 하시매 이 여섯 형제도 나와 함께 가서 그 사람의 집에 들어가니...(12-15)

그 중에 구브로와 구레네 몇 사람이 안디옥에 이르러 헬라인에게도 말하여 주 예수를 전파하니...(20-21)

바나바는 착한 사람이요 성령과 믿음이 충만한 사람이라 이에 큰 무리가 주께 더하여지더라...(24-26)

• 예레미야 20장 : 온 유다와 바스훌이 포로가 될 것을 확신

임멜의 아들 제사장 바스훌은 여호와의 성전의 총감독이라 그가 예레미야의 이 일 예언함을 들은지라...(1-6)

내가 말할 때마다 외치며 파멸과 멸망을 선포하므로 여호와의 말씀으로 말미암아 내가 종일토록 치욕과 모욕거리가 됨이니이다...(8-10)

의인을 시험하사 그 폐부와 심장을 보시는 만군의 여호와여 나의 사정을 주께 아뢰었사온즉 주께서 그들에게 보복하심을 나에게 보게 하옵소서(12)

이는 그가 나를 태에서 죽이지 아니하셨으며 나의 어머니를 내 무덤이 되지 않게 하셨으며 그의 배가 부른 채로 항상 있지 않게 하신 까닭이로다...(17-18)

• 마가복음 6장 : 권능을 받아 회개를 외친 제자들의 확신

예수께서 그들에게 이르시되 선지자가 자기 고향과 자기 친척과 자기 집 외에서는 존경을 받지 못함이 없느니라 하시며...(4-5)

열두 제자를 부르사 둘씩 둘씩 보내시며 더러운 귀신을 제어하는 권능을 주시고(7)

헤롯이 요한을 의롭고 거룩한 사람으로 알고 두려워하여 보호하며 또 그의 말을 들을 때에 크게 번민을 하면서도 달갑게 들음이러라(20)

왕이 곧 시위병 하나를 보내어 요한의 머리를 가져오라 명하니 그 사람이 나가...(27-28)

예수께서 떡 다섯 개와 물고기 두 마리를 가지사 하늘을 우러러 축사하시고 떡을 떼어 제자들에게 주어 사람들에게 나누어 주게 하시고 또 물고기 두 마리도 모든 사람에게...(41)

떡을 먹은 남자는 오천 명이었더라(44)

그 온 지방으로 달려 돌아 다니며 예수께서 어디 계시다는 말을 듣는 대로 병든 자를 침상째로 메고 나아오니...(55-56)

Ⅲ. 묵상을 위한 질문

1. 하나님이 기드온에게 32,000명 중에서 300명만 뽑아 미디안과 전쟁하도록 하신 이유는 무엇일까요?(2~4,7)
2. 기드온이 미디안과 전쟁할 때 사용한 방법은 무엇일까요?(18,20,22)
3. 베드로는 예루살렘에서 할례자들의 비난을 받았을 때 무엇이라고 대답했나요?(2~3, 12~15,17~18)
4. 바나바와 사울은 안디옥에서 어떤 사역을 했으며 그 결과는 어땠나요?(24~26)
5. 제사장 바스훌은 예레미야에게 어떤 일을 했으며 그 결과 어떻게 되었나요?(1~6)
6. 예언 사역으로 고난을 당한 예레미야는 하나님께 어떤 기도를 드렸나요?(8~10,12)
7. 예수님은 열 두 제자를 부르시고 그들에게 어떤 권능과 계명을 주셨나요?(7~8,11)
8. 예수님은 오병이어로 오천 명을 먹이실 때에 어떤 마음이셨나요?(34,41,44)

Ⅳ. 기도

1. 주여, 성도의 싸움은 수에 있는 것이 아니라 주의 능력에 있음을 알게 하옵소서.
2. 주여, 주의 일꾼을 핍박하는 자에게 하나님의 심판이 있음을 알게 하옵소서.
3. 주여, 저희를 불쌍히 여기사 모든 가난과 질병과 고통에서 구원하여 주옵소서.

• 하나님 마음 알아가기 •

• 나에게 주시는 말씀(암송하기) •

• 오늘의 감사(기록하기) •

206 일차 / 365 죽음 7월 25일

Ⅰ. 맥체인성경의 통독구조<206>

성경을 통독하는 이유는 먼저 내용을 알기 위함이다. 하지만 좀 더 나아가 묵상을 하고 그 내용을 삶에 적용하기 위함이다. 이를 위하여 다양한 사건의 본문을 대하는 것은 통독자에게 매우 유익하다. 한 본문이 아닌 여러 본문 속에서 다양한 적용을 찾아 적용 문제를 만들 수 있기 때문이다.

Ⅱ. 핵심구절 읽기

성경본문	사사기 8장	사도행전 12장	예레미야 21장	마가복음 7장
통일주제	**죽음** (생명의 목숨이 끊어지는 일)			
개별주제	미디안을 멸한 기드온의 죽음	사도를 핍박한 헤롯 왕의 죽음	시드기야 왕과 백성의 죽음	장로 전통을 따르는 자의 죽음
연합내용	**모든 인간은 죄로 말미암아 죽게 된다. 한번 죽는 것은 사람에게 정해진 것이다. 하나님의 일을 한 자도 죽고, 악한 일을 한 자도 죽는다. 그러나 믿는 자들에게는 죽음이 영원한 구원으로 이어지는 관문이다.**			
핵심구절	1,3~6,8,12 15~17,21~23 25~27,30~31,33	1~2,5,7,11~12 14~15,20~24	1~7,8~10,12~13	5~8,11,14~16 20~22,25~26 28~29,32~35

• 사사기 8장 : 미디안을 멸한 기드온의 죽음

에브라임 사람들이 기드온에게 이르되 네가 미디안과 싸우러 갈 때에 우리를 부르지 아니하였으니 우리를 이같이 대접함은 어찌 됨이냐 하고 그와 크게 다투는지라(1)

거기서 브누엘로 올라가서 그들에게도 그같이 구한즉 브누엘 사람들의 대답도 숙곳 사람들의 대답과 같은지라(8)

기드온이 숙곳 사람들에게 이르러 말하되 너희가 전에 나를 희롱하여 이르기를 세바와 살문나의 손이 지금 네 손 안에 있다는거냐 어찌 우리가 네 피곤한 사람들에게...(15-17)

무리가 대답하되 우리가 즐거이 드리리이다 하고 겉옷을 펴고 각기 탈취한 귀고리를 그 가운데에 던지니...(25-27)

기드온이 이미 죽으매 이스라엘 자손이 돌아서서 바알들을 따라가 음행하였으며 또 바알브릿을 자기들의 신으로 삼고(33)

• 사도행전 12장 : 사도를 핍박한 헤롯 왕의 죽음

그 때에 헤롯 왕이 손을 들어 교회 중에서 몇 사람을 해하려 하여...(1-2)

이에 베드로는 옥에 갇혔고 교회는 그를 위하여 간절히 하나님께 기도하더라(5)

홀연히 주의 사자가 나타나매 옥중에 광채가 빛나며 또 베드로의 옆구리를 쳐 깨워 이르되 급히 일어나라 하니 쇠사슬이 그 손에서 벗어지더라(7)

헤롯이 두로와 시돈 사람들을 대단히 노여워하니 그들의 지방이 왕국에서 나는 양식을 먹는 까닭에 한마음으로 그에게 나아와 왕의 침소 맡은 신하 블라스도를 설득하여 화목하기를 청한지라...(20-24)

• 예레미야 21장 : 시드기야 왕과 백성의 죽음

여호와께로부터 예레미야에게 말씀이 임하니라 시드기야 왕이 말기야의 아들 바스훌과 제사장 마아세야의 아들 스바냐를 예레미야에게 보내니라...(1-7)

여호와께서 말씀하시기를 보라 내가 너희 앞에 생명의 길과 사망의 길을 두었노라 너는 이 백성에게 전하라 하셨느니라...(8-10)

여호와께서 이와 같이 말씀하시니라 다윗의 집이여 너는 아침마다 정의롭게 판결하여 탈취 당한 자를 압박자의 손에서 건지라 그리하지 아니하면 너희의 악행 때문에 내 분노가 불 같이 일어나서 사르리니 능히 끌 자가 없으리라...(12-13)

• 마가복음 7장 : 장로 전통을 따르는 자의 죽음

이에 바리새인들과 서기관들이 예수께 묻되 어찌하여 당신의 제자들은 장로들의 전통을 준행하지 아니하고 부정한 손으로 떡을 먹나이까...(5-8)

너희는 이르되 사람이 아버지에게나 어머니에게나 말하기를 내가 드려 유익하게 할 것이 고르반 곧 하나님께 드림이 되었다고 하기만 하면 그만이라 하고(11)

무리를 다시 불러 이르시되 너희는 다 내 말을 듣고 깨달으라...(14-16)

또 이르시되 사람에게서 나오는 그것이 사람을 더럽게 하느니라...(20-22)

이에 더러운 귀신 들린 어린 딸을 둔 한 여자가 예수의 소문을 듣고 곧 와서 그 발 아래에 엎드리니...(25-26)

여자가 대답하여 이르되 주여 옳소이다마는 상 아래 개들도 아이들이 먹던 부스러기를 먹나이다...(28-29)

사람들이 귀 먹고 말 더듬는 자를 데리고 예수께 나아와 안수하여 주시기를 간구하거늘...(32-35)

Ⅲ. 묵상을 위한 질문

1. 기드온은 미디안 왕들을 추격하면서 누구에게 떡덩이를 부탁했나요?(4~6,8)
2. 기드온은 미디안을 멸한 후 지도자 위치 대신 무엇을 원했나요?(22~26)
3. 야고보가 죽고 베드로가 옥에 갇혔을 때 교회는 무엇을 했나요?(2,4~5,12)
4. 헤롯 왕이 잘못한 두 가지의 일과 그의 마지막은 어떠했나요?(2,19,21~23)
5. 유다왕 시드기야의 구국기도 요청에 대한 예레미야의 대답은 무엇이었나요?(2,4~7, 8~10)
6. 여호와는 예레미야를 통해서 다윗 왕조에 어떤 단호한 말씀을 하셨나요?(12~14)
7. 예수님은 제자들에게 무엇이 정말 더러운 것이며 죽음의 심판으로 이어진다고 말씀하셨나요?(5~9,15~16,20~23, 마23:13~35)
8. 예수님은 귀먹고 말 더듬는 자를 어떻게 치료하셨나요?(32~35)

Ⅳ. 기도

1. 주여, 누군가가 선한 의도로 무엇인가를 요구할 때 바로 선대하게 하옵소서.
2. 주여, 최선을 다하여 사역하게 하시고 가치 있는 죽음을 맞이하게 하옵소서.
3. 주여, 속에서 악한 생각, 탐욕, 질투, 비방, 교만이 나오지 않게 하옵소서.

• 하나님 마음 알아가기 •

• 나에게 주시는 말씀(암송하기) •

• 오늘의 감사(기록하기) •

207 일차 / 365 욕심 7월 26일

Ⅰ. 맥체인성경의 통독구조<207>

4장의 전개를 드라마의 시나리오 구성처럼 생각하고 묵상하라. 우선 등장인물 한 사람의 이야기부터 시작한다. 다음 등장인물을 중심으로 일어난 한 사건의 이야기를 풀어간다. 또한 다른 한 편에서 일어나는 인물과 사건에도 연계하여 내용을 파악, 전개한다. 종합적으로 시나리오를 완성한다.

Ⅱ. 핵심구절 읽기

성경본문	사사기 9장	사도행전 13장	예레미야 22장	마가복음 8장
통일주제	**욕심** (慾心, 어떠한 것을 정도에 지나치게 탐내거나 누리고자 하는 마음)			
개별주제	아비멜렉의 세속적인 욕심	바울의 이방선교의 욕심	유다 왕의 세속적인 욕심	베드로의 인간적인 욕심
연합내용	**욕심은 하나님이 싫어하시는 인간의 타락한 모습이다. 정치적인 욕심이나 물질적인 욕심이나 이기적인 욕심에 빠지지 말아야 한다. 오직 땅 끝까지 모든 민족에게 복음을 전할 영적 욕심을 가짐이 아름답다.**			
핵심구절	2~6,9,11,13,15~18 22~23,26~28,30 36~38,45,53~57	2~3,6~12,16 18~20,33~35 38~39,43~48,52	2~6,9,11~13 15~19,21~22 24~26,30	1~3,6~9,12,15 23~25,27,29~35 38

• 사사기 9장 : 아비멜렉의 세속적인 욕심

청하노니 너희는 세겜의 모든 사람들의 귀에 말하라 여룹바알의 아들 칠십 명이 다 너희를 다스림과 한 사람이 너희를 다스림이 어느 것이 너희에게 나으냐 또 나는 너희와 골육임을 기억하라 하니...(2-6)

감람나무가 그들에게 이르되 내게 있는 나의 기름은 하나님과 사람을 영화롭게 하나니 내가 어찌 그것을 버리고 가서 나무들 위에 우쭐대리요 한지라(9)

여호와께서 또 내게 말씀하여 이르시되 내가 이 백성을 보았노라 보라 이는 목이 곧은 백성이니라 (13)

아비멜렉이 이스라엘을 다스린 지 삼 년에...(22-23)

아비멜렉이 그 날 종일토록 그 성을 쳐서 마침내는 점령하고 거기 있는 백성을 죽이며 그 성을 헐고 소금을 뿌리니라(45)

• 사도행전 13장 : 바울의 이방선교의 욕심

주를 섬겨 금식할 때에 성령이 이르시되 내가 불러 시키는 일을 위하여 바나바와 사울을 따로 세우라 하시니...(2-3)

바울이 일어나 손짓하며 말하되 이스라엘 사람들과 및 하나님을 경외하는 사람들아 들으라(16)

곧 하나님이 예수를 일으키사 우리 자녀들에게 이 약속을 이루게 하셨다 함이라 시편 둘째 편에 기록한 바와 같이 너는 내 아들이라 오늘 너를 낳았다 하셨고...(33-35)

회당의 모임이 끝난 후에 유대인과 유대교에 입교한 경건한 사람들이 많이 바울과 바나바를 따르니 두 사도가 더불어 말하고 항상 하나님의 은혜 가운데 있으라 권하니라...(43-48)

제자들은 기쁨과 성령이 충만하니라(52)

• 예레미야 22장 : 유다 왕의 세속적인 욕심

이르기를 다윗의 왕위에 앉은 유다 왕이여 너와 네 신하와 이 문들로 들어오는 네 백성은 여호와의 말씀을 들을지니라...(2-6)

그들이 대답하기는 이는 그들이 자기 하나님 여호와의 언약을 버리고 다른 신들에게 절하고 그를 섬긴 까닭이라 하셨다 할지니라(9)

네가 백향목을 많이 사용하여 왕이 될 수 있겠느냐 네 아버지가 먹거나 마시지 아니하였으며 정의와 공의를 행하지 아니하였느냐 그 때에 그가 형통하였었느니라...(15-19)

여호와께서 이와 같이 말씀하시니라 너희는 이 사람이 자식이 없겠고 그의 평생 동안 형통하지 못할 자라 기록하라 이는 그의 자손 중 형통하여 다윗의 왕위에 앉아 유다를 다스릴 사람이 다시는 없을 것임이라 하시니라(30)

• 마가복음 8장 : 베드로의 인간적인 욕심

그 무렵에 또 큰 무리가 있어 먹을 것이 없는지라 예수께서 제자들을 불러 이르시되...(1-3)

예수께서 마음속으로 깊이 탄식하시며 이르시되 어찌하여 이 세대가 표적을 구하느냐 내가 진실로 너희에게 이르노니 이 세대에 표적을 주지 아니하리라 하시고(12)

예수께서 맹인의 손을 붙잡으시고 마을 밖으로 데리고 나가사 눈에 침을 뱉으시며 그에게 안수하시고 무엇이 보이느냐 물으시니...(23-25)

또 물으시되 너희는 나를 누구라 하느냐 베드로가 대답하여 이르되 주는 그리스도시니이다 하매...(29-35)

누구든지 이 음란하고 죄 많은 세대에서 나와 내 말을 부끄러워하면 인자도 아버지의 영광으로 거룩한 천사들과 함께 올 때에 그 사람을 부끄러워하리라(38)

Ⅲ. 묵상을 위한 질문

1. 기드온의 세겜에 있는 첩에게서 태어난 아비멜렉은 어떤 짓을 했나요?(2~5)
2. 결국 왕이 되어 세겜을 3년간 통치한 아비멜렉은 어떤 최후를 맞이했나요?(22~23,26, 30~31,39~41,50~54,56~57)
3. 성령은 안디옥교회에 어떤 새로운 사역을 말씀하셨나요?(2,4~5)
4. 바울과 바나바는 비시디아 안디옥에서 회당에 들어가 어떤 말씀을 전했나요?(22~23, 30~34,38~39,43,46)
5. 하나님은 유다 왕 살룸과 여호야김에 대해 어떤 죄와 최후를 말씀하셨나요?(11~13, 17~19)
6. 하나님은 여호야김의 아들 여호야긴에게 어떤 말씀을 하셨나요?(24~26,30)
7. 예수는 사천 명을 먹이신 후 제자들에게 어떤 누룩을 주의하라고 말씀하셨나요?(15)
8. 예수는 베드로에게 신앙고백을 들으신 후 어떤 일을 말씀하셨나요?(29~31,34)

Ⅳ. 기도

1. 주여, 자신을 모르고 사사로운 욕심으로 교만한 삶을 살지 않게 하옵소서.
2. 주여, 높은 자리나 풍성한 상황에 있을 때에 항상 겸손하게 살게 하옵소서.
3. 주여, 바른 신앙고백과 바른 사역으로 하나님께 영광을 돌리게 하옵소서.

• 하나님 마음 알아가기 •

• 나에게 주시는 말씀(암송하기) •

• 오늘의 감사(기록하기) •

세력

Ⅰ. 맥체인성경의 통독구조<208>

워드링크(Word Link): 단어를 서로 연결한다. 성경 4장에는 같은 단어가 서로 연결되어 있고, 표현이 다른 단어지만 뜻이 같아 연결되어 있다.

Ⅱ. 핵심구절 읽기

성경본문	사사기 10~11:11절	사도행전 14장	예레미야 23장	마가복음 9장
통일주제	**세력** (勢力, 여러 요소들이 모여 기세를 뻗치는 힘)			
개별주제	우상 세력을 섬긴 이스라엘은 심히 곤고해짐	핍박 세력을 이겨낸 사도가 다시 복음을 전함	거짓 세력인 목자, 선지자, 제사장을 벌하심	귀신 세력을 쫓아내는 힘은 믿음과 기도뿐임
연합내용	**세상에는 부정적 영향을 주는 세력과 긍정적 영향을 주는 세력이 있다. 우상 세력과 핍박 세력과 거짓 세력과 귀신 세력은 모두 영혼을 멸망시키지만 성삼위일체 하나님의 세력은 모든 것을 소성시킨다.**			
핵심구절	10:1,3,6~8,10 13~16,18 11:1~3,5~6,8~10	1~5,8~10,13~15 19~23,27~28	2~6,9~14,16~17 19,21,23~26 28~29,32~34,40	2~5,7,9,12~13 16~20,23~27,29 33~37,39~43,48

• 사사기 10-11장 11절 : 우상 세력을 섬긴 이스라엘은 심히 곤고해짐

아비멜렉의 뒤를 이어서 잇사갈 사람 도도의 손자 부아의 아들 돌라가 일어나서 이스라엘을 구원하니라 그가 에브라임 산지 사밀에 거주하면서(10:1)

그 후에 길르앗 사람 야일이 일어나서 이십이 년 동안 이스라엘의 사사가 되니라(10:3)

이스라엘 자손이 다시 여호와의 목전에 악을 행하여 바알들과 아스다롯과 아람의 신들과 시돈의 신들과 모압의 신들과 암몬 자손의 신들과 블레셋 사람들의 신들을 섬기고 여호와를 버리고 그를 섬기지 아니하므로(10:6)

이스라엘 자손이 여호와께 부르짖어 이르되 우리가 우리 하나님을 버리고 바알들을 섬김으로 주께 범죄하였나이다 하니(10:10)

길르앗 사람 입다는 큰 용사였으니 기생이 길르앗에게서 낳은 아들이었고...(11:1-3)

암몬 자손이 이스라엘을 치려 할 때에 길르앗 장로들이 입다를 데려오려고 돕 땅에 가서...(11:5-6)

• 사도행전 14장 : 핍박 세력을 이겨낸 사도가 다시 복음을 전함

이에 이고니온에서 두 사도가 함께 유대인의 회당에 들어가 말하니 유대와 헬라의 허다한 무리가 믿더라...(1-5)

루스드라에 발을 쓰지 못하는 한 사람이 앉아 있는데 나면서 걷지 못하게 되어 걸어 본 적이 없는 자라...(8-10)

유대인들이 안디옥과 이고니온에서 와서 무리를 충동하니 그들이 돌로 바울을 쳐서 죽은 줄로 알고 시외로 끌어 내치니라...(19-23)

그들이 이르러 교회를 모아 하나님이 함께 행하신 모든 일과 이방인들에게 믿음의 문을 여신 것을 보고하고...(27-28)

• 예레미야 23장 : 거짓 세력인 목자, 선지자, 제사장을 벌하심

그러므로 이스라엘의 하나님 여호와께서 내 백성을 기르는 목자에게 이와 같이 말씀하시니라 너희가 내 양 떼를 흩으며 그것을 몰아내고 돌보지 아니하였도다 보라 내가 너희의 악행 때문에 너희에게 보응하리라 여호와의 말씀이니라...(2-6)

보라 여호와의 노여움이 일어나 폭풍과 회오리바람처럼 악인의 머리를 칠 것이라(19)

여호와의 말씀이니라 보라 거짓 꿈을 예언하여 이르며 거짓과 헛된 자만으로 내 백성을 미혹하게 하는 자를 내가 치리라 내가 그들을 보내지 아니하였으며 명령하지 아니하였나니 그들은 이 백성에게 아무 유익이 없느니라 여호와의 말씀이니라...(32-34)

너희는 영원한 치욕과 잊지 못할 영구한 수치를 당하게 하리라 하셨느니라(40)

• 마가복음 9장 : 귀신 세력을 쫓아내는 힘은 믿음과 기도뿐임

엿새 후에 예수께서 베드로와 야고보와 요한을 데리시고 따로 높은 산에 올라가셨더니 그들 앞에서 변형되사...(2-5)

마침 구름이 와서 그들을 덮으며 구름 속에서 소리가 나되 이는 내 사랑하는 아들이니 너희는 그의 말을 들으라 하는지라(7)

그들이 산에서 내려올 때에 예수께서 경고하시되 인자가 죽은 자 가운데서 살아날 때까지는 본 것을 아무에게도 이르지 말라 하시니(9)

이르시되 엘리야가 과연 먼저 와서 모든 것을 회복하거니와 어찌 인자에 대하여...(12-13)

예수께서 물으시되 너희가 무엇을 그들과 변론하느냐...(16-20)

가버나움에 이르러 집에 계실새 제자들에게 물으시되 너희가 길에서 서로 토론한 것이 무엇이냐 하시되...(33-37)

거기에서는 구더기도 죽지 않고 불도 꺼지지 아니하느니라(48)

Ⅲ. 묵상을 위한 질문

1. 이스라엘 자손이 여호와를 버리고 이방인의 신들을 섬김으로 하나님이 진노하사 그들을 누구에게 몇 년 동안 곤고를 당하게 하셨나요?(10:6~8,13~16)
2. 암몬 자손이 이스라엘을 치려 할 때에 길르앗 장로들은 누구를 찾아가 도움을 청했나요?(11:1~2,5~6,8~10)
3. 바울과 바나바는 유대인의 핍박을 피해 어디로 가서 복음을 전했나요?(1~7,19~22)
4. 바울은 루스드라에서 발을 쓰지 못하는 사람을 고친 후 어떤 일을 당했나요?(8~10,13~15,18)
5. 하나님은 자기 백성 이스라엘을 흩으는 목자를 몰아내고 어떤 목자를 세우시겠다고 말씀하셨나요?(2~6)
6. 하나님은 어떤 악하고 거짓된 세력을 벌하시겠다고 말씀하셨나요?(9~14,16~17,32)
7. 예수는 심히 경련을 일으키는 귀신을 쫓아내는 힘은 어디에 있다고 말씀하셨나요?(23,29)
8. 예수는 어린 아이를 통해 제자들에게 어떤 교훈을 남기셨나요?(37,42~43)

Ⅳ. 기도

1. 주여, 어떤 경우에도 우상을 섬기지 말게 하시고 주님만 바라보게 하옵소서.
2. 주여, 주의 이름으로 기적을 일으켰을 때에 그 영광을 탐하지 않게 하옵소서.
3. 주여, 오직 믿음과 기도로 모든 문제를 해결하는 경건한 성도가 되게 하옵소서.

• 하나님 마음 알아가기 •

• 나에게 주시는 말씀(암송하기) •

• 오늘의 감사(기록하기) •

209 일차 / 365 충돌 7월 28일

Ⅰ. 맥체인성경의 통독구조<209>

미닝링크(Meaning Link): 의미가 서로 연결되어 있다. 신.구약성경 4장을 자세히 살펴보고 묵상하면 같은 의미가 서로 연결되어 있음을 알 수 있다.

Ⅱ. 핵심구절 읽기

성경본문	사사기 11:12~40절	사도행전 15장	예레미야 24장	마가복음 10장
통일주제	**충돌** (衝突, 입장이 다른 세력이나 집단이 서로 맞서 싸움)			
개별주제	입다와 암몬 자손의 왕이 땅 문제로 충돌	바울 바나바와 유대 형제들이 할례 문제로 충돌	좋은 무화과와 나쁜 무화과가 피난 문제로 충돌	예수님과 바리새인들이 이혼 문제로 충돌
연합내용	**충돌에는 크게 두 종류가 있다. 암몬 자손의 왕은 소유를, 유다 백성과 바리새인은 주관적인 견해를 위해 욕심적인 충돌을 벌렸고, 바울과 바나바는 이방인에게 복음을 전하기 위하여 발전적인 충돌을 벌렸다.**			
핵심구절	12~13,16~17 19~21,23~26 29~32,34~36,38	1~2,4~5,7~10 13,19~20,22,28, 35~41	1~2,5~8	2,9,11~17,21 24~25,29~30,35~37 40~41,45~47,51~52

• 사사기 11장 12-40절 : 입다와 암몬 자손의 왕이 땅 문제로 충돌

입다가 암몬 자손의 왕에게 사자들을 보내 이르되 네가 나와 무슨 상관이 있기에 내 땅을 치러 내게 왔느냐 하니...(12-13)

이스라엘이 헤스본 왕 곧 아모리 족속의 왕 시혼에게 사자들을 보내어 그에게 이르되 청하건대 우리를 당신의 땅으로 지나 우리의 곳에 이르게 하라 하였으나...(19-21)

이스라엘의 하나님 여호와께서 이같이 아모리 족속을 자기 백성 이스라엘 앞에서 쫓아내셨거늘 네가 그 땅을 얻고자 하는 것이 옳으냐...(23-26)

그가 이르되 가라 하고 두 달을 기한하고 그를 보내니 그가 그 여자 친구들과 가서 산 위에서 처녀로 죽음을 인하여 애곡하고(38)

• 사도행전 15장 : 바울 바나바와 유대 형제들이 할례 문제로 충돌

어떤 사람들이 유대로부터 내려와서 형제들을 가르치되 너희가 모세의 법대로 할례를 받지 아니하면 능히 구원을 받지 못하리라 하니...(1-2)

예루살렘에 이르러 교회와 사도와 장로들에게 영접을 받고 하나님이 자기들과 함께 계셔 행하신 모든 일을 말하매...(4-5)

많은 변론이 있은 후에 베드로가 일어나 말하되 형제들아 너희도 알거니와 하나님이 이 방인들로 내 입에서 복음의 말씀을 들어 믿게 하시려고 오래 전부터 너희 가운데서 나를 택하시고...(7-10)

말을 마치매 야고보가 대답하여 이르되 형제들아 내 말을 들으라(13)

이에 사도와 장로와 온 교회가 그 중에서 사람들을 택하여 바울과 바나바와 함께 안디옥으로 보내기를 결정하니 곧 형제 중에 인도자인 바사바라 하는 유다와 실라더라(22)

바울과 바나바는 안디옥에서 유하며 수다한 다른 사람들과 함께 주의 말씀을 가르치며 전파하니라...(35-41)

- **예레미야 24장 : 좋은 무화과와 나쁜 무화과가 피난 문제로 충돌**

바벨론의 느부갓네살 왕이 유다 왕 여호야김의 아들 여고냐와 유다 고관들과 목공들과 철공들을 예루살렘에서 바벨론으로 옮긴 후에 여호와께서 여호와의 성전 앞에 놓인 무화과 두 광주리를 내게 보이셨는데...(1-2)

이스라엘의 하나님 여호와께서 이와 같이 말씀하시니라 내가 이 곳에서 옮겨 갈대아인의 땅에 이르게 한 유다 포로를 이 좋은 무화과 같이 잘 돌볼 것이라...(5-8)

- **마가복음 10장 : 예수님과 바리새인들이 이혼 문제로 충돌**

바리새인들이 예수께 나아와 그를 시험하여 묻되 사람이 아내를 버리는 것이 옳으니이까(2)

그러므로 하나님이 짝지어 주신 것을 사람이 나누지 못할지니라 하시더라(9)

이르시되 누구든지 그 아내를 버리고 다른 데에 장가 드는 자는 본처에게 간음을 행함이요...(11-17)

제자들이 그 말씀에 놀라는지라 예수께서 다시 대답하여 이르시되 얘들아 하나님의 나라에 들어가기가 얼마나 어려운지...(24-25)

세베대의 아들 야고보와 요한이 주께 나아와 여짜오되 선생님이여 무엇이든지 우리가 구하는 바를 우리에게 하여 주시기를 원하옵나이다...(35-37)

인자가 온 것은 섬김을 받으려 함이 아니라 도리어 섬기려 하고 자기 목숨을 많은 사람의 대속물로 주려 함이니라...(45-47)

예수께서 말씀하여 이르시되 네게 무엇을 하여 주기를 원하느냐 맹인이 이르되 선생님이여 보기를 원하나이다...(51-52)

Ⅲ. 묵상을 위한 질문

1. 암몬 자손의 왕이 이스라엘을 쳐들어 왔을 때에 입다는 어떻게 대답을 했나요?(12~13, 15~17,19~21,23,26)
2. 입다는 하나님께 무례하게 싸움을 걸어온 암손 자손을 물리치게 해주시면 무엇을 하겠다고 서원했나요?(29~32,34~35)
3. 바울과 바나바는 이방인을 전도함에 있어 어떤 문제에 부딪혔나요?(1~2,5)
4. 예루살렘 회의에서 할례문제를 푸는데 도움을 준 자는 누구일까요?(7~10,13~20)
5. 예레미야는 왕과 백성이 바벨론의 포로로 잡혀갔을 때 어떤 환상을 보았나요?(1~2)
6. 예레미야가 본 좋은 무화과와 나쁜 무화과는 누구를 가리키는 것일까요?(5~8)
7. 예수님은 바리새인들에게 이혼과 간음에 대하여 어떻게 교훈하셨나요?(2~9,11~12)
8. 재물이 많은 사람과 야고보, 요한에게는 각각 어떤 욕심이 있었나요?(21,35~37)

Ⅳ. 기도

1. 주여, 예상치 못한 충돌이 생겼을 때 지혜로운 답변과 대응을 하게 하옵소서.
2. 주여, 복음 전파에 걸림돌이 있으면 과감하게 제거하고 나가게 하옵소서.
3. 주여, 그리스도인으로서 재물과 권세와 명예에 욕심을 부리지 않게 하옵소서.

• 하나님 마음 알아가기 •

• 나에게 주시는 말씀(암송하기) •

• 오늘의 감사(기록하기) •

무례

Ⅰ. 맥체인성경의 통독구조<210>

통일성: 구약과 신약은 예수 안에서 연결되고 통일된다. 이것을 통독하면서 찾아 해석하는 구조이다.

Ⅱ. 핵심구절 읽기

성경본문	사사기 12장	사도행전 16장	예레미야 25장	마가복음 11장
통일주제	**무례** (無禮, 지나치게 자기중심적이고 예의가 없음)			
개별주제	에브라임 사람들이 입다에게 무례함으로 패함	상관들이 로마사람 바울에게 무례함을 뉘우침	모든 나라가 여호와께 무례함으로 재앙을 당함	성전에서 매매하는 자들의 무례함을 꾸짖으심
연합내용	**충돌에는 크게 두 종류가 있다. 암몬 자손의 왕은 소유를, 유다 백성과 바리새인은 주관적인 견해를 위해 욕심적인 충돌을 벌렸고, 바울과 바나바는 이방인에게 복음을 전하기 위하여 발전적인 충돌을 벌렸다.**			
핵심구절	1~4,6,8,11,13	1~5,9~10,12~16 19~23,25~26 30~31,34,36~37	2~3,5~7,9~12 17~27,29~31 34~35	2~3,7~10,13~17 21~25,28~30,33

• 사사기 12장 : 에브라임 사람들이 입다에게 무례함으로 패함

에브라임 사람들이 모여 북쪽으로 가서 입다에게 이르되 네가 암몬 자손과 싸우러 건너갈 때에 어찌하여 우리를 불러 너와 함께 가게 하지 아니하였느냐...(1-4)

그에게 이르기를 쉽볼렛이라 발음하라 하여 에브라임 사람이 그렇게 바로 말하지 못하고 십볼렛이라 발음하면 길르앗 사람이 곧 그를 잡아서 요단 강 나루턱에서 죽였더라 그 때에 에브라임 사람의 죽은 자가 사만 이천 명이었더라(6)

그 뒤를 이어 베들레헴의 입산이 이스라엘의 사사가 되었더라(8)

그 뒤를 이어 스불론 사람 엘론이 이스라엘의 사사가 되어 십 년 동안 이스라엘을 다스렸더라(11)

그 뒤를 이어 비라돈 사람 힐렐의 아들 압돈이 이스라엘의 사사가 되었더라(13)

• 사도행전 16장 : 상관들이 로마사람 바울에게 무례함을 뉘우침

바울이 더베와 루스드라에도 이르매 거기 디모데라 하는 제자가 있으니 그 어머니는 믿는 유대 여자요 아버지는 헬라인이라...(1-5)

밤에 환상이 바울에게 보이니 마게도냐 사람 하나가 서서 그에게 청하여 이르되 마게도냐로 건너와서 우리를 도우라 하거늘...(9-10)

여종의 주인들은 자기 수익의 소망이 끊어진 것을 보고 바울과 실라를 붙잡아 장터로 관리들에게 끌어 갔다가...(19-23)

그들을 데리고 나가 이르되 선생들이여 내가 어떻게 하여야 구원을 받으리이까 하거늘...(30-31)

그들을 데리고 자기 집에 올라가서 음식을 차려 주고 그와 온 집안이 하나님을 믿으므로 크게 기뻐하니라(34)

• 예레미야 25장 : 모든 나라가 여호와께 무례함으로 재앙을 당함

선지자 예레미야가 유다의 모든 백성과 예루살렘의 모든 주민에게 말하여 이르되...(2-3)

그가 이르시기를 너희는 각자의 악한 길과 악행을 버리고 돌아오라 그리하면 나 여호와가 너희와 너희 조상들에게 영원부터 영원까지 준 그 땅에 살리라...(5-7)

내가 여호와의 손에서 그 잔을 받아서 여호와께서 나를 보내신 바 그 모든 나라로 마시게 하되...(17-27)

보라 내가 내 이름으로 일컬음을 받는 성에서부터 재앙 내리기를 시작하였은즉 너희가 어찌 능히 형벌을 면할 수 있느냐 면하지 못하리니 이는 내가 칼을 불러 세상의 모든 주민을 칠 것임이라 하셨다 하라 만군의 여호와의 말씀이니라...(29-31)

너희 목자들아 외쳐 애곡하라 너희 양 떼의 인도자들아 잿더미에서 뒹굴라 이는 너희가 도살 당할 날과 흩음을 당할 기한이 찼음인즉 너희가 귀한 그릇이 떨어짐 같이 될 것이라...(34-35)

• 마가복음 11장 : 성전에서 매매하는 자들의 무례함을 꾸짖으심

너희 목자들아 외쳐 애곡하라 너희 양 떼의 인도자들아 잿더미에서 뒹굴라 이는 너희가 도살 당할 날과 흩음을 당할 기한이 찼음인즉 너희가 귀한 그릇이 떨어짐 같이 될 것이라...(2-3)

나귀 새끼를 예수께로 끌고 와서 자기들의 겉옷을 그 위에 얹어 놓으매 예수께서 타시니...(7-10)

멀리서 잎사귀 있는 한 무화과나무를 보시고 혹 그 나무에 무엇이 있을까 하여 가셨더니 가서 보신즉 잎사귀 외에 아무 것도 없더라 이는 무화과의 때가 아님이라...(13-17)

이르되 무슨 권위로 이런 일을 하느냐 누가 이런 일 할 권위를 주었느냐...(28-30)

이에 예수께 대답하여 이르되 우리가 알지 못하노라 하니 예수께서 이르시되 나도 무슨 권위로 이런 일을 하는지 너희에게 이르지 아니하리라 하시니라(33)

Ⅲ. 묵상을 위한 질문

1. 에브라임 사람들이 패배하고 42,000명이 죽게 된 이유는 무엇일까요?(1~4,6)
2. 사사 입산과 압돈에게 자녀와 손자가 많았다는 것은 무엇을 의미할까요?(9,14)
3. 바울이 루스드라와 빌립보에서 만난 두 사람은 어떤 사람이었나요?(1~2,12~14)
4. 바울과 실라가 빌립보 감옥에 갇힌 이유와 나온 방법은 무엇이었나요?(19~26)
5. 불순종한 유다를 향해 하나님이 계획하신 내용은 무엇이었나요?(3~7,9~11)
6. 여호와 하나님의 진노의 재앙이 모든 나라에 임할 때 목자와 인도자들은 무엇을 하라고 하셨나요?(17~26,29,32~34,37)
7. 예수님은 무화과나무를 저주하신 후 나무가 마른 것을 보고 질문하는 제자들에게 어떤 교훈을 하셨나요?(12~14,20~25)
8. 예수님은 성전 안에서 매매하는 자들에게 성전이 무엇이라고 가르치셨나요?(15~17)

Ⅳ. 기도

1. 주여, 지나친 이기와 쓸데없는 고집으로 실패와 재난을 부르지 않게 하옵소서.
2. 주여, 주 예수 그리스도의 복음을 전하는데 좋은 동역자를 만나게 하옵소서.
3. 주여, 저주와 채찍의 대상이 아니라 축복과 은혜의 대상이 되게 하옵소서.

• 하나님 마음 알아가기 •

• 나에게 주시는 말씀(암송하기) •

• 오늘의 감사(기록하기) •

211 일차 / 365

기회

7월 30일

Ⅰ. 맥체인성경의 통독구조<211>

구약 2장, 신약 2장을 읽을 때 제일 먼저 읽는 구약성경에서 가능한 주제를 모두 묵상하고 신약을 읽을 때 연관된 주제를 찾은 후, 구약 그리고 신약에서 주제를 점점 좁혀가는 묵상 구조이다.

Ⅱ. 핵심구절 읽기

성경본문	사사기 13장	사도행전 17장	예레미야 26장	마가복음 12장
통일주제	**기회** (機會, 어떠한 일이나 행동을 하기에 가장 좋은 때나 경우)			
개별주제	마노아 부부에게 찾아온 아들 얻을 기회	바울과 실라에게 찾아온 복음 전할 기회	유다 지도자들에게 찾아온 회개할 기회	바리새인과 서기관에게 찾아온 변화의 기회
연합내용	**기회는 하나님이 우리에게 주시는 가장 큰 선물 중에 하나다. 성도는 득남의 기회, 전파의 기회, 회개의 기회, 변화의 기회 등을 간과하지 말고 더 나은 모습으로 주 앞에 서기 위해 최선을 다해야 한다.**			
핵심구절	1~5,8,11~12,14 17~20,23~25	1~5,10~13 16~17,21~25 27~29,31,34	2~5,8,11,14~16 19~20,23~24	1~3,6~9,13~14 17~19,23,25 27~34,38~44

• 사사기 13장 : 마노아 부부에게 찾아온 아들 얻을 기회

이스라엘 자손이 다시 여호와의 목전에 악을 행하였으므로 여호와께서 그들을 사십 년 동안 블레셋 사람의 손에 넘겨 주시니라...(1-5)

마노아가 여호와께 기도하여 이르되 주여 구하옵나니 주께서 보내셨던 하나님의 사람을 우리에게 다시 오게 하사 우리가 그 낳을 아이에게 어떻게 행할지를 우리에게 가르치게 하소서 하니(8)

포도나무의 소산을 먹지 말며 포도주와 독주를 마시지 말며 어떤 부정한 것도 먹지 말고 내가 그에게 명령한 것은 다 지킬 것이니라 하니라(14)

마노아가 또 여호와의 사자에게 말하되 당신의 이름이 무엇이니이까 당신의 말씀이 이루어질 때에 우리가 당신을 존귀히 여기리이다 하니...(17-20)

그의 아내가 그에게 이르되 여호와께서 우리를 죽이려 하셨더라면 우리 손에서 번제와 소제를 받지 아니하셨을 것이요 이 모든 일을 보이지 아니하셨을 것이며 이제 이런 말씀

도 우리에게 이르지 아니하셨으리이다 하였더라...(23-25)

• 사도행전 17장 : 바울과 실라에게 찾아온 복음 전할 기회

그들이 암비볼리와 아볼로니아로 다녀가 데살로니가에 이르니 거기 유대인의 회당이 있는지라...(1-5)

밤에 형제들이 곧 바울과 실라를 베뢰아로 보내니 그들이 이르러 유대인의 회당에 들어가니라...(10-13)

바울이 아덴에서 그들을 기다리다가 그 성에 우상이 가득한 것을 보고 마음에 격분하여...(16-17)

모든 아덴 사람과 거기서 나그네 된 외국인들이 가장 새로운 것을 말하고 듣는 것 이외에는 달리 시간을 쓰지 않음이더라...(21-25)

몇 사람이 그를 가까이하여 믿으니 그 중에는 아레오바고 관리 디오누시오와 다마리라 하는 여자와 또 다른 사람들도 있었더라(34)

• 예레미야 26장 : 유다 지도자들에게 찾아온 회개할 기회

여호와께서 이와 같이 말씀하시니라 너는 여호와의 성전 뜰에 서서 유다 모든 성읍에서 여호와의 성전에 와서 예배하는 자에게 내가 네게 명령하여 이르게 한 모든 말을 전하되 한 마디도 감하지 말라...(2-5)

예레미야가 여호와께서 명령하신 말씀을 모든 백성에게 전하기를 마치매 제사장들과 선지자들과 모든 백성이 그를 붙잡고 이르되 네가 반드시 죽어야 하리라(8)

보라 나는 너희 손에 있으니 너희 의견에 좋은 대로, 옳은 대로 하려니와...(14-16)

그들이 우리야를 애굽에서 연행하여 여호야김 왕에게로 그를 데려오매 왕이 칼로 그를 죽이고 그의 시체를 평민의 묘지에 던지게 하니라...(23-24)

• 마가복음 12장 : 바리새인과 서기관에게 찾아온 변화의 기회

예수께서 비유로 그들에게 말씀하시되 한 사람이 포도원을 만들어 산울타리로 두르고 즙 짜는 틀을 만들고 망대를 지어서 농부들에게 세로 주고 타국에 갔더니...(1-3)

이제 한 사람이 남았으니 곧 그가 사랑하는 아들이라 최후로 이를 보내며 이르되 내 아들은 존대하리라 하였더니...(6-9)

이에 예수께서 이르시되 가이사의 것은 가이사에게, 하나님의 것은 하나님께 바치라 하시니 그들이 예수께 대하여 매우 놀랍게 여기더라...(17-19)

사람이 죽은 자 가운데서 살아날 때에는 장가도 아니 가고 시집도 아니 가고 하늘에 있는 천사들과 같으니라(25)

예수께서 가르치실 때에 이르시되 긴 옷을 입고 다니는 것과 시장에서 문안...(38-44)

Ⅲ. 묵상을 위한 질문

1. 이스라엘 자손이 여호와의 목전에 악을 행함으로 40년간 블레셋 압제를 받고 있을 때 주의 사자는 누구에게 나타나셨나요?(1~3,8,11)
2. 마노아와 그의 아내는 어떤 신앙과 인격과 지혜를 가지고 있었나요?(3~6,8.12,15,17,19, 22~23)
3. 바울과 실라는 데살로니가와 베뢰아의 회당에서 어떤 말씀을 전했나요?(1~3,10~11)
4. 바울은 아덴 아레오바고에 서서 어떤 내용의 복음을 전했나요?(22~31)
5. 예레미야는 여호와의 성전 뜰에 서서 예배하는 자에게 어떤 예언의 말씀을 전했나요?(2~6)
6. 예레미야의 예언의 말씀을 들은 제사장들과 선지자들과 모든 백성은 어떤 결정을 내렸나요?(7~8,11)
7. 예수님은 한 서기관에게 모든 계명 중에 첫째가 무엇이라고 말씀하셨나요?(28~31)
8. 예수님은 서기관들과 가난한 과부를 통해 각각 어떤 교훈을 남기셨나요?(38~44)

Ⅳ. 기도

1. 주여, 나라가 위기에 있을 때에 우리의 자녀 중에 지도자가 나오게 하옵소서.
2. 주여, 환난과 핍박 중에도 오직 복음만을 증거하는 전도자가 되게 하옵소서.
3. 주여, 하나님 사랑을 제일로 삼고 정성껏 헌금하는 신앙인이 되게 하옵소서.

• 하나님 마음 알아가기 •

• 나에게 주시는 말씀(암송하기) •

• 오늘의 감사(기록하기) •

212 일차 / 365 의도 7월 31일

Ⅰ. 맥체인성경의 통독구조<212>

네 권의 책을 한 장씩 읽을 때 먼저 각 장마다 전체적인 내용을 파악하고 핵심주제 2개 이상을 찾는다. 그 다음 각 장의 주제를 비교하여 동일한 것을 연결하여 묵상하는 구조이다.

Ⅱ. 핵심구절 읽기

성경본문	사사기 14장	사도행전 18장	예레미야 27장	마가복음 13장
통일주제	**의도** (意圖, 무엇을 이루려고 꾀하는 것)			
개별주제	블레셋을 물리치려는 삼손의 의도	복음전파를 위해 머물려는 바울의 의도	유다 민족을 살리시려는 하나님의 의도	구원을 위해 종말을 예언하신 주의 의도
연합내용	**하나님은 모든 사람을 구원하시기 위해 선한 의도를 가지시고 계획을 세우시며 사람을 보내신다. 특히 범죄한 영혼과 민족을 구원하시기 위해 회개를 촉구하실 목적으로 멸망과 종말의 징조를 예언해 주신다.**			
핵심구절	1~4,6,8,12 15~17,19~20	1~4,7~11,14~17 19~20,22~27	2~9,11~12,14 16~17,20,22	2,4~10,13~14 18~20,22,24~26 28~30,32~33,35

• 사사기 14장 : 블레셋을 물리치려는 삼손의 의도

삼손이 딤나에 내려가서 거기서 블레셋 사람의 딸들 중에서 한 여자를 보고...(1-4)

여호와의 영이 삼손에게 강하게 임하니 그가 손에 아무것도 없이 그 사자를 염소 새끼를 찢는 것 같이 찢었으나 그는 자기가 행한 일을 부모에게 알리지 아니하였더라(6)

얼마 후에 삼손이 그 여자를 맞이하려고 다시 가다가 돌이켜 그 사자의 주검을 본즉 사자의 몸에 벌 떼와 꿀이 있는지라(8)

삼손이 그들에게 이르되 이제 내가 너희에게 수수께끼를 내리니 잔치하는 이레 동안에 너희가 그것을 풀어 내게 말하면 내가 베옷 삼십 벌과 겉옷 삼십 벌을 너희에게 주리라(12)

일곱째 날에 이르러 그들이 삼손의 아내에게 이르되 너는 네 남편을 꾀어 그 수수께끼를 우리에게 알려 달라 하라 그렇지 아니하면 너와 네 아버지의 집을 불사르리라 너희가 우리의 소유를 빼앗고자 하여 우리를 청한 것이 아니냐 그렇지 아니하냐 하니...(15-17)

여호와의 영이 삼손에게 갑자기 임하시매 삼손이 아스글론에 내려가서 그 곳 사람 삼십

명을 쳐죽이고 노략하여 수수께끼 푼 자들에게 옷을 주고 심히 노하여 그의 아버지의 집으로 올라갔고...(19-20)

• 사도행전 18장 : 복음전파를 위해 머물려는 바울의 의도

그 후에 바울이 아덴을 떠나 고린도에 이르러...(1-4)

거기서 옮겨 하나님을 경외하는 디도 유스도라 하는 사람의 집에 들어가니 그 집은 회당 옆이라...(7-11)

에베소에 와서 그들을 거기 머물게 하고 자기는 회당에 들어가서 유대인들과 변론하니...(19-20)

가이사랴에 상륙하여 올라가 교회의 안부를 물은 후에 안디옥으로 내려가서...(22-27)

• 예레미야 27장 : 유다 민족을 살리시려는 하나님의 의도

여호와께서 이와 같이 내게 말씀하시되 너는 줄과 멍에를 만들어 네 목에 걸고...(2-9)

그러나 그 목으로 바벨론의 왕의 멍에를 메고 그를 섬기는 나라는 내가 그들을 그 땅에 머물러 밭을 갈며 거기서 살게 하리라 하셨다 하라 여호와의 말씀이니라 하시니라...(11-12)

이것은 바벨론의 왕 느부갓네살이 유다의 왕 여호야김의 아들 여고니야와 유다와 예루살렘 모든 귀인을 예루살렘에서 바벨론으로 사로잡아 옮길 때에 가져가지 아니하였던 것이라(20)

그것들이 바벨론으로 옮겨지고 내가 이것을 돌보는 날까지 거기에 있을 것이니라 그 후에 내가 그것을 올려 와 이 곳에 그것들을 되돌려 두리라 여호와의 말씀이니라(22)

• 마가복음 13장 : 구원을 위해 종말을 예언하신 주의 의도

예수께서 이르시되 네가 이 큰 건물들을 보느냐 돌 하나도 돌 위에 남지 않고 다 무너뜨려지리라 하시니라(2)

우리에게 이르소서 어느 때에 이런 일이 있겠사오며 이 모든 일이 이루어지려 할 때에 무슨 징조가 있사오리이까...(4-10)

또 너희가 내 이름으로 말미암아 모든 사람에게 미움을 받을 것이나 끝까지 견디는 자는 구원을 받으리라...(13-14)

이 일이 겨울에 일어나지 않도록 기도하라...(18-20)

거짓 그리스도들과 거짓 선지자들이 일어나서 이적과 기사를 행하여 할 수만 있으면 택하신 자들을 미혹하려 하리라(22)

그 때에 그 환난 후 해가 어두워지며 달이 빛을 내지 아니하며...(24-26)

그러므로 깨어 있으라 집 주인이 언제 올는지 혹 저물 때일는지, 밤중일는지, 닭 울 때일는지, 새벽일는지 너희가 알지 못함이라(35)

Ⅲ. 묵상을 위한 질문

1. 삼손이 블레셋을 치려는 계획과 블레셋 사람의 딸을 아내로 맞는 것은 어떤 연관이 있는 것일까요?(1~4)
2. 삼손은 잔치에 온 30명의 친구에게 어떤 수수께끼를 냈으며 그 의도는 무엇이었을까요?(11~14,19)
3. 바울이 고린도에서 일년 육 개월 동안 복음을 전할 수 있었던 것은 어떤 조건 때문이었을까요?(2~3,5,7~11)
4. 바울은 에베소, 가이사랴, 안디옥, 갈라디아에서 어떤 사역을 했나요?(19,22~23)
5. 하나님이 지상의 사람과 짐승들과 땅을 바벨론에게 주신 이유는 무엇일까요?(2~8)
6. 예레미야는 유다의 왕과 제사장들과 모든 백성에게 어떤 권면을 했나요?(11~12,14,16~17)
7. 예수님은 성전이 파괴되는 마지막 때에 어떤 징조가 있다고 말씀하셨나요?(2,4~10,14,22,24~26)
8. 예수님은 마지막 때에 꼭 해야 할 일이 무엇이라고 말씀하셨나요?(28~29,33,35)

Ⅳ. 기도

1. 주여, 범사에 선한 의도로 일을 함으로 하나님께 영광을 돌리게 하옵소서.
2. 주여, 머물거나 떠나거나 오직 복음을 위해 결정하는 사역자가 되게 하옵소서.
3. 주여, 마지막 때에 나타날 징조들을 미리 알고 깨어 준비하게 하옵소서.

• 하나님 마음 알아가기 •

• 나에게 주시는 말씀(암송하기) •

• 오늘의 감사(기록하기) •

213 일차 / 365 구실 8월 1일

I. 맥체인성경의 통독구조<213>

먼저 첫 번째 장을 읽을 때 전체 줄거리 중에서 몇 개의 주제를 찾고 이어 두 번째 장을 읽을 때 그 중 같은 주제를 찾아 연관 짓는다. 이어 세 번째, 네 번째 장을 읽으면서 통일된 한 개의 주제로 압축하는 통독구조이다.

II. 핵심구절 읽기

성경본문	사사기 15장	사도행전 19장	예레미야 28장	마가복음 14장
통일주제	**구실** (口實, 핑계로 삼을 조건이나 변명할 거리)			
개별주제	삼손이 아내의 일을 구실로 블레셋을 멸함	데메드리오는 복음을 구실로 불법집회를 선동함	하나냐가 주의 이름을 구실로 거짓 예언을 함	대제사장이 신성모독을 구실로 예수님을 죽임
연합내용	**삶과 일에 있어서 타당한 구실은 합당한 이유가 되지만 거짓된 구실은 범죄를 낳는다. 데메드리오와 하나냐와 대제사장은 자기들의 이익을 위해 그럴듯한 구실을 말함으로 사악한 결과를 만들어 냈다.**			
핵심구절	1~7,10~15 18~19	1~2,5~6,8~12 15~19,23~29 34~41	1~4,6~9,12 14~17	1,3,6~9,11,13~15 18~25,27,29~32 36~38,44~47,50~52 61~65,67~72

• 사사기 15장 : 삼손이 아내의 일을 구실로 블레셋을 멸함

얼마 후 밀 거둘 때에 삼손이 염소 새끼를 가지고 그의 아내에게로 찾아 가서 이르되 내가 방에 들어가 내 아내를 보고자 하노라 하니 장인이 들어오지 못하게 하고...(1-7)

유다 사람들이 이르되 너희가 어찌하여 올라와서 우리를 치느냐 그들이 대답하되 우리가 올라온 것은 삼손을 결박하여 그가 우리에게 행한 대로 그에게 행하려 함이로라 하는지라...(10-15)

삼손이 심히 목이 말라 여호와께 부르짖어 이르되 주께서 종의 손을 통하여 이 큰 구원을 베푸셨사오나 내가 이제 목말라 죽어서 할례 받지 못한 자들의 손에 떨어지겠나이다 하니...(18-19)

• 사도행전 19장 : 데메드리오는 복음을 구실로 불법집회를 선동함

아볼로가 고린도에 있을 때에 바울이 윗지방으로 다녀 에베소에 와서 어떤 제자들을 만나...(1-2)

바울이 회당에 들어가 석 달 동안 담대히 하나님 나라에 관하여 강론하며 권면하되...(8-12)

그 때쯤 되어 이 도로 말미암아 적지 않은 소동이 있었으니...(23-29)

그들은 그가 유대인인 줄 알고 다 한 소리로 외쳐 이르되 크다 에베소 사람의 아데미여 하기를 두 시간이나 하더니...(34-41)

• 예레미야 28장 : 하나냐가 주의 이름을 구실로 거짓 예언을 함

그 해 곧 유다 왕 시드기야가 다스리기 시작한 지 사 년 다섯째 달 기브온앗술의 아들 선지자 하나냐가 여호와의 성전에서 제사장들과 모든 백성이 보는 앞에서 내게 말하여 이르되...(1-4)

선지자 하나냐가 선지자 예레미야의 목에서 멍에를 꺾어 버린 후에 여호와의 말씀이 예레미야에게 임하니라 이르시기를(12)

만군의 여호와 이스라엘의 하나님께서 이와 같이 말씀하시니라 내가 쇠 멍에로 이 모든 나라의 목에 메워 바벨론의 왕 느부갓네살을 섬기게 하였으니 그들이 그를 섬기리라 내가 들짐승도 그에게 주었느니라 하라...(14-17)

• 마가복음 14장 : 대제사장이 신성모독을 구실로 예수님을 죽임

이틀이 지나면 유월절과 무교절이라 대제사장들과 서기관들이 예수를 흉계로 잡아 죽일 방도를 구하며(1)

예수께서 베다니 나병환자 시몬의 집에서 식사하실 때에 한 여자가 매우 값진 향유 곧 순전한 나드 한 옥합을 가지고 와서 그 옥합을 깨뜨려 예수의 머리에 부으니(3)

예수께서 이르시되 가만 두라 너희가 어찌하여 그를 괴롭게 하느냐 그가 내게 좋은 일을 하였느니라...(6-9)

예수께서 제자 중의 둘을 보내시며 이르시되 성내로 들어가라 그리하면 물 한 동이를 가지고 가는 사람을 만나리니 그를 따라가서...(13-15)

예수께서 제자들에게 이르시되 너희가 다 나를 버리리라 이는 기록된 바 내가 목자를 치리니 양들이 흩어지리라 하였음이니라(27)

베드로가 여짜오되 다 버릴지라도 나는 그리하지 않겠나이다...(29-32)

이르시되 아빠 아버지여 아버지께는 모든 것이 가능하오니 이 잔을 내게서 옮기시옵소서 그러나 나의 원대로 마시옵고 아버지의 원대로 하옵소서 하시고...(36-38)

베드로가 불 쬐고 있는 것을 보고 주목하여 이르되 너도 나사렛 예수와 함께 있었도다 하거늘...(67-72)

Ⅲ. 묵상을 위한 질문

1. 삼손은 아내의 일로 블레셋 사람들에게 어떤 일을 진행했나요?(1~7)
2. 유다 사람들이 삼손을 결박하여 블레셋 사람들에게 넘겼으나 하나님은 어떻게 삼손에게 역사하셨나요?(10~15,18~19)
3. 은장색 데메드리오는 왜 에베소 사람을 선동하여 불법집회를 열었나요?(23~29)
4. 불법집회를 차분하고 조리있는 말로 해산시킨 사람은 누구일까요?(35~41)
5. 시드기야 왕 때에 거짓 선지자 하나냐는 백성들 앞에 어떤 예언을 했나요?(1~4)
6. 참 선지자 예레미야는 하나냐에게 어떤 하나님의 말씀을 전했나요?(12,14~17)
7. 대제사장들과 서기관들에 예수를 잡아 죽이려는 흉계는 결국 누구에 의해서 이루어졌나요?(1,10~11,18~21,44~46,61~65)
8. 예수가 잡히시기 전에 있었던 은혜로운 일들은 무엇일까요?(3,6~9,13~15,22~25)

Ⅳ. 기도

1. 주여, 주님을 빙자하여 이익을 추구하는 자가 되지 않게 하옵소서.
2. 주여, 자기의 뜻과 감정으로 거짓말을 하여 영혼을 미혹하지 않게 하옵소서.
3. 주여, 예수를 모른다고 부인하거나 주를 다시 못박는 자가 되지 않게 하옵소서.

• 하나님 마음 알아가기 •

• 나에게 주시는 말씀(암송하기) •

• 오늘의 감사(기록하기) •

214 일차 / 365 수난 8월 2일

I. 맥체인성경의 통독구조<214>

워드링크를 할 때 꼭 네 장 중에 같은 단어만을 뽑는 것은 아니다. 한 단어만 뽑더라도 다른 장에서 비슷한 단어가 나오면 연결할 수 있다. 전혀 단어로 연결이 되지 않을 때는 네 장의 모든 내용을 담을 수 있는 새로운 단어를 제시하면 된다.

II. 핵심구절 읽기

성경본문	사사기 16장	사도행전 20장	예레미야 29장	마가복음 15장
통일주제	**수난** (受難, 견디기 힘든 어려운 일을 당함)			
개별주제	힘의 비밀을 말함으로 블레셋에게 수난을 당함	복음을 전하면서 유대인들에게 수난을 당함	주의 말씀을 전함으로 스마야에게 수난을 당함	대제사장과 백성과 빌라도에게 수난을 당함
연합내용	**선택된 자가 사명감당을 위하여 하나님 앞에서 당하는 수난은 타인을 위한 헌신이다. 사사나 사도나 선지자나 예수 그리스도는 하나님의 선택을 받아 정한 때에 힘든 수난을 감당함으로 주의 뜻을 이루었다.**			
핵심구절	1~2,4~8,11,13 15~17,19~30	3,7~12,16~24 28~36	1,4~13,16~21 24~28,31~32	1~2,5,7,11~15 17~25,29~34 37~39,42~46

• 사사기 16장 : 힘의 비밀을 말함으로 블레셋에게 수난을 당함

삼손이 가사에 가서 거기서 한 기생을 보고 그에게로 들어갔더니...(1-2)

이 후에 삼손이 소렉 골짜기의 들릴라라 이름하는 여인을 사랑하매...(4-8)

삼손이 그에게 이르되 만일 쓰지 아니한 새 밧줄들로 나를 결박하면 내가 약해져서 다른 사람과 같으리라 하니라(11)

들릴라가 삼손에게 이르되 당신이 이 때까지 나를 희롱하여 내게 거짓말을 하였도다 내가 무엇으로 당신을 결박할 수 있을는지 내게 말하라 하니 삼손이 그에게 이르되 그대가 만일 나의 머리털 일곱 가닥을 베틀의 날실에 섞어 짜면 되리라 하는지라(13)

들릴라가 삼손에게 이르되 당신의 마음이 내게 있지 아니하면서 당신이 어찌 나를 사랑한다 하느냐 당신이 이로써 세 번이나 나를 희롱하고 당신의 큰 힘이 무엇으로 말미암아 생기는지를 내게 말하지 아니하였도다 하며...(15-17)

들릴라가 삼손에게 자기 무릎을 베고 자게 하고 사람을 불러 그의 머리털 일곱 가닥을 밀

고 괴롭게 하여 본즉 그의 힘이 없어졌더라...(19-30)

• 사도행전 20장 : 복음을 전하면서 유대인들에게 수난을 당함

거기 석 달 동안 있다가 배 타고 수리아로 가고자 할 그 때에 유대인들이 자기를 해하려고 공모하므로 마게도냐를 거쳐 돌아가기로 작정하니(3)

그 주간의 첫날에 우리가 떡을 떼려 하여 모였더니 바울이 이튿날 떠나고자 하여 그들에게 강론할새 말을 밤중까지 계속하매...(7-12)

바울이 아시아에서 지체하지 않기 위하여 에베소를 지나 배 타고 가기로 작정하였으니 이는 될 수 있는 대로 오순절 안에 예루살렘에 이르려고 급히 감이러라...(16-24)

• 예레미야 29장 : 주의 말씀을 전함으로 스마야에게 수난을 당함

선지자 예레미야가 예루살렘에서 이같은 편지를 느부갓네살이 예루살렘에서 바벨론으로 끌고 간 포로 중 남아 있는 장로들과 제사장들과 선지자들과 모든 백성에게 보냈는데(1)

만군의 여호와 이스라엘의 하나님께서 예루살렘에서 바벨론으로 사로잡혀 가게 한 모든 포로에게 이와 같이 말씀하시니라...(4-13)

너는 느헬람 사람 스마야에게 이같이 말하여 이르라...(24-28)

너는 모든 포로에게 전언하여 이르기를 여호와께서 느헬람 사람 스마야를 두고 이같이 말씀하셨느니라 내가 그를 보내지 아니하였거늘 스마야가 너희에게 예언하고 너희에게 거짓을 믿게 하였도다...(31-32)

• 마가복음 15장 : 대제사장과 백성과 빌라도에게 수난을 당함

새벽에 대제사장들이 즉시 장로들과 서기관들 곧 온 공회와 더불어 의논하고 예수를 결박하여 끌고 가서 빌라도에게 넘겨 주니...(1-2)

예수께서 다시 아무 말씀으로도 대답하지 아니하시니 빌라도가 놀랍게 여기더라(5)

민란을 꾸미고 그 민란중에 살인하고 체포된 자 중에 바라바라 하는 자가 있는지라(7)

그러나 대제사장들이 무리를 충동하여 도리어 바라바를 놓아 달라 하게 하니...(11-15)

예수에게 자색 옷을 입히고 가시관을 엮어 씌우고...(17-25)

지나가는 자들은 자기 머리를 흔들며 예수를 모욕하여 이르되 아하 성전을 헐고 사흘에 짓는다는 자여...(29-34)

예수께서 큰 소리를 지르시고 숨지시니라...(37-39)

이 날은 준비일 곧 안식일 전날이므로 저물었을 때에...(42-46)

Ⅲ. 묵상을 위한 질문

1. 삼손은 사랑하는 들릴라에게 자기 힘의 원천이 어디에 있다고 말했나요?(7,11,13)
2. 진실을 말한 삼손은 어떤 일을 당했으며 마지막 기도는 무엇이었나요?(19~21,25~30)
3. 바울이 드로아에서 말씀을 오래 강론할 때에 졸다가 떨어져 죽은 자는 누구이며 바울은 그를 어떻게 살렸나요?(7~12)
4. 바울이 밀레도에서 에베소 장로들을 초청하여 말한 내용은 무엇일까요?(17~24,28~31)
5. 하나님은 예레미야를 통해서 포로로 잡혀가는 유다 백성들에게 바벨론에서 어떻게 생활하라고 말씀하였나요?(4~10)
6. 하나님은 거짓을 말한 스마야를 어떻게 하시겠다고 말씀하셨나요?(26~28,31~32)
7. 대제사장들과 서기관들이 백성을 충동하여 예수를 십자가에 죽이고자 할 때에 주님이 당하신 고난은 어떠했나요?(1,11~15,17~20,22~25,29~34,37)
8. 예수님의 수난과정에 의미있게 등장한 두 남자는 누구일까요?(21,42~46)

Ⅳ. 기도

1. 주여, 주가 주신 사명과 능력을 유혹으로 인해 잃어버리는 일이 없게 하옵소서.
2. 주여, 주의 사역을 감당할 때 바울처럼 진실하고 성실하고 뜨겁게 하옵소서.
3. 주여, 주의 수난을 생각하면서 자기 십자가를 달게 지고 주를 좇게 하옵소서.

• 하나님 마음 알아가기 •

• 나에게 주시는 말씀(암송하기) •

• 오늘의 감사(기록하기) •

215 일차 / 365 소견 8월 3일

I. 맥체인성경의 통독구조<215>

성경을 읽으면서 하나님의 모습, 신앙인의 모습, 대적자의 모습, 주어진 환경 등을 분류하면서 세심하게 읽으면 통일주제를 더 쉽게 발견할 수 있는 구조다.

II. 핵심구절 읽기

성경본문	사사기 17장	사도행전 21장	예레미야 30~31장	마가복음 16장
통일주제	**소견** (所見, 일이나 물건 또는 사건을 보고 느끼는 생각이나 의견)			
개별주제	신앙생활에 대한 미가의 그릇된 소견	복음 전파에 대한 바울의 사명적 소견	회복에 대한 예레미야의 대언적 소견	부활에 대한 제자들의 불신앙적 소견
연합내용	**모든 사람은 자신의 소견대로 말하고 행동한다. 그 소견이 주 뜻과 말씀에 비춰볼 때 바르면 유익하나, 자신의 뜻과 세상의 풍조를 따르는 것이라면 무익하고 그 결과는 어두움과 심판이다.**			
핵심구절	1~6,9~10,12~13	4,8~14,17~24 27~28,30~32 37~40	30:2~3,7~15,17,19~21 31:2~6,8~9,12,16~17 20,23~28,33~34,37	2,5~14,15~18

• 사사기 17장 : 신앙생활에 대한 미가의 그릇된 소견

에브라임 산지에 미가라 이름하는 사람이 있더니...(1-6)

미가가 그에게 묻되 너는 어디서부터 오느냐 하니 그가 이르되 나는 유다 베들레헴의 레위인으로서 거류할 곳을 찾으러 가노라 하는지라...(9-10)

미가가 그 레위인을 거룩하게 구별하매 그 청년이 미가의 제사장이 되어 그 집에 있었더라...(12-13)

• 사도행전 21장 : 복음 전파에 대한 바울의 사명적 소견

제자들을 찾아 거기서 이레를 머물더니 그 제자들이 성령의 감동으로 바울더러 예루살렘에 들어가지 말라 하더라(4)

이튿날 떠나 가이사랴에 이르러 일곱 집사 중 하나인 전도자 빌립의 집에 들어가서 머무르니라...(8-14)

예루살렘에 이르니 형제들이 우리를 기꺼이 영접하거늘...(17-24)

그 이레가 거의 차매 아시아로부터 온 유대인들이 성전에서 바울을 보고 모든 무리를 충동하여 그를 붙들고...(27-28)

온 성이 소동하여 백성이 달려와 모여 바울을 잡아 성전 밖으로 끌고 나가니 문들이 곧 닫히더라...(30-32)

바울을 데리고 영내로 들어가려 할 그 때에 바울이 천부장에게 이르되 내가 당신에게 말할 수 있느냐 이르되 네가 헬라 말을 아느냐...(37-40)

• 예레미야 30-31장 : 회복에 대한 예레미야의 대언적 소견

이스라엘의 하나님 여호와께서 이와 같이 말씀하여 이르시기를 내가 네게 일러 준 모든 말을 책에 기록하라...(30:2-3)

슬프다 그 날이여 그와 같이 엄청난 날이 없으리라 그 날은 야곱의 환난의 때가 됨이로다 그러나 그가 환난에서 구하여 냄을 얻으리로다...(30:7-15)

여호와의 말씀이니라 그들이 쫓겨난 자라 하매 시온을 찾는 자가 없은즉 내가 너의 상처로부터 새 살이 돋아나게 하여 너를 고쳐 주리라(30:17)

그들에게서 감사하는 소리가 나오고 즐거워하는 자들의 소리가 나오리라 내가 그들을 번성하게 하리니 그들의 수가 줄어들지 아니하겠고 내가 그들을 존귀하게 하리니 그들은 비천하여지지 아니하리라...(30:19-21)

여호와께서 이같이 말씀하시니라 칼에서 벗어난 백성이 광야에서 은혜를 입었나니 곧 내가 이스라엘로 안식을 얻게 하러 갈 때에라...(31:2-6)

그들이 와서 시온의 높은 곳에서 찬송하며 여호와의 복 곧 곡식과 새 포도주와 기름과 어린 양의 떼와 소의 떼를 얻고 크게 기뻐하리라 그 심령은 물 댄 동산 같겠고 다시는 근심이 없으리로다 할지어다(31:12)

에브라임은 나의 사랑하는 아들 기뻐하는 자식이 아니냐 내가 그를 책망하여 말할 때마다 깊이 생각하노라 그러므로 그를 위하여 내 창자가 들끓으니 내가 반드시 그를 불쌍히 여기리라 여호와의 말씀이니라(31:20)

여호와께서 이와 같이 말씀하시니라 위에 있는 하늘을 측량할 수 있으며 밑에 있는 땅의 기초를 탐지할 수 있다면 내가 이스라엘 자손이 행한 모든 일로 말미암아 그들을 다 버리리라 여호와의 말씀이니라(31:37)

• 마가복음 16장 : 부활에 대한 제자들의 불신앙적 소견

안식 후 첫날 매우 일찍이 해 돋을 때에 그 무덤으로 가며(2)

무덤에 들어가서 흰 옷을 입은 한 청년이 우편에 앉은 것을 보고 놀라매...(5-14)

또 이르시되 너희는 온 천하에 다니며 만민에게 복음을 전파하라...(15-18)

Ⅲ. 묵상을 위한 질문

1. 에브라임 산지에 살고 있는 미가는 어떤 신앙을 가지고 있었나요?(4~6,9~10)
2. 유다 베들레헴에 살던 레위인 한 청년은 어떻게 하여 미가의 집에 제사장이 되었나요?(7~12)
3. 성령이 지속적으로 제자들과 선지자를 통해서 바울이 예루살렘에서 결박될 것을 예언했을 때 바울 스스로는 어떤 선택을 했을까요?(4,9~14)
4. 예루살렘의 제자들은 바울에게 어떤 상황과 어떤 대안을 말했나요?(20~24,26)
5. 예레미야는 이스라엘과 유다의 포로에 대한 하나님의 계획이 무엇이라고 선포했나요?(30:3,7~11,17~22)
6. 여호와는 새 언약을 통해 이스라엘과 어떤 관계와 어떤 회복을 이루신다고 하셨나요?(31:1,4~5,9~10,12~14,16~17,20,23,27~28,31,33)
7. 예수님의 부활에 대한 제자들의 소견과 반응은 어떠했나요?(6~8,10~13)
8. 부활하신 예수님은 믿지 않는 제자들에게 나타나셔서 어떤 명령을 하셨나요?(15~18)

Ⅳ. 기도

1. 주여, 지도자나 성도가 그 신앙생활의 동기와 방법을 바로 갖게 하옵소서.
2. 주여, 오직 복음을 위하여 자신을 희생하고 순교도 불사하는 마음을 주옵소서.
3. 주여, 부활신앙과 치유권세를 가지고 담대히 복음을 전하는 자가 되게 하옵소서.

• 하나님 마음 알아가기 •

• 나에게 주시는 말씀(암송하기) •

• 오늘의 감사(기록하기) •

216 일차 / 365 입장 8월 4일

Ⅰ. 맥체인성경의 통독구조<216>

성경 4장 본문을 읽고 4시대 가운데 나타나는 하나님의 역사에 대해 공통주제와 사상을 찾은 후 그 핵심단어를 서로 링크하여 적용점을 묵상하는 구조이다.

Ⅱ. 핵심구절 읽기

성경본문	사사기 18장	사도행전 22장	예레미야 32장	시편 1~2편
통일주제	**입장** (立場, 어떤 관점의 바탕을 이루는 기본 테두리의 생각과 태도)			
개별주제	단지파의 제안에 대한 청년 제사장의 입장	율법주의자들의 반발에 대한 바울의 입장	말씀을 믿고 토지를 사는 예레미야의 입장	여호와의 율법에 대한 복 있는 사람의 입장
연합내용	**사람은 대상적 관계 속에서 창조되었다. 근본적으로는 하나님을, 태어나면서부터는 많은 대상을 접하는 존재인 것이다. 그 모든 대상과 여러 상황을 대하면서 나름 입장을 갖고 인생의 역사를 써 내려간다.**			
핵심구절	1~2,5~7,10 14~16,19~20 24~26,28~30	3~4,6~8,10 12~15,18~21 24~25,28~29	2~5,7~9,15 23~25,28~35 37~42,44	1:1~3,6 2:2~4,6~8 10~11

• 사사기 18장 : 단지파의 제안에 대한 청년 제사장의 입장

그 때에 이스라엘에 왕이 없었고 단 지파는 그 때에 거주할 기업의 땅을 구하는 중이었으니 이는 그들이 이스라엘 지파 중에서 그 때까지 기업을 분배 받지 못하였음이라...(1-2)

너희가 가면 평화로운 백성을 만날 것이요 그 땅은 넓고 그 곳에는 세상에 있는 것이 하나도 부족함이 없느니라 하나님이 그 땅을 너희 손에 넘겨 주셨느니라 하는지라(10)

전에 라이스 땅을 정탐하러 갔던 다섯 사람이 그 형제들에게 말하여 이르되 이 집에 에봇과 드라빔과 새긴 신상과 부어 만든 신상이 있는 줄을 너희가 아느냐 그런즉 이제 너희는 마땅히 행할 것을 생각하라 하고...(14-16)

미가가 이르되 내가 만든 신들과 제사장을 빼앗아 갔으니 이제 내게 오히려 남은 것이 무엇이냐 너희가 어찌하여 나더러 무슨 일이냐고 하느냐 하는지라...(24-26)

그들을 구원할 자가 없었으니 그 성읍이 베드르홉 가까운 골짜기에 있어서 시돈과 거리가 멀고 상종하는 사람도 없음이었더라 단 자손이 성읍을 세우고 거기 거주하면서...(28-30)

• 사도행전 22장 : 율법주의자들의 반발에 대한 바울의 입장

나는 유대인으로 길리기아 다소에서 났고 이 성에서 자라 가말리엘의 문하에서 우리 조상들의 율법의 엄한 교훈을 받았고 오늘 너희 모든 사람처럼 하나님께 대하여 열심이 있는 자라...(3-4)

내가 이르되 주님 무엇을 하리이까 주께서 이르시되 일어나 다메섹으로 들어가라 네가 해야 할 모든 것을 거기서 누가 이르리라 하시거늘(10)

보매 주께서 내게 말씀하시되 속히 예루살렘에서 나가라 그들은 네가 내게 대하여 증언하는 말을 듣지 아니하리라 하시거늘...(18-21)

천부장이 대답하되 나는 돈을 많이 들여 이 시민권을 얻었노라 바울이 이르되 나는 나면서부터라 하니...(28-29)

• 예레미야 32장 : 말씀을 믿고 토지를 사는 예레미야의 입장

그 때에 바벨론 군대는 예루살렘을 에워싸고 선지자 예레미야는 유다의 왕의 궁중에 있는 시위대 뜰에 갇혔으니...(2-5)

만군의 여호와 이스라엘의 하나님께서 이와 같이 말씀하시니라 사람이 이 땅에서 집과 밭과 포도원을 다시 사게 되리라 하셨다 하니라(15)

그들이 들어가서 이를 차지하였거늘 주의 목소리를 순종하지 아니하며 주의 율법에서 행하지 아니하며 무릇 주께서 행하라 명령하신 일을 행하지 아니하였으므로 주께서 이 모든 재앙을 그들에게 내리셨나이다...(23-25)

보라 내가 노여움과 분함과 큰 분노로 그들을 쫓아 보내었던 모든 지방에서 그들을 모아들여 이 곳으로 돌아오게 하여 안전히 살게 할 것이라...(37-42)

베냐민 땅과 예루살렘 사방과 유다 성읍들과 산지의 성읍들과 저지대의 성읍들과 네겝의 성읍들에 있는 밭을 은으로 사고 증서를 기록하여 봉인하고 증인을 세우리니 이는 내가 그들의 포로를 돌아오게 함이니라 여호와의 말씀이니라(44)

• 시편 1-2편 : 여호와의 율법에 대한 복 있는 사람의 입장

복 있는 사람은 악인들의 꾀를 따르지 아니하며 죄인들의 길에 서지 아니하며 오만한 자들의 자리에 앉지 아니하고...(1:1-3)

무릇 의인들의 길은 여호와께서 인정하시나 악인들의 길은 망하리로다(1:6)

세상의 군왕들이 나서며 관원들이 서로 꾀하여 여호와와 그의 기름 부음 받은 자를 대적하며...(2:2-4)

그런즉 군왕들아 너희는 지혜를 얻으며 세상의 재판관들아 너희는 교훈을 받을지어다...(2:10-11)

Ⅲ. 묵상을 위한 질문

1. 단 지파가 기업을 얻기 위하여 용맹스런 다섯 명의 정탐꾼을 라이스 땅으로 보냈을 때 그들은 누구의 집에 유숙했나요?(1~2,7,14)
2. 단 지파는 미가의 집에서 무엇을 훔쳐 갔으며 라이스 땅을 점령했을 때 무엇을 만들어 세웠나요?(18~20,24,27~31)
3. 바울은 핍박하는 유대인들 앞에서 자신의 과거를 어떻게 말했나요?(3~5)
4. 바울은 부활의 주님을 만난 후 어떤 소명을 받았다고 간증했나요?(7~8,10,21)
5. 예레미야가 유다의 왕의 궁중 시위대 뜰에 갇힌 이유는 무엇일까요?(2~5)
6. 여호와는 모든 일을 하실 수 있는 분이심을 알게 하기 위하여 예레미야에게 무엇을 사서 증서를 쓰고 증인을 세우라고 하셨나요?(8~10,27,43~44)
7. 복 있는 사람은 어떤 행동을 하며 그로 인해 어떤 결과를 얻을까요?(1:1~3)
8. 사람이 저지르는 가장 미련한 죄는 무엇일까요?(1~3,10~12)

Ⅳ. 기도

1. 주여, 주님을 이용하는 신앙이 아닌 인격적으로 고백하는 신앙이 되게 하옵소서.
2. 주여, 자신을 싫어하고 미워하는 사람 앞에서도 간증할 수 있게 하옵소서.
3. 주여, 죄인들의 길에 서지 않고 여호와께 피하는 복 있는 사람이 되게 하옵소서.

• 하나님 마음 알아가기 •

• 나에게 주시는 말씀(암송하기) •

• 오늘의 감사(기록하기) •

217 일차 / 365 패역 8월 5일

Ⅰ. 맥체인성경의 통독구조<217>

신구약 4장은 각 장마다 주제를 가지고 있다. 그 각 장의 개별주제를 서로 연결하여 연합내용을 작성한다. 이때 연합내용은 통일주제를 설명하는 핵심내용이 되는 구조다.

Ⅱ. 핵심구절 읽기

성경본문	사사기 19장	사도행전 23장	예레미야 33장	시편 3~4편
통일주제	**패역** (悖逆, 사람으로서 마땅히 해야 할 도리에 어긋나고 순리를 거스름)			
개별주제	레위 제사장과 성읍 사람들의 패역함	대제사장 아나니아와 유대인의 패역함	예언을 믿지 않고 싸우는 백성의 패역함	압살롬과 경건하지 못한 자의 패역함
연합내용	**인간은 죄인이다. 그러므로 인간이 구성한 사회는 타락하고 패역하게 된다. 오직 하나님의 법과 예수 그리스도의 속죄 안에서만 거듭난다. 그리고 보혜사 성령 안에서 새 삶을 살아갈 수 있다.**			
핵심구절	1~5,10,12 15~18,20~25 28~30	1~3,6~9,11~13 16~21,23~25 29~30,32.35	1~9,14~16,18 20~22	3:1~4,6,8 4:1,3~5,7~8

• 사사기 19장 : 레위 제사장과 성읍 사람들의 패역함

이스라엘에 왕이 없을 그 때에 에브라임 산지 구석에 거류하는 어떤 레위 사람이 유다 베들레헴에서 첩을 맞이하였더니...(1-5)

그 사람이 다시 밤을 지내고자 하지 아니하여 일어나서 떠나 여부스 맞은편에 이르렀으니 여부스는 곧 예루살렘이라 안장 지운 나귀 두 마리와 첩이 그와 함께 하였더라(10)

주인이 그에게 이르되 우리가 돌이켜 이스라엘 자손에게 속하지 아니한 이방 사람의 성읍으로 들어갈 것이 아니니 기브아로 나아가리라 하고(12)

기브아에 가서 유숙하려고 그리로 돌아 들어가서 성읍 넓은 거리에 앉아 있으나 그를 집으로 영접하여 유숙하게 하는 자가 없었더라...(15-18)

그 노인이 이르되 그대는 안심하라 그대의 쓸 것은 모두 내가 담당할 것이니 거리에서는 유숙하지 말라 하고...(20-25)

그에게 이르되 일어나라 우리가 떠나가자 하나 아무 대답이 없는지라 이에 그의 시체를 나귀에 싣고 행하여 자기 곳에 돌아가서...(28-30)

• 사도행전 23장 : 대제사장 아나니아와 유대인의 패역함

바울이 공회를 주목하여 이르되 여러분 형제들아 오늘까지 나는 범사에 양심을 따라 하나님을 섬겼노라 하거늘...(1-3)

바울이 그 중 일부는 사두개인이요 다른 일부는 바리새인인 줄 알고 공회에서 외쳐 이르되 여러분 형제들아 나는 바리새인이요 또 바리새인의 아들이라 죽은 자의 소망 곧 부활로 말미암아 내가 심문을 받노라...(6-9)

그 날 밤에 주께서 바울 곁에 서서 이르시되 담대하라 네가 예루살렘에서 나의 일을 증언한 것 같이 로마에서도 증언하여야 하리라 하시니라...(11-13)

백부장 둘을 불러 이르되 밤 제 삼 시에 가이사랴까지 갈 보병 이백 명과 기병 칠십 명과 창병 이백 명을 준비하라 하고...(23-25)

이르되 너를 고발하는 사람들이 오거든 네 말을 들으리라 하고 헤롯 궁에 그를 지키라 명하니라(35)

• 예레미야 33장 : 예언을 믿지 않고 싸우는 백성의 패역함

예레미야가 아직 시위대 뜰에 갇혀 있을 때에 여호와의 말씀이 그에게 두 번째로 임하니라 이르시되...(1-9)

여호와의 말씀이니라 보라 내가 이스라엘 집과 유다 집에 대하여 일러 준 선한 말을 성취할 날이 이르리라...(14-16)

내 앞에서 번제를 드리며 소제를 사르며 다른 제사를 항상 드릴 레위 사람 제사장들도 끊어지지 아니하리라 하시니라(18)

여호와께서 이와 같이 말씀하시니라 너희가 능히 낮에 대한 나의 언약과 밤에 대한 나의 언약을 깨뜨려 주야로 그 때를 잃게 할 수 있을진대...(20-22)

• 시편 3-4편 : 압살롬과 경건하지 못한 자의 패역함

여호와여 나의 대적이 어찌 그리 많은지요 일어나 나를 치는 자가 많으니이다...(3:1-4)

천만인이 나를 에워싸 진 친다 하여도 나는 두려워하지 아니하리이다(3:6)

구원은 여호와께 있사오니 주의 복을 주의 백성에게 내리소서 (셀라)(3:8)

내 의의 하나님이여 내가 부를 때에 응답하소서 곤란 중에 나를 너그럽게 하셨사오니 내게 은혜를 베푸사 나의 기도를 들으소서(4:1)

여호와께서 자기를 위하여 경건한 자를 택하신 줄 너희가 알지어다 내가 그를 부를 때에 여호와께서 들으시리로다...(4:3-5)

주께서 내 마음에 두신 기쁨은 그들의 곡식과 새 포도주가 풍성할 때보다 더하니이다...(4:7-8)

Ⅲ. 묵상을 위한 질문

1. 어떤 레위 사람이 유다 베들레헴에서 첩을 맞이했다는 것은 사사기 시대가 어떠했음을 암시할까요?(1~2)
2. 베냐민에 속한 기브아에서 유숙을 했던 레위 사람은 그 성읍에서 어떤 끔찍한 일을 경험했나요?(12~14,20,22~25)
3. 대제사장 아나니아와 곁에 선 사람들이 바울을 핍박할 때 그는 어떤 주제를 제시하여 지혜롭게 그 상황을 모면했을까요?(2~9)
4. 주께서 바울을 죽이려는 세력으로부터 보호하시기 위해 천부장을 통해 몇 명의 호위군을 마련케 하시고 또 벨릭스 총독에게 호송되게 하셨나요?(22~24,31~33)
5. 여호와는 시위대 뜰에 갇혀 있는 예레미야에게 어떤 말씀을 하셨나요?(1~8)
6. 여호와는 이스라엘과 유다 집에 준 선한 말을 누구를 통해 성취하시겠다고 하셨나요?(14~15,17)
7. 다윗은 아들 압살롬이 대적했을 때 어떤 신앙고백을 했나요?(3:1~4,6)
8. 다윗은 모든 인생들에게 하나님을 향하여 어떻게 할 것을 권면했나요?(4:2~5)

Ⅳ. 기도

1. 주여, 이 세대가 타락하고 패역할 때 바른 신앙과 삶을 갖도록 도와 주옵소서.
2. 주여, 신앙생활 중 심한 핍박과 박해가 있을 때 우리를 보호하여 주옵소서.
3. 주여, 어떠한 상황 속에서도 하나님의 언약은 성취됨을 신뢰하게 하옵소서.

• 하나님 마음 알아가기 •

• 나에게 주시는 말씀(암송하기) •

• 오늘의 감사(기록하기) •

218 일차 / 365 정의 8월 6일

Ⅰ. 맥체인성경의 통독구조<218>

파편적으로 듣는 말씀 : 우리가 듣는 설교는 일반적으로 설교자의 주관적 본문선택 및 해석에 의해 듣게 되는 경우가 많다. 단 강해설교는 예외일 수 있다.

종합적으로 듣는 말씀 : 반면 맥체인성경의 통독은 전혀 다른 본문을 순서적으로 읽게 되어 입체적이고 사면적으로 통독하기에 종합적인 말씀이 된다.

Ⅱ. 핵심구절 읽기

성경본문	사사기 20장	사도행전 24장	예레미야 34장	시편 5~6편
통일주제	**정의** (正義, 사회나 공동체를 위한 옳고 바른 도리)			
개별주제	기브아 사람을 향한 이스라엘 자손의 정의	장로들 앞에서 부활을 전하는 바울의 정의	왕에게 멸망을 선포하시는 하나님의 정의	기도로 원수들을 심판한 다윗의 정의
연합내용	**정의와 공의는 하나님의 통치의 기본이다. 하지만 악한 인간은 정의를 무너뜨린다. 불법과 불신과 거역과 배도를 일삼는 악한 자들과 단체와 집단에 대해 성도는 믿는 자로서 정의의 편에서 외치고 일어서야 한다.**			
핵심구절	1~5,8~11,13~14 18,23,26~28 30~33,35,44,46	1,5~7,10~21 23~27	1~5,8~11,14,17 19~21	5:1~3,7~8 10~12 6:2~4,6~7,9

• 사사기 20장 : 기브아 사람을 향한 이스라엘 자손의 정의

이에 모든 이스라엘 자손이 단에서부터 브엘세바까지와 길르앗 땅에서 나와서 그 회중이 일제히 미스바에서 여호와 앞에 모였으니...(1-5)

모든 백성이 일제히 일어나 이르되 우리가 한 사람도 자기 장막으로 돌아가지 말며 한 사람도 자기 집으로 들어가지 말고...(8-11)

이스라엘 자손이 일어나 벧엘에 올라가서 하나님께 여쭈어 이르되 우리 중에 누가 먼저 올라가서 베냐민 자손과 싸우리이까 하니 여호와께서 말씀하시되 유다가 먼저 갈지니라 하시니라(18)

이스라엘 자손이 올라가 여호와 앞에서 저물도록 울며 여호와께 여쭈어 이르되 내가 다시 나아가서 내 형제 베냐민 자손과 싸우리이까 하니 여호와께서 말씀하시되 올라가서 치라 하시니라(23)

베냐민 중에서 엎드러진 자가 만 팔천 명이니 다 용사더라(44)

이스라엘 사람이 베냐민 자손에게로 돌아와서 온 성읍과 가축과 만나는 자를 다 칼날로 치고 닥치는 성읍은 모두 다 불살랐더라(48)

• 사도행전 24장 : 장로들 앞에서 부활을 전하는 바울의 정의

닷새 후에 대제사장 아나니아가 어떤 장로들과 한 변호사 더둘로와 함께 내려와서 총독 앞에서 바울을 고발하니라(1)

우리가 보니 이 사람은 전염병 같은 자라 천하에 흩어진 유대인을 다 소요하게 하는 자요 나사렛 이단의 우두머리라...(5-7)

총독이 바울에게 머리로 표시하여 말하라 하니 그가 대답하되 당신이 여러 해 전부터 이 민족의 재판장 된 것을 내가 알고 내 사건에 대하여 기꺼이 변명하나이다...(10-21)

백부장에게 명하여 바울을 지키되 자유를 주고 그의 친구들이 그를 돌보아 주는 것을 금하지 말라 하니라...(23-27)

• 예레미야 34장 : 왕에게 멸망을 선포하시는 하나님의 정의

바벨론의 느부갓네살 왕과 그의 모든 군대와 그의 통치하에 있는 땅의 모든 나라와 모든 백성이 예루살렘과 그 모든 성읍을 칠 때에 말씀이 여호와께로부터 예레미야에게...(1-5)

너희 형제 히브리 사람이 네게 팔려 왔거든 너희는 칠 년 되는 해에 그를 놓아 줄 것이니라 그가 육 년 동안 너를 섬겼은즉 그를 놓아 자유롭게 할지니라 하였으나 너희 선조가 내게 순종하지 아니하며 귀를 기울이지도 아니하였느니라(14)

그러므로 여호와께서 이와 같이 말씀하시니라 너희가 나에게 순종하지 아니하고 각기 형제와 이웃에게 자유를 선포한 것을 실행하지 아니하였은즉 내가 너희를 대적하여 칼과 전염병과 기근에게 자유를 주리라 여호와의 말씀이니라 내가 너희를 세계 여러 나라 가운데에 흩어지게 할 것이며(17)

• 시편 5-6편 : 기도로 원수들을 심판한 다윗의 정의

여호와여 나의 말에 귀를 기울이사 나의 심정을 헤아려 주소서...(5:1-3)

오직 나는 주의 풍성한 사랑을 힘입어 주의 집에 들어가 주를 경외함으로 성전을 향하여 예배하리이다...(5:7-8)

여호와여 주는 의인에게 복을 주시고 방패로 함 같이 은혜로 그를 호위하시리이다(5:12)

여호와여 내가 수척하였사오니 내게 은혜를 베푸소서 여호와여 나의 뼈가 떨리오니 나를 고치소서...(6:2-4)

내가 탄식함으로 피곤하여 밤마다 눈물로 내 침상을 띄우며 내 요를 적시나이다...(6:6-7)

여호와께서 내 간구를 들으셨음이여 여호와께서 내 기도를 받으시리로다(6:9)

Ⅲ. 묵상을 위한 질문

1. 이스라엘 자손이 레위 사람의 일로 베냐민에 속한 기브아와 싸우기 전에 요청한 내용은 무엇이었나요?(11,13~14)
2. 첫 싸움에서 패했던 이스라엘이 두 번째 싸움에서 승리한 방법은 무엇이었나요?(29~33)
3. 대제사장 아나니아는 장로들과 변호사 더둘로와 함께 바울을 어떤 죄목으로 고발했나요?(1,5~7)
4. 바울은 벨릭스 총독 앞에서 어떻게 스스로를 변명하며 변호했나요?(10~21)
5. 시드기야 왕이 예루살렘에 있는 모든 백성에게 맺은 계약은 무엇이었나요?(8~10)
6. 하나님이 시드기야 왕과 백성에게 칼과 전염병과 기근으로 멸망을 선포하신 이유는 무엇일까요?(11,14,17)
7. 다윗이 하나님께 원수를 쫓아내 달라고 간절히 기도한 이유는 무엇일까요?(5:9~10)
8. 다윗은 어떤 형편과 상황 속에서 하나님께 구원을 간구했나요?(6:2~4,6~7,9)

Ⅳ. 기도

1. 주여, 사회 속에서 벌어지는 죄악에 대해 정의를 외치는 자가 되게 하옵소서.
2. 주여, 복음을 전하다가 억울한 누명을 쓸 때에 더욱 담대하게 하옵소서.
3. 주여, 신앙생활 중 힘든 일을 당할 때에 더욱 경건함을 잃지 않게 하옵소서.

• 하나님 마음 알아가기 •

• 나에게 주시는 말씀(암송하기) •

• 오늘의 감사(기록하기) •

방안

Ⅰ. 맥체인성경의 통독구조<219>

기존성경은 권마다 줄거리를 가지고 있다. 그러므로 맥체인성경을 묵상할 때도 신구약 4장의 내용의 공통주제를 찾은 후 그 다음 4장의 줄거리를 정리할 때 연속적으로 연관된 내용이 되도록 묵상함이 바람직하다.

Ⅱ. 핵심구절 읽기

성경본문	사사기 21장	사도행전 25장	예레미야 35장	시편 7~8편
통일주제	**방안** (方案, 어떤 문제를 해결하거나 교훈하기 위한 방법이나 계획)			
개별주제	베냐민 자손에게 아내를 마련해 주는 방안	바울이 고소를 피해 가이사에게 서는 방안	레갑 가문을 통해 유다를 깨우치시려는 방안	다윗이 억울한 고난으로부터 피하는 방안
연합내용	**하나님은 사람에게 지혜를 주셨다. 그 지혜 안에는 모든 원리와 방법, 그리고 선하고 타당한 방안들이 있다. 성도는 어떠한 상황 속에서도 여호와께 기도함으로 방안을 얻어 바르고 온전한 곳으로 나가야 한다.**			
핵심구절	2~3,7~14,16~17 19~23,25	1~4,6~8,10~11 16,19~23,26~27	1~5,8~10,13~16 18~19	7:1~2,6,8~12 8:1~2,4,6,9

• 사사기 21장 : 베냐민 자손에게 아내를 마련해 주는 방안

백성이 벧엘에 이르러 거기서 저녁까지 하나님 앞에 앉아서 큰 소리로 울며...(2-3)

그 남은 자들에게 우리가 어떻게 하면 아내를 얻게 하리요 우리가 전에 여호와로 맹세하여 우리의 딸을 그들의 아내로 주지 아니하리라 하였도다...(7-14)

또 이르되 보라 벧엘 북쪽 르보나 남쪽 벧엘에서 세겜으로 올라가는 큰 길 동쪽 실로에 매년 여호와의 명절이 있도다 하고...(19-23)

그 때에 이스라엘에 왕이 없으므로 사람이 각기 자기의 소견에 옳은 대로 행하였더라(25)

• 사도행전 25장 : 바울이 고소를 피해 가이사에게 서는 방안

베스도가 부임한 지 삼 일 후에 가이사랴에서 예루살렘으로 올라가니...(1-4)

바울이 이르되 내가 가이사의 재판 자리 앞에 섰으니 마땅히 거기서 심문을 받을 것이라

당신도 잘 아시는 바와 같이 내가 유대인들에게 불의를 행한 일이 없나이다...(10-11)

내가 대답하되 무릇 피고가 원고들 앞에서 고소 사건에 대하여 변명할 기회가 있기 전에 내주는 것은 로마 사람의 법이 아니라 하였노라(16)

그에 대하여 황제께 확실한 사실을 아뢸 것이 없으므로 심문한 후 상소할 자료가 있을까 하여 당신들 앞 특히 아그립바 왕 당신 앞에 그를 내세웠나이다...(26-27)

• 예레미야 35장 : 레갑 가문을 통해 유다를 깨우치시려는 방안

유다의 요시야 왕의 아들 여호야김 때에 여호와께로부터 말씀이 예레미야에게 임하여 이르시되...(1-5)

우리가 레갑의 아들 우리 선조 요나답이 우리에게 명령한 모든 말을 순종하여 우리와 우리 아내와 자녀가 평생 동안 포도주를 마시지 아니하며...(8-10)

만군의 여호와 이스라엘의 하나님께서 이와 같이 말씀하시니라 너는 가서 유다 사람들과 예루살렘 주민에게 이르기를 너희가 내 말을 들으며 교훈을 받지 아니하겠느냐 여호와의 말씀이니라...(13-16)

예레미야가 레갑 사람의 가문에게 이르되 만군의 여호와 이스라엘의 하나님께서 이와 같이 말씀하시기를 너희가 너희 선조 요나답의 명령을 순종하여 그의 모든 규율을 지키며 그가 너희에게 명령한 것을 행하였도다...(18-19)

• 시편 7-8편 : 다윗이 억울한 고난으로부터 피하는 방안

여호와 내 하나님이여 내가 주께 피하오니 나를 쫓아오는 모든 자들에게서 나를 구원하여 내소서...(7:1-2)

여호와여 진노로 일어나사 내 대적들의 노를 막으시며 나를 위하여 깨소서 주께서 심판을 명령하셨나이다(7:6)

사람이 무엇이기에 주께서 그를 생각하시며 인자가 무엇이기에 주께서 그를 돌보시나이까(8:4)

주의 손으로 만드신 것을 다스리게 하시고 만물을 그의 발 아래 두셨으니(8:6)

여호와 우리 주여 주의 이름이 온 땅에 어찌 그리 아름다운지요(8:9)

Ⅲ. 묵상을 위한 질문

1. 이스라엘 사람들이 벧엘에 모여 하나님 앞에 통곡한 이유는 무엇일까요?(2~3,6)
2. 베냐민 자손을 회복시키기 위한 이스라엘 사람들의 대안은 무엇이었나요?(8~12,19~23)
3. 가이사랴에 구류된 바울이 베스도에게 요구한 사항은 무엇이었나요?(6~12)
4. 베스도가 아그립바 왕과 베니게에게 바울에 관하여 어떤 말을 했나요?(18~25)
5. 여호와는 여호야김 때에 예레미야에게 어떤 명령을 내리셨나요?(1~2,5~10)
6. 여호와는 레갑의 가문이 조상의 명령을 준행함을 통해 예레미야로 어떤 두 가지의 예언을 하게 하셨나요?(16~17,19)
7. 다윗은 억울한 고난을 당했을 때 어떤 방안으로 그 시련을 이겨냈을까요?(7:1~2,6, 10~12)
8. 다윗이 여호와의 이름을 높여 아름답게 노래한 이유는 무엇일까요?(8:1,3~9)

Ⅳ. 기도

1. 주여, 형제와 자매의 상황을 돌아보고 참된 지혜로 바르게 돕도록 하옵소서.
2. 주여, 부모와 스승의 말을 소중히 여김같이 주의 말씀을 순종하게 하옵소서.
3. 주여, 억울한 일을 당했을 때 하나님의 품으로 달려와 기도하게 하옵소서.

• 하나님 마음 알아가기 •

• 나에게 주시는 말씀(암송하기) •

• 오늘의 감사(기록하기) •

220 일차 / 365 의지 8월 8일

Ⅰ. 맥체인성경의 통독구조<220>

신구약 4장을 동시에 읽으면 전혀 다른 배경과 내용이 나온다. 그곳에서 공통점을 찾으면 주님의 입체적으로 일하심을 발견하게 된다. 따라서 지금 우리의 기도와 실천도 다양한 말씀에 대입하고 응용하여 주어진 삶에 적용할 수 있는 구조다.

Ⅱ. 핵심구절 읽기

성경본문	룻기 1장	사도행전 26장	예레미야 36~37장	시편 9편
통일주제	**의지** (意志, 이떤 일을 이루려는 강하고 적극적인 마음)			
개별주제	끝까지 나오미를 따르는 며느리 룻의 의지	아그립바 왕에게 복음을 전하는 바울의 의지	유다 멸망을 기록하고 전하는 예레미야의 의지	원수 앞에서 여호와만 신뢰하는 다윗의 의지
연합내용	**하나님은 자기의 형상대로 창조한 사람에게 자유의지를 주셨다. 속죄받은 성도는 이 의지로 오직 하나님을 따르는 믿음 안에서 사람을 선택하고 복음을 붙잡으며 사명을 완수하고 문제를 해결해 갈 수 있다.**			
핵심구절	1~5,8~10,14~17 19~21	2~5,8~11,14~18 20,23,25,27~29	36:2~3,5~7,10,13 17~19,23~26,28~32 37:2~3,7~8,13,17,20~21	1~2,4,8~10 13~14,19~20

• 룻기 1장 : 끝까지 나오미를 따르는 며느리 룻의 의지

사사들이 치리하던 때에 그 땅에 흉년이 드니라 유다 베들레헴에 한 사람이 그의 아내와 두 아들을 데리고 모압 지방에 가서 거류하였는데...(1-5)

나오미가 두 며느리에게 이르되 너희는 각기 너희 어머니의 집으로 돌아가라 너희가 죽은 자들과 나를 선대한 것 같이 여호와께서 너희를 선대하시기를 원하며...(8-10)

그들이 소리를 높여 다시 울더니 오르바는 그의 시어머니에게 입 맞추되 룻은 그를 붙좇았더라...(14-17)

이에 그 두 사람이 베들레헴까지 갔더라 베들레헴에 이를 때에 온 성읍이 그들로 말미암아 떠들며 이르기를 이이가 나오미냐 하는지라...(19-21)

• 사도행전 26장 : 아그립바 왕에게 복음을 전하는 바울의 의지

아그립바 왕이여 유대인이 고발하는 모든 일을 오늘 당신 앞에서 변명하게 된 것을 다행히

여기나이다...(2-5)

당신들은 하나님이 죽은 사람을 살리심을 어찌하여 못 믿을 것으로 여기나이까...(8-11)

먼저 다메섹과 예루살렘에 있는 사람과 유대 온 땅과 이방인에게까지 회개하고 하나님께로 돌아와서 회개에 합당한 일을 하라 전하므로(20)

바울이 이르되 베스도 각하여 내가 미친 것이 아니요 참되고 온전한 말을 하나이다(25)

아그립바 왕이여 선지자를 믿으시나이까 믿으시는 줄 아나이다...(27-29)

• 예레미야 36-37장 : 유다 멸망을 기록하고 전하는 예레미야의 의지

너는 두루마리 책을 가져다가 내가 네게 말하던 날 곧 요시야의 날부터 오늘까지 이스라엘과 유다와 모든 나라에 대하여 내가 네게 일러 준 모든 말을 거기에 기록하라...(36:2-3)

바룩이 여호와의 성전 위뜰 곧 여호와의 성전에 있는 새 문 어귀 곁에 있는 사반의 아들 서기관 그마랴의 방에서 그 책에 기록된 예레미야의 말을 모든 백성에게 낭독하니라(36:10)

너는 다시 다른 두루마리를 가지고 유다의 여호야김 왕이 불사른 첫 두루마리의 모든 말을 기록하고...(36:28-32)

그와 그의 신하와 그의 땅 백성이 여호와께서 선지자 예레미야에게 하신 말씀을 듣지 아니하니라...(37:2-3)

베냐민 문에 이른즉 하나냐의 손자요 셀레먀의 아들인 이리야라 이름하는 문지기의 우두머리가 선지자 예레미야를 붙잡아 이르되 네가 갈대아인에게 항복하려 하는도다(37:13)

내 주 왕이여 이제 청하건대 내게 들으시며 나의 탄원을 받으사 나를 서기관 요나단의 집으로 돌려보내지 마옵소서 내가 거기에서 죽을까 두려워하나이다...(37:20-21)

• 시편 9편 : 원수 앞에서 여호와만 의지하는 다윗의 의지

내가 전심으로 여호와께 감사하오며 주의 모든 기이한 일들을 전하리이다...(1-2)

주께서 나의 의와 송사를 변호하셨으며 보좌에 앉으사 의롭게 심판하셨나이다(4)

공의로 세계를 심판하심이여 정직으로 만민에게 판결을 내리시리로다...(8-10)

여호와여 내게 은혜를 베푸소서 나를 사망의 문에서 일으키시는 주여 나를 미워하는 자에게서 받는 나의 고통을 보소서...(13-14)

여호와여 일어나사 인생으로 승리를 얻지 못하게 하시며 이방 나라들이 주 앞에서 심판을 받게 하소서...(19-20)

Ⅲ. 묵상을 위한 질문

1. 사사 시대에 유다 베들레헴 사람 엘리멜렉의 집에는 어떤 일이 일어났나요?(1~5)
2. 시모 나오미는 모압 여자 자부 오르바와 룻에게 어떤 권면을 했나요?(8~10,14)
3. 유대인에게 고발당한 바울은 아그립바 왕에게 어떤 내용으로 변명했나요?(2~5, 8~11,14~18,20,23)
4. 바울의 변명에 대한 베스도와 아그립바 왕의 반응은 어떠했나요?(24~25,28~29)
5. 하나님은 예레미야에게 요시야 왕 때부터 현재까지 이스라엘과 유다에게 하신 모든 말씀을 기록하게 하신 이유는 무엇일까요?(36:2~3,27~28)
6. 유다의 마지막 왕은 누구이며 누가 세웠고 이때 예레미야는 어떻게 되었나요?(37:1,13, 15,20~21)
7. 다윗이 전심으로 여호와께 감사하고 찬송하며 고백한 내용은 무엇일까요?(1~2,4,8~10)
8. 다윗은 하나님을 거역하는 인생들에 대해 어떻게 해 달라고 간구했나요?(13~14,19~20)

Ⅳ. 기도

1. 주여, 인생에 어려운 일이 닥쳐와도 룻의 신앙과 자세로 극복하게 하옵소서.
2. 주여, 믿음의 삶을 살 때에 핍박이 닥쳐와도 비굴해지지 않게 하옵소서.
3. 주여, 인간관계 속에서 힘든 일을 만날 때 절대신앙으로 극복하게 하옵소서.

• 하나님 마음 알아가기 •

• 나에게 주시는 말씀(암송하기) •

• 오늘의 감사(기록하기) •

건짐

Ⅰ. 맥체인성경의 통독구조<221>

묵상하기 여덟 문제의 답을 요약하여 핵심을 정리하고 그것을 중심으로 세 가지의 기도문 초안을 작성한 후, 신구약 네 장의 말씀을 기도 중에 재차 묵상하는 구조이다.

Ⅱ. 핵심구절 읽기

성경본문	룻기 2장	사도행전 27장	예레미야 38장	시편 10편
통일주제	**건짐** (하나님이 사람을 통해 선택한 백성을 고통과 환난에서 건지심)			
개별주제	보아스가 가난한 모압여자 룻을 절망에서 건짐	바울이 유라굴로 광풍에서 죽을 자들을 건짐	에벳멜렉이 진창구덩이에 빠진 예레미야를 건짐	여호와가 가련한 자들을 압박으로부터 건짐
연합내용	**세상에는 하나님을 인정하는 자와 인정하지 않는 자가 있다. 세상은 믿는 자에게 끊임없이 고난과 환난을 준다. 이 때 감찰하시는 하나님은 선택된 사자를 통하여 그들을 그 구덩이에서 건지신다.**			
핵심구절	1~2,4,6~9 11~12,14,17~19,23	3,6,9~14,18~25 29~37,41~44	1~11,14,16~18 20,26~28	1~4,6~7,11~14,17

• 룻기 2장 : 보아스가 가난한 모압여자 룻을 절망에서 건짐

나오미의 남편 엘리멜렉의 친족으로 유력한 자가 있으니 그의 이름은 보아스더라...(1-2)

마침 보아스가 베들레헴에서부터 와서 베는 자들에게 이르되 여호와께서 너희와 함께 하시기를 원하노라 하니 그들이 대답하되 여호와께서 당신에게 복 주시기를 원하나이다 하니라(4)

식사할 때에 보아스가 룻에게 이르되 이리로 와서 떡을 먹으며 네 떡 조각을 초에 찍으라 하므로 룻이 곡식 베는 자 곁에 앉으니 그가 볶은 곡식을 주매 룻이 배불리 먹고 남았더라(14)

이에 룻이 보아스의 소녀들에게 가까이 있어서 보리 추수와 밀 추수를 마치기까지 이삭을 주우며 그의 시어머니와 함께 거주하니라(23)

• 사도행전 27장 : 바울이 유라굴로 광풍에서 죽을 자들을 건짐

이튿날 시돈에 대니 율리오가 바울을 친절히 대하여 친구들에게 가서 대접 받기를 허락하

더니(3)

거기서 백부장이 이달리야로 가려 하는 알렉산드리아 배를 만나 우리를 오르게 하니(6)

여러 날이 걸려 금식하는 절기가 이미 지났으므로 항해하기가 위태한지라 바울이 그들을 권하여...(9-14)

암초에 걸릴까 하여 고물로 닻 넷을 내리고 날이 새기를 고대하니라...(29-37)

두 물이 합하여 흐르는 곳을 만나 배를 걸매 이물은 부딪쳐 움직일 수 없이 붙고 고물은 큰 물결에 깨어져 가니...(41-44)

• 예레미야 38장 : 에벳멜렉이 진창구덩이에 빠진 예레미야를 건짐

맛단의 아들 스바댜와 바스훌의 아들 그다랴와 셀레먀의 아들 유갈과 말기야의 아들 바스훌이 예레미야가 모든 백성에게 이르는 말을 들은즉 이르기를...(1-11)

시드기야 왕이 사람을 보내어 선지자 예레미야를 여호와의 성전 셋째 문으로 데려오게 하고 왕이 예레미야에게 이르되 내가 네게 한 가지 일을 물으리니 한 마디도 내게 숨기지 말라(14)

시드기야 왕이 비밀히 예레미야에게 맹세하여 이르되 우리에게 이 영혼을 지으신 여호와께서 살아 계심을 두고 맹세하노니 내가 너를 죽이지도 아니하겠으며 네 생명을 찾는 그 사람들의 손에 넘기지도 아니하리라 하는지라...(16-18)

예레미야가 이르되 그 무리가 왕을 그들에게 넘기지 아니하리이다 원하옵나니 내가 왕에게 아뢴 바 여호와의 목소리에 순종하소서 그리하면 왕이 복을 받아 생명을 보전하시리이다(20)

• 시편 10편 : 여호와가 가련한 자들을 압박으로부터 건짐

여호와여 어찌하여 멀리 서시며 어찌하여 환난 때에 숨으시나이까...(1-4)

그의 마음에 이르기를 나는 흔들리지 아니하며 대대로 환난을 당하지 아니하리라 하나이다...(6-7)

그가 그의 마음에 이르기를 하나님이 잊으셨고 그의 얼굴을 가리셨으니 영원히 보지 아니하시리라 하나이다...(11-14)

여호와여 주는 겸손한 자의 소원을 들으셨사오니 그들의 마음을 준비하시며 귀를 기울여 들으시고(17)

Ⅲ. 묵상을 위한 질문

1. 나오미의 며느리 룻은 어떤 방법으로 시어머니를 공경했나요?(6~7,17~18)

2. 룻은 누구에게 큰 은혜를 입었나요?(8~9,13~14,21,23)

3. 아구스도대의 백부장 율리오는 어떤 장단점을 가지고 있었나요?(1,3,11,42~43)

4. 바울은 주님의 음성을 듣고 유라굴로 광풍을 만난 모든 사람들에게 어떤 위로와 도움을 주었나요?(21~26,30~36)

5. 여호와의 말씀을 예언한 예레미야는 시드기야왕과 고관들로 말미암아 진창 구덩이에 갇히게 되었는데 누가 도와주어 나오게 되었나요?(7~13)

6. 시드기야 왕은 시위대 뜰에 있는 예레미야에게 무엇을 비밀히 물어 보았나요?(16~18, 20~23)

7. 시편 기자는 하나님이 가련한 자를 어떻게 구원해 주시길 기도했나요?(2,9~10,14,18)

8. 시편 기자는 악한 자의 특성이 무엇이라고 했나요?(3~8,11,13)

Ⅳ. 기도

1. 주여, 온 가족과 친척이 구원을 얻어 하나님께 영광을 돌리게 하옵소서.
2. 주여, 위험한 순간에도 주의 인도하심을 받고 사람을 살리는 자 되게 하옵소서.
3. 주여, 악한 자를 두려워하지 말고 믿음의 선한 능력으로 승리하게 하옵소서.

• 하나님 마음 알아가기 •

• 나에게 주시는 말씀(암송하기) •

• 오늘의 감사(기록하기) •

222 일차 / 365 성취 8월 10일

I. 맥체인성경의 통독구조<222>

일주제를 찾을 때 다음의 순서로 접근하는 것이 바람직하다. 먼저 하나님의 입장에서, 다음으로 중심등장인물 입장에서, 그리고 내용의 특징에서 찾는 것이다.

II. 핵심구절 읽기

성경본문	룻기 3~4장	사도행전 28장	예레미야 39장	시편 11~12편
통일주제	**성취** (成就, 목적한 바를 이룸)			
개별주제	나오미의 소원이 보아스를 통해 룻에게 성취됨	바울의 로마 복음 전파에 대한 소원이 성취됨	예레미야의 예언이 느부갓네살을 통해 성취됨	다윗의 기도가 하나님의 주관하심으로 성취됨
연합내용	**하나님을 믿는 자들은 영적이며 이타적인 거룩한 소원을 가지고 있다. 그 소원의 성취는 하나님의 주권과 인간 자신의 진실함 그리고 성실한 노력에 달려 있다. 인내하고 기다리면 반드시 정한 때에 성취된다.**			
핵심구절	3:1~5,9~10~13 17~18 4:3~6,9~13,15~17	1,3~6,8~9 15~16,19~20 23~24,28~31	1~2,4~8,10~12 16~18	11:1,4~5,7 12:1,3~7

• 룻기 3-4장 : 나오미의 소원이 보아스를 통해 룻에게 성취됨

룻의 시어머니 나오미가 그에게 이르되 내 딸아 내가 너를 위하여 안식할 곳을 구하여 너를 복되게 하여야 하지 않겠느냐...(3:1-5)

이르되 네가 누구냐 하니 대답하되 나는 당신의 여종 룻이오니 당신의 옷자락을 펴 당신의 여종을 덮으소서 이는 당신이 기업을 무를 자가 됨이니이다 하니...(3:9-13)

보아스가 그 기업 무를 자에게 이르되 모압 지방에서 돌아온 나오미가 우리 형제 엘리멜렉의 소유지를 팔려 하므로...(4:3-6)

보아스가 장로들과 모든 백성에게 이르되 내가 엘리멜렉과 기룐과 말론에게 있던 모든 것을 나오미의 손에서 산 일에 너희가 오늘 증인이 되었고...(4:9-13)

• 사도행전 28장 : 바울의 로마 복음 전파에 대한 소원이 성취됨

우리가 구조된 후에 안즉 그 섬은 멜리데라 하더라(1)

바울이 나무 한 묶음을 거두어 불에 넣으니 뜨거움으로 말미암아 독사가 나와 그 손을 물

고 있는지라...(3-6)

보블리오의 부친이 열병과 이질에 걸려 누워 있거늘 바울이 들어가서 기도하고 그에게 안수하여 낫게 하매...(8-9)

그 곳 형제들이 우리 소식을 듣고 압비오 광장과 트레이스 타베르네까지 맞으러 오니 바울이 그들을 보고 하나님께 감사하고 담대한 마음을 얻으니라...(15-16)

유대인들이 반대하기로 내가 마지 못하여 가이사에게 상소함이요 내 민족을 고발하려는 것이 아니니라...(19-20)

그들이 날짜를 정하고 그가 유숙하는 집에 많이 오니 바울이 아침부터 저녁까지 강론하여 하나님의 나라를 증언하고 모세의 율법과 선지자의 말을 가지고 예수에 대하여 권하더라...(23-24)

그런즉 하나님의 이 구원이 이방인에게로 보내어진 줄 알라 그들은 그것을 들으리라 하더라...(28-31)

• 예레미야 39장 : 예레미야의 예언이 느부갓네살을 통해 성취됨

유다의 시드기야 왕의 제구년 열째 달에 바벨론의 느부갓네살 왕과 그의 모든 군대가 와서 예루살렘을 에워싸고 치더니...(1-2)

유다의 시드기야 왕과 모든 군사가 그들을 보고 도망하되 밤에 왕의 동산 길을 따라 두 담 샛문을 통하여 성읍을 벗어나서 아라바로 갔더니...(4-8)

사령관 느부사라단이 아무 소유가 없는 빈민을 유다 땅에 남겨 두고 그 날에 포도원과 밭을 그들에게 주었더라...(10-12)

너는 가서 구스인 에벳멜렉에게 말하기를 만군의 여호와 이스라엘의 하나님의 말씀에 내가 이 성에 재난을 내리고 복을 내리지 아니하리라 한 나의 말이 그 날에 네 눈 앞에 이루리라...(16-18)

• 시편 11-12편 : 다윗의 기도가 하나님의 주관하심으로 성취됨

내가 여호와께 피하였거늘 너희가 내 영혼에게 새 같이 네 산으로 도망하라 함은 어찌함인가(11:1)

여호와께서는 그의 성전에 계시고 여호와의 보좌는 하늘에 있음이여 그의 눈이 인생을 통촉하시고 그의 안목이 그들을 감찰하시도다...(11:4-5)

여호와는 의로우사 의로운 일을 좋아하시나니 정직한 자는 그의 얼굴을 뵈오리로다(11:7)

여호와여 도우소서 경건한 자가 끊어지며 충실한 자들이 인생 중에 없어지나이다(12:1)

여호와께서 모든 아첨하는 입술과 자랑하는 혀를 끊으시리니...(12:3-7)

Ⅲ. 묵상을 위한 질문

1. 시어머니 나오미는 며느리 룻의 미래를 위하여 어떤 제안을 했나요?(3:1~4)
2. 보아스는 룻을 합법적으로 맞아들이기 위하여 어떻게 했나요?(3:7~13,4:1~13)
3. 바울이 멜리데 섬에서 보여준 두 가지 기적은 무엇이었나요?(1,3~5,8)
4. 바울이 로마에 도착하여 행한 사역은 무엇이었나요?(16~17,19~20,23,30~31)
5. 예레미야의 예언대로 바벨론의 느부갓네살 왕이 예루살렘을 함락할 때 시드기야 왕과 고관들은 어떻게 되었나요?(1~8)
6. 바벨론의 느부갓네살 왕이 예루살렘을 함락할 때 예레미야와 에벳멜렉에게는 어떻게 했나요?(11~12,13,16~18)
7. 다윗이 여호와 하나님을 향하여 가진 믿음의 내용은 무엇일까요?(11:4~5,7)
8. 다윗은 여호와 하나님께 어떤 자를 주관해 달라고 했나요?(12:3~5,7)

Ⅳ. 기도

1. 주여, 긍휼한 마음을 주셔서 어려운 일에 처한 선한 자를 건지게 하옵소서.
2. 주여, 어디를 가든지 능력과 복음으로 많은 영혼을 구원하게 하옵소서.
3. 주여, 하나님이 주신 예언의 말씀을 믿고 듣는 이가 없어도 전하게 하옵소서.

• 하나님 마음 알아가기 •

• 나에게 주시는 말씀(암송하기) •

• 오늘의 감사(기록하기) •

223 일차 / 365 갈망 8월 11일

Ⅰ. 맥체인성경의 통독구조<223>

핵심요절은 묵상하기 문제를 만드는 근거가 되고 제시된 문제의 답을 주기도 한다. 또한 신학적 질문을 던져 깊이 묵상하게 하는 구조이다.

Ⅱ. 핵심구절 읽기

성경본문	사무엘상 1장	로마서 1장	예레미야 40장	시편 13~14편
통일주제	**갈망** (渴望, 간절하고 애타게 바람)			
개별주제	한나가 아들 갖기를 갈망함	바울이 복음 전하기를 갈망함	요하난이 그다랴 살리기를 갈망함	다윗이 하나님 만나기를 갈망함
연합내용	**사람은 어려운 상황에 처하면 절망하기 쉽다. 하지만 해답 없는 문제는 없다. 또한 하나님은 해결하지 못하시는 일이 없으시다. 그러므로 성도는 언제나 온전한 믿음으로 갈망하며 주께 나아가야 한다.**			
핵심구절	1~3,6~7,10~13 15~18,20,22~23 26~28	1~4,9~11,14~17 19~20,23~28,32	1~4,6,9,11~12 14~16	13:1~3,5~6 14:1~3,5~6

• 사무엘상 1장 : 한나가 아들 갖기를 갈망함

에브라임 산지 라마다임소빔에 에브라임 사람 엘가나라 하는 사람이 있었으니 그는 여로함의 아들이요 엘리후의 손자요 도후의 증손이요 숩의 현손이더라...(1-3)

여호와께서 그에게 임신하지 못하게 하시므로 그의 적수인 브닌나가 그를 심히 격분하게 하여 괴롭게 하더라...(6-7)

한나가 대답하여 이르되 내 주여 그렇지 아니하니이다 나는 마음이 슬픈 여자라 포도주나 독주를 마신 것이 아니요 여호와 앞에 내 심정을 통한 것뿐이오니...(15-18)

한나가 임신하고 때가 이르매 아들을 낳아 사무엘이라 이름하였으니 이는 내가 여호와께 그를 구하였다 함이더라(20)

한나가 이르되 내 주여 당신의 사심으로 맹세하나이다 나는 여기서 내 주 당신 곁에 서서 여호와께 기도하던 여자라...(26-28)

• 로마서 1장 : 바울이 복음 전하기를 갈망함

예수 그리스도의 종 바울은 사도로 부르심을 받아 하나님의 복음을 위하여 택정함을 입었으니...(1-4)

내가 그의 아들의 복음 안에서 내 심령으로 섬기는 하나님이 나의 증인이 되시거니와 항상 내 기도에 쉬지 않고 너희를 말하며...(9-11)

이는 하나님을 알 만한 것이 그들 속에 보임이라 하나님께서 이를 그들에게 보이셨느니라...(19-20)

그들이 이같은 일을 행하는 자는 사형에 해당한다고 하나님께서 정하심을 알고도 자기들만 행할 뿐 아니라 또한 그런 일을 행하는 자들을 옳다 하느니라(32)

• 예레미야 40장 : 요하난이 그다랴 살리기를 갈망함

사령관 느부사라단이 예루살렘과 유다의 포로를 바벨론으로 옮기는 중에 예레미야도 잡혀 사슬로 결박되어 가다가 라마에서 풀려난 후에 말씀이 여호와께로부터 예레미야에게 임하니라...(1-4)

예레미야가 미스바로 가서 아히감의 아들 그다랴에게로 나아가서 그 땅에 남아 있는 백성 가운데서 그와 함께 사니라(6)

사반의 손자 아히감의 아들 그다랴가 그들과 그들의 사람들에게 맹세하며 이르되 너희는 갈대아 사람을 섬기기를 두려워하지 말고 이 땅에 살면서 바벨론의 왕을 섬기라 그리하면 너희에게 유익하리라(9)

그에게 이르되 암몬 자손의 왕 바알리스가 네 생명을 빼앗으려 하여 느다냐의 아들 이스마엘을 보낸 줄 네가 아느냐 하되 아히감의 아들 그다랴가 믿지 아니한지라...(14-16)

• 시편 13-14편 : 다윗이 하나님 만나기를 갈망함

여호와여 어느 때까지니이까 나를 영원히 잊으시나이까 주의 얼굴을 나에게서 어느 때까지 숨기시겠나이까...(13:1-3)

나는 오직 주의 사랑을 의지하였사오니 나의 마음은 주의 구원을 기뻐하리이다...(13:5-6)

어리석은 자는 그의 마음에 이르기를 하나님이 없다 하는도다 그들은 부패하고 그 행실이 가증하니 선을 행하는 자가 없도다...(14:1-3)

그러나 거기서 그들은 두려워하고 두려워하였으니 하나님이 의인의 세대에 계심이로다...(14:5-6)

Ⅲ. 묵상을 위한 질문

1. 에브라임 사람 경건한 엘가나와 한나에게는 어떤 근심이 있었나요?(1~2,6,8)
2. 한나의 통곡하는 기도는 어떤 결과를 얻었나요?(10~12,16,19~20)
3. 바울은 복음이 무엇이며 복음에는 무엇이 나타나 있다고 했나요?(2~4,16~17)
4. 바울은 불의로 진리를 막는 사람들의 마음이 어떠하다고 했나요?(18,21,24,26,28)
5. 바벨론 사령관 느부사라단이 예레미야를 풀어 줄 때 어떤 말을 했나요?(2~4)
6. 바벨론 왕이 시드기야를 잡아가면서 유다 총독으로 세운 그다랴는 가레아의 아들 요하난의 어떤 충언를 믿지 않고 무시했나요?(13~16)
7. 깊은 신앙을 가진 다윗이 가장 힘들어 했던 것은 무엇일까요?(13:1~3)
8. 깊은 신앙을 가진 다윗은 어떤 자를 가장 어리석은 자라고 했나요?(1~3)

Ⅳ. 기도

1. 주여, 가정과 자녀의 문제가 있을 때 통곡하는 기도로 나아가게 하옵소서.
2. 주여, 불의, 불경건, 정욕, 욕심, 상실한 마음을 모두 회개하게 하옵소서.
3. 주여, 하나님이 침묵하실 때 불신하여 어리석은 자가 되지 않게 하옵소서.

• 하나님 마음 알아가기 •

• 나에게 주시는 말씀(암송하기) •

• 오늘의 감사(기록하기) •

224 일차 / 365 멸시 8월 12일

I. 맥체인성경의 통독구조<224>

성경 66권은 1600년이 넘는 긴 세월 동안 성령의 감동을 입은 각 시대의 사람들이 각기 다른 장소에서 기록한 것을 정경화한 것이다. 그럼에도 불구하고 놀랍게도 제각각 짝이 있고 통일된 주제와 일관된 메시지를 전한다. 이것은 우연이 아니며 하나님이 저자이심을 증명하고 있다. 따라서 새로운 편집방식으로 읽을 때 더 깊은 감동을 경험하게 된다.

II. 핵심구절 읽기

성경본문	사무엘상 2장	로마서 2장	예레미야 41장	시편 15~16편
통일주제	**멸시** (蔑視, 다른 사람이나 사물을 교만하게 깔보거나 하찮게 여김)			
개별주제	홉니와 비느하스가 여호와의 제사를 멸시함	유대인이 회개치 않음으로 하나님을 멸시함	요하난이 이스마엘의 악을 듣고 그를 멸시함	다윗이 주님과 이웃을 무시하는 자를 멸시함
연합내용	**하나님은 존귀하신 분이시다. 하나님의 자녀들도 존귀히 여김을 받는 삶을 살아야 한다. 하지만 불경건한 자들은 하나님의 도덕적 속성을 멸시하고 사람의 도리를 멸시하는 죄악된 삶을 살기에 심판에 이른다.**			
핵심구절	1~3,6~7,10~18 20~21,25~30 33~35	1~2,4~11,13~15 21~23,25~26,29	2~3,6~8,10~16	15:1~5 16:1~2,4~9,11

• 사무엘상 2장 : 홉니와 비느하스가 여호와의 제사를 멸시함

한나가 기도하여 이르되 내 마음이 여호와로 말미암아 즐거워하며 내 뿔이 여호와로 말미암아 높아졌으며 내 입이 내 원수들을 향하여 크게 열렸으니 이는 내가 주의 구원으로 말미암아 기뻐함이니이다...(1-3)

여호와를 대적하는 자는 산산이 깨어질 것이라 하늘에서 우레로 그들을 치시리로다 여호와께서 땅 끝까지 심판을 내리시고 자기 왕에게 힘을 주시며 자기의 기름 부음을 받은 자의 뿔을 높이시리로다 하니라...(10-18)

엘리가 엘가나와 그의 아내에게 축복하여 이르되 여호와께서 이 여인으로 말미암아 네게 다른 후사를 주사 이가 여호와께 간구하여 얻어 바친 아들을 대신하게 하시기를 원하노라 하였더니 그들이 자기 집으로 돌아가매...(20-21)

내 제단에서 내가 끊어 버리지 아니할 네 사람이 네 눈을 쇠잔하게 하고 네 마음을 슬프게 할 것이요 네 집에서 출산되는 모든 자가 젊어서 죽으리라...(33-35)

• 로마서 2장 : 유대인이 회개치 않음으로 하나님을 멸시함

그러므로 남을 판단하는 사람아, 누구를 막론하고 네가 핑계하지 못할 것은 남을 판단하는 것으로 네가 너를 정죄함이니 판단하는 네가 같은 일을 행함이니라...(1-2)

혹 네가 하나님의 인자하심이 너를 인도하여 회개하게 하심을 알지 못하여 그의 인자하심과 용납하심과 길이 참으심이 풍성함을 멸시하느냐...(4-11)

하나님 앞에서는 율법을 듣는 자가 의인이 아니요 오직 율법을 행하는 자라야 의롭다 하심을 얻으리니...(13-15)

그러면 다른 사람을 가르치는 네가 네 자신은 가르치지 아니하느냐 도둑질하지 말라 선포하는 네가 도둑질하느냐...(21-23)

오직 이면적 유대인이 유대인이며 할례는 마음에 할지니 영에 있고 율법 조문에 있지 아니한 것이라 그 칭찬이 사람에게서가 아니요 다만 하나님에게서니라(29)

• 예레미야 41장 : 요하난이 이스마엘의 악을 듣고 그를 멸시함

느다냐의 아들 이스마엘과 그와 함께 있던 열 사람이 일어나서 바벨론의 왕의 그 땅을 위임했던 사반의 손자 아히감의 아들 그다랴를 칼로 쳐죽였고...(2-3)

느다냐의 아들 이스마엘이 그들을 영접하러 미스바에서 나와 울면서 가다가 그들을 만나 아히감의 아들 그다랴에게로 가자 하더라...(6-8)

미스바에 남아 있는 왕의 딸들과 모든 백성 곧 사령관 느부사라단이 아히감의 아들 그다랴에게 위임하였던 바 미스바에 남아 있는 모든 백성을 이스마엘이 사로잡되 곧 느다냐의 아들 이스마엘이 그들을 사로잡고 암몬 자손에게로 가려고 떠나니라...(10-16)

• 시편 15-16편 : 다윗이 주님과 이웃을 무시하는 자를 멸시함

여호와여 주의 장막에 머무를 자 누구오며 주의 성산에 사는 자 누구오니이까...(15:1-5)

하나님이여 나를 지켜 주소서 내가 주께 피하나이다...(16:1-2)

다른 신에게 예물을 드리는 자는 괴로움이 더할 것이라 나는 그들이 드리는 피의 전제를 드리지 아니하며 내 입술로 그 이름도 부르지 아니하리로다...(16:4-9)

주께서 생명의 길을 내게 보이시리니 주의 앞에는 충만한 기쁨이 있고 주의 오른쪽에는 영원한 즐거움이 있나이다(16:11)

Ⅲ. 묵상을 위한 질문

1. 한나가 서약대로 사무엘을 여호와께 드렸을 때 어떤 축복을 더 받았나요?(20~21)
2. 제사장 엘리의 가정이 심판을 받아 멸망하게 된 것은 어떤 일 때문일까요?(12~17, 22~23,29~34,36)
3. 바울은 어떤 사람이 어떤 태도를 행함으로 하나님을 멸시한다고 말했나요?(1~5)
4. 바울은 율법을 받은 유대인이 지키지 않음에 대해 어떤 교훈을 남겼나요?(17~29)
5. 느다냐의 아들 이스마엘의 잔인함은 누구에게까지 미쳤나요?(5~7,10)
6. 가레아의 아들 요하난은 이스마엘의 악을 듣고 어떻게 행동했나요?(11~16)
7. 다윗은 어떤 자가 주의 장막과 주의 성산에 거한다고 했나요?(15:1~5)
8. 다윗이 하나님을 믿으며 고백한 표현은 어떤 내용들일까요?(16:2,5,8,11)

Ⅳ. 기도

1. 주여, 직분을 신봉하지 말고 주의 모든 일을 진실함으로 행하게 하옵소서.
2. 주여, 하나님의 인자하심과 용납하심과 참으심을 경히 여기지 말게 하옵소서.
3. 주여, 주의 장막과 주의 성산에 거하는 자의 공의로운 삶을 살게 하옵소서.

• 하나님 마음 알아가기 •

• 나에게 주시는 말씀(암송하기) •

• 오늘의 감사(기록하기) •

225 일차 / 365 한 의 8월 13일

Ⅰ. 맥체인성경의 통독구조<225>

맥체인성경의 순서대로!
창세기~역대하 : 만물의 시작과 이스라엘의 시작
마태복음~요한복음 : 예수의 복음사역과 십자가 구속
에스라~말라기 : 이스라엘의 멸망과 새 시대의 시작
사도행전~요한계시록 : 교회의 시작과 선교

Ⅱ. 핵심구절 읽기

성경본문	사무엘상 3장	로마서 3장	예레미야 42장	시편 17편
통일주제	**한 의** (一 義, 하나님이 각 시대에 세우신 의로운 일꾼과 행하신 사건)			
개별주제	이상이 흔히 보이지 않던 때의 하나님의 한 義	율법이 지켜지지 않던 때의 하나님의 한 義	남은 자에게 말씀을 대언하는 하나님의 한 義	여호와 앞에서 흠 없이 행하는 다윗의 한 義
연합내용	**하나님은 의로우시다. 모든 시대에 죄인들을 구원하시기 위하여 의로운 선지자를 보내셨고 마지막에는 온 세상을 향하여 독생자 아들을 보내셔서 한 의를 완성하셨다. 하나님의 의는 무엇과도 비교할 수 없다.**			
핵심구절	1,3~4,6~13 17~20	1~2,5~7,9~11 18~24,26~29,31	1~6,10~12,14 17,20~22	1,3~5,7~9 13~15

• 사무엘상 3장 : 이상이 흔히 보이지 않던 때의 하나님의 한 義

아이 사무엘이 엘리 앞에서 여호와를 섬길 때에는 여호와의 말씀이 희귀하여 이상이 흔히 보이지 않았더라(1)

하나님의 등불은 아직 꺼지지 아니하였으며 사무엘은 하나님의 궤 있는 여호와의 전 안에 누웠더니...(3-4)

여호와께서 다시 사무엘을 부르시는지라 사무엘이 일어나 엘리에게로 가서 이르되 당신이 나를 부르셨기로 내가 여기 있나이다 하니 그가 대답하되 내 아들아 내가 부르지 아니하였으니 다시 누우라 하니라...(6-13)

이르되 네게 무엇을 말씀하셨느냐 청하노니 내게 숨기지 말라 네게 말씀하신 모든 것을 하나라도 숨기면 하나님이 네게 벌을 내리시고 또 내리시기를 원하노라 하는지라...(17-20)

• 로마서 3장 : 율법이 지켜지지 않던 때의 하나님의 한 義

그런즉 유대인의 나음이 무엇이며 할례의 유익이 무엇이냐...(1-2)

그러나 우리 불의가 하나님의 의를 드러나게 하면 무슨 말 하리요 [내가 사람의 말하는 대로 말하노니] 진노를 내리시는 하나님이 불의하시냐...(5-7)

그들의 눈 앞에 하나님을 두려워함이 없느니라 함과 같으니라...(18-24)

그런즉 우리가 믿음으로 말미암아 율법을 파기하느냐 그럴 수 없느니라 도리어 율법을 굳게 세우느니라(31)

• 예레미야 42장 : 남은 자에게 말씀을 대언하는 하나님의 한 義

이에 모든 군대의 지휘관과 가레아의 아들 요하난과 호사야의 아들 여사냐와 백성의 낮은 자로부터 높은 자까지 다 나아와...(1-6)

또 너희가 말하기를 아니라 우리는 전쟁도 보이지 아니하며 나팔 소리도 들리지 아니하며 양식의 궁핍도 당하지 아니하는 애굽 땅으로 들어가 살리라 하면 잘못되리라(14)

무릇 애굽으로 들어가서 거기에 머물러 살기로 고집하는 모든 사람은 이와 같이 되리니 곧 칼과 기근과 전염병에 죽을 것인즉 내가 그들에게 내리는 재난을 벗어나서 남을 자 없으리라(17)

너희가 나를 너희 하나님 여호와께 보내며 이르기를 우리를 위하여 우리 하나님 여호와께 기도하고 우리 하나님 여호와께서 말씀하신 대로 우리에게 전하라 우리가 그대로 행하리라 하여 너희 마음을 속였느니라...(20-22)

• 시편 17편 : 여호와 앞에서 흠 없이 행하는 다윗의 한 義

여호와여 의의 호소를 들으소서 나의 울부짖음에 주의하소서 거짓 되지 아니한 입술에서 나오는 나의 기도에 귀를 기울이소서(1)

주께서 내 마음을 시험하시고 밤에 내게 오시어서 나를 감찰하셨으나 흠을 찾지 못하셨사오니 내가 결심하고 입으로 범죄하지 아니하리이다...(3-5)

주께 피하는 자들을 그 일어나 치는 자들에게서 오른손으로 구원하시는 주여 주의 기이한 사랑을 나타내소서...(7-9)

여호와여 일어나 그를 대항하여 넘어뜨리시고 주의 칼로 악인에게서 나의 영혼을 구원하소서...(13-15)

Ⅲ. 묵상을 위한 질문

1. 여호와의 말씀이 희귀하여 이상이 흔히 보이지 않았을 때에 사무엘은 누구의 음성을 몇 번 들었으며 그 내용은 무엇이었나요?(4,6,8,10~14)

2. 하나님의 음성을 들은 사무엘은 온 이스라엘에게 어떤 존재로 인정받았나요?(20)

3. 바울은 유대인이 이방인보다 어떤 점에 대하여 유익하다고 말했나요?(1~2)

4. 바울은 하나님의 의가 무엇이며 죄인은 무엇으로 의롭게 될 수 있다고 했나요?(21~26)

5. 예루살렘에 남아 있는 요하난과 백성의 낮은 자로부터 높은 자까지 모든 자는 예레미야에게 나와 무엇을 요청했나요?(1~6)

6. 10일 후에 여호와 하나님은 예레미야에게 어떤 말씀을 주셨나요?(10~14,17)

7. 다윗은 여호와 하나님 앞에서 자신의 무엇을 판단해 보시라고 했나요?(1~4)

8. 다윗은 여호와 하나님 앞에서 어떤 자를 악인이라고 생각했나요?(7,9~12,14)

Ⅳ. 기도

1. 주여, 이 시대에 하나님의 부르심과 음성을 듣는 의로운 자가 되게 하옵소서.
2. 주여, 하나님의 영원한 한 義이신 주 예수 그리스도를 닮게 하옵소서.
3. 주여, 주의 음성을 들으면 내 생각과 달라도 절대적으로 순종하게 하옵소서.

• 하나님 마음 알아가기 •

• 나에게 주시는 말씀(암송하기) •

• 오늘의 감사(기록하기) •

멸망

I. 맥체인성경의 통독구조<226>

하나님의 섭리(뜻)의 다각성을 살펴보면, 하나님의 섭리는 다양한 방향으로 나타나며, 또한 하나님의 섭리는 다양한 방법으로 나타난다.

II. 핵심구절 읽기

성경본문	사무엘상 4장	로마서 4장	예레미야 43장	시편 18편
통일주제	**멸망** (滅亡, 국가나 민족 등이 망하여 없어짐)			
개별주제	블레셋과의 전쟁에서 엘리의 집이 멸망함	율법 아래 있는 자가 범법으로 인하여 멸망함	말씀에 불순종하여 애굽으로 간 자가 멸망함	의로운 다윗을 대적한 자와 사울이 멸망함
연합내용	**모든 민족과 나라 그리고 인생의 흥망성쇠는 하나님의 주권에 있다. 하나님을 인정하고 그 뜻에 따라 순종하는 자는 영원히 세워지고, 불신하며 거역하는 자는 주의 심판하심에 의해 처절히 멸망한다.**			
핵심구절	2~4,7~9,11 15~21	2~3,5,9~11,13 15~16,18~22 24~25	1~4,7~11	1~2,6,14,18 20~27,30~32,35 37~40,42,46~47

• 사무엘상 4장 : 블레셋과의 전쟁에서 엘리의 집이 멸망함

블레셋 사람들이 이스라엘에 대하여 전열을 벌이니라 그 둘이 싸우다가 이스라엘이 블레셋 사람들 앞에서 패하여 그들에게 전쟁에서 죽임을 당한 군사가 사천 명 가량이라...(2-4)

블레셋 사람이 두려워하여 이르되 신이 진영에 이르렀도다 하고 또 이르되 우리에게 화로다 전날에는 이런 일이 없었도다...(7-9)

하나님의 궤는 빼앗겼고 엘리의 두 아들 홉니와 비느하스는 죽임을 당하였더라(11)

그 때에 엘리의 나이가 구십팔 세라 그의 눈이 어두워서 보지 못하더라...(15-21)

• 로마서 4장 : 율법 아래 있는 자가 범법으로 인하여 멸망함

만일 아브라함이 행위로써 의롭다 하심을 받았으면 자랑할 것이 있으려니와 하나님 앞에서는 없느니라...(2-3)

일을 아니할지라도 경건하지 아니한 자를 의롭다 하시는 이를 믿는 자에게는 그의 믿음을 의로 여기시나니(5)

그런즉 이 복이 할례자에게냐 혹은 무할례자에게도냐 무릇 우리가 말하기를 아브라함에게는 그 믿음이 의로 여겨졌다 하노라...(9-11)

아브라함이나 그 후손에게 세상의 상속자가 되리라고 하신 언약은 율법으로 말미암은 것이 아니요 오직 믿음의 의로 말미암은 것이니라(13)

율법은 진노를 이루게 하나니 율법이 없는 곳에는 범법도 없느니라...(15-16)

아브라함이 바랄 수 없는 중에 바라고 믿었으니 이는 네 후손이 이같으리라 하신 말씀대로 많은 민족의 조상이 되게 하려 하심이라...(18-22)

의로 여기심을 받을 우리도 위함이니 곧 예수 우리 주를 죽은 자 가운데서 살리신 이를 믿는 자니라...(24-25)

• 예레미야 43장 : 말씀에 불순종하여 애굽으로 간 자가 멸망함

예레미야가 모든 백성에게 그들의 하나님 여호와의 말씀 곧 그들의 하나님 여호와께서 자기를 보내사 그들에게 이르신 이 모든 말씀을 말하기를 마치니...(1-4)

애굽 땅에 들어가 다바네스에 이르렀으니 그들이 여호와의 목소리를 순종하지 아니함이러라...(7-11)

• 시편 18편 : 의로운 다윗을 대적한 자와 사울이 멸망함

나의 힘이신 여호와여 내가 주를 사랑하나이다 여호와는 나의 반석이시요 나의 요새시요 나를 건지시는 이시요 나의 하나님이시요 내가 그 안에 피할 나의 바위시요 나의 방패시요 나의 구원의 뿔이시요 나의 산성이시로다(1-2)

내가 환난 중에서 여호와께 아뢰며 나의 하나님께 부르짖었더니 그가 그의 성전에서 내 소리를 들으심이여 그의 앞에서 나의 부르짖음이 그의 귀에 들렸도다(6)

그의 화살을 날려 그들을 흩으심이여 많은 번개로 그들을 깨뜨리셨도다(14)

그들이 나의 재앙의 날에 내게 이르렀으나 여호와께서 나의 의지가 되셨도다(18)

여호와께서 내 의를 따라 상 주시며 내 손의 깨끗함을 따라 내게 갚으셨으니...(20-27)

하나님의 도는 완전하고 여호와의 말씀은 순수하니 그는 자기에게 피하는 모든 자의 방패시로다...(30-32)

또 주께서 주의 구원하는 방패를 내게 주시며 주의 오른손이 나를 붙들고 주의 온유함이 나를 크게 하셨나이다(35)

내가 내 원수를 뒤쫓아가리니 그들이 망하기 전에는 돌아서지 아니하리이다...(37-40)

내가 그들을 바람 앞에 티끌 같이 부서뜨리고 거리의 진흙 같이 쏟아 버렸나이다(42)

여호와는 살아 계시니 나의 반석을 찬송하며 내 구원의 하나님을 높일지로다...(46-47)

Ⅲ. 묵상을 위한 질문

1. 이스라엘은 블레셋 사람들과의 전쟁에서 이기기 위해 무엇을 의지했나요?(2~4)

2. 이 전쟁의 결과와 엘리의 집은 어떻게 되었나요?(2,10~11,17~19,21)

3. 바울은 아브라함이 언제 무엇으로 의롭다 하심을 받았다고 했나요?(3,10~11)

4. 바울은 아브라함의 믿음에 대하여 어떻게 증언했나요?(17~21)

5. 여호와 하나님이 예레미야에게 주신 말씀을 듣지 않은 자들은 어디로 내려갔나요?(4~7)

6. 여호와 하나님은 바벨론 왕 느부갓네살을 통하여 애굽에 어떻게 하시겠다고 예레미야 선지자를 통해 말씀하셨나요?(10~13)

7. 다윗은 여호와 하나님이 자신에게 어떤 분이심을 고백했나요?(1~2,18,30,46)

8. 다윗은 여호와 하나님이 자신의 모든 원수들과 사울을 어떻게 멸망시키셨다고 고백했나요?(14,37~41,47~48)

Ⅳ. 기도

1. 주여, 우리의 문제를 해결하기 위해 하나님과 성전을 이용하지 않게 하옵소서.
2. 주여, 아브라함처럼 어떠한 상황 속에서도 절대적인 믿음을 갖게 하옵소서.
3. 주여, 다윗처럼 하나님 앞에 의로움으로 모든 고난을 해결 받게 하옵소서.

• 하나님 마음 알아가기 •

• 나에게 주시는 말씀(암송하기) •

• 오늘의 감사(기록하기) •

227 일차 / 365 범죄 8월 15일

I. 맥체인성경의 통독구조<227>

역사이해 : 과거의 역사를 살피고 오늘의 관점에서 다시 재해석한다.

성경해석 : 본문시대의 역사 – 본문 속에 등장한 사건시대의 역사를 말한다.
기록시대의 역사 – 성경을 기술한 해당시대의 역사를 말한다.
독자시대의 역사 – 성경을 읽고 있는 독자시대의 역사를 말한다.

II. 핵심구절 읽기

성경본문	사무엘상 5~6장	로마서 5장	예레미야 44장	시편 19편
통일주제	**범죄** (犯罪, 하나님의 뜻과 법을 어기고 저지른 허물과 죄악)			
개별주제	여호와의 궤를 빼앗아 함부로 취급한 범죄	하나님께 불순종한 한 사람 아담의 범죄	명령을 어기고 애굽으로 간 남은 자의 범죄	다윗이 가장 경계하는 영역인 고의적 범죄
연합내용	**하나님은 인간을 영생하도록 창조하셨고 또 구원하셨다. 하지만 인간은 끊임없이 범죄를 저지르고 사망을 향하여 나아간다. 무지하여 범죄하고 불순종하여 범죄하고 고의와 실수로 범죄한다.**			
핵심구절	5:2~4,6~9,11 6:1~4,7~9 12~15,19~20	1,3~8,12,15 17~19,21	2~3,6,8~10,13 15~19,23,25,27,30	1~4,7~11,13~14

• 사무엘상 5-6장 : 여호와의 궤를 빼앗아 함부로 취급한 범죄

블레셋 사람들이 하나님의 궤를 가지고 다곤의 신전에 들어가서 다곤 곁에 두었더니...(5:2-4)

이에 사람을 보내어 블레셋 모든 방백을 모으고 이르되 이스라엘 신의 궤를 보내어 그 있던 곳으로 돌아가게 하고 우리와 우리 백성이 죽임 당함을 면하게 하자 하니 이는 온 성읍이 사망의 환난을 당함이라 거기서 하나님의 손이 엄중하시므로(5:11)

여호와의 궤가 블레셋 사람들의 지방에 있은 지 일곱 달이라...(6:1-4)

암소가 벧세메스 길로 바로 행하여 대로로 가며 갈 때에 울고 좌우로 치우치지 아니하였고 블레셋 방백들은 벧세메스 경계선까지 따라 가니라...(6:12-15)

벧세메스 사람들이 여호와의 궤를 들여다 본 까닭에 그들을 치사 (오만) 칠십 명을 죽이신지라 여호와께서 백성을 쳐서 크게 살륙하셨으므로 백성이 슬피 울었더라...(6:19-20)

• 로마서 5장 : 하나님께 불순종한 한 사람 아담의 범죄

그러므로 우리가 믿음으로 의롭다 하심을 받았으니 우리 주 예수 그리스도로 말미암아 하나님과 화평을 누리자(1)

다만 이뿐 아니라 우리가 환난 중에도 즐거워하나니 이는 환난은 인내를, 인내는 연단을, 연단은 소망을 이루는 줄 앎이로다...(3-8)

그러므로 한 사람으로 말미암아 죄가 세상에 들어오고 죄로 말미암아 사망이 들어왔나니 이와 같이 모든 사람이 죄를 지었으므로 사망이 모든 사람에게 이르렀느니라(12)

이는 죄가 사망 안에서 왕 노릇 한 것 같이 은혜도 또한 의로 말미암아 왕 노릇 하여 우리 주 예수 그리스도로 말미암아 영생에 이르게 하려 함이라(21)

• 예레미야 44장 : 명령을 어기고 애굽으로 간 남은 자의 범죄

만군의 여호와 이스라엘의 하나님께서 이와 같이 말씀하시니라 너희가 예루살렘과 유다 모든 성읍에 내린 나의 모든 재난을 보았느니라 보라 오늘 그것들이 황무지가 되었고 사는 사람이 없나니...(2-3)

나의 분과 나의 노여움을 쏟아서 유다 성읍들과 예루살렘 거리를 불살랐더니 그것들이 오늘과 같이 폐허와 황무지가 되었느니라(6)

내가 예루살렘을 벌한 것 같이 애굽 땅에 사는 자들을 칼과 기근과 전염병으로 벌하리니(13)

너희가 분향하여 여호와께 범죄하였으며 여호와의 목소리를 순종하지 아니하고 여호와의 율법과 법규와 여러 증거대로 행하지 아니하였으므로 이 재난이 오늘과 같이 너희에게 일어났느니라(23)

보라 내가 유다의 시드기야 왕을 그의 원수 곧 그의 생명을 찾는 바벨론의 느부갓네살 왕의 손에 넘긴 것 같이 애굽의 바로 호브라 왕을 그의 원수들 곧 그의 생명을 찾는 자들의 손에 넘겨 주리라 여호와께서 이와 같이 말씀하셨느니라(30)

• 시편 19편 : 다윗이 가장 경계하는 영역인 고의적 범죄

하늘이 하나님의 영광을 선포하고 궁창이 그의 손으로 하신 일을 나타내는도다...(1-4)

여호와의 율법은 완전하여 영혼을 소성시키며 여호와의 증거는 확실하여 우둔한 자를 지혜롭게 하며...(7-11)

또 주의 종에게 고의로 죄를 짓지 말게 하사 그 죄가 나를 주장하지 못하게 하소서 그리하면 내가 정직하여 큰 죄과에서 벗어나겠나이다...(13-14)

Ⅲ. 묵상을 위한 질문

1. 여호와의 궤를 둔 다곤 신전 안에서는 어떤 일이 일어났나요?(5:2~4)
2. 블레셋 사람들은 온 성읍의 독종 환난을 면하기 위해 여호와의 궤를 어떻게 돌려보내기로 했나요?(6:2~5,7~9,12)
3. 믿음으로 의롭다 하심을 얻은 자는 무엇을 삶의 가장 가치있는 목표로 삼아야 할까요?(1,9~11)
4. 한 사람으로 말미암아 죄가 세상에 들어와 모든 사람이 사망에 이르게 되었는데 이것을 하나님은 어떻게 해결하셨나요?(12,15~19)
5. 유다와 예루살렘에 남았던 자들은 애굽으로 내려가 어떤 최후를 맞이했나요?(8,12~14)
6. 애굽으로 내려간 자들은 어떤 신에게 분향했나요?(16~19,23,25~27)
7. 다윗은 여호와의 율법, 증거, 교훈, 계명에 대해 어떤 능력이 있다고 말했나요?(7~9)
8. 다윗은 여호와 하나님께 무엇에 빠지지 않게 해달라고 기도했나요?(12~13)

Ⅳ. 기도

1. 주여, 여호와 하나님의 임재를 의식하고 모든 성물을 소중히 대하게 하옵소서.
2. 주여, 예수를 믿음으로 의롭다 함을 얻었으니 하나님과 평화를 누리게 하옵소서.
3. 주여, 하나님의 율법과 증거와 교훈과 계명과 도를 항상 묵상하게 하옵소서.

• 하나님 마음 알아가기 •

• 나에게 주시는 말씀(암송하기) •

• 오늘의 감사(기록하기) •

228 일차 / 365 전심 8월 16일

Ⅰ. 맥체인성경의 통독구조<228>

시간적, 공간적 역사하심 찾기

하나님의 사역은 시간적으로나 공간적으로 섬세하게 나타나며 또 역사하신다.

편집순 읽기 –> 연대기 읽기 –> 입체적 읽기 등 읽는 방법에 따라 다양한 은혜를 경험할 수 있음으로 맥체인성경통독도 매우 중요하다.

Ⅱ. 핵심구절 읽기

성경본문	사무엘상 7~8장	로마서 6장	예레미야 45장	시편 20~21편
통일주제	**전심** (全心, 마음을 오로지 한 일에만 씀)			
개별주제	전심으로 여호와께 돌아옴	전심으로 주 예수와 연합함	전심으로 예레미야를 도움	전심으로 여호와를 의지함
연합내용	**사람의 아름다움은 마음을 다하는데 있다. 양다리를 걸친 것처럼, 양쪽을 기웃거리는 것처럼 추한 행동은 없다. 오직 믿는 자는 전심을 다하여 하나님을 의지하고 그 뜻을 따르며 사람을 돕고 사랑해야 한다.**			
핵심구절	7:1~6,8~10,12,16~17 8:1~5,8~9,11~17	3~6,8~9,12~13 15~16,19,22~23	1~5	20:1~2,4,6~8 21:1~7,13

• 사무엘상 7-8장 : 전심으로 여호와께 돌아옴

기럇여아림 사람들이 와서 여호와의 궤를 옮겨 산에 사는 아비나답의 집에 들여놓고 그의 아들 엘리아살을 거룩하게 구별하여 여호와의 궤를 지키게 하였더니...(7:1-6)

사무엘이 돌을 취하여 미스바와 센 사이에 세워 이르되 여호와께서 여기까지 우리를 도우셨다 하고 그 이름을 에벤에셀이라 하니라(7:12)

사무엘이 늙으매 그의 아들들을 이스라엘 사사로 삼으니...(8:1-5)

내가 그들을 애굽에서 인도하여 낸 날부터 오늘까지 그들이 모든 행사로 나를 버리고 다른 신들을 섬김 같이 네게도 그리하는도다...(8:8-9)

이르되 너희를 다스릴 왕의 제도는 이러하니라 그가 너희 아들들을 데려다가 그의 병거와 말을 어거하게 하리니 그들이 그 병거 앞에서 달릴 것이며...(8:11-17)

• **로마서 6장 : 전심으로 주 예수와 연합함**

무릇 그리스도 예수와 합하여 세례를 받은 우리는 그의 죽으심과 합하여 세례를 받은 줄을 알지 못하느냐...(3-6)

만일 우리가 그리스도와 함께 죽었으면 또한 그와 함께 살 줄을 믿노니...(8-9)

그러므로 너희는 죄가 너희 죽을 몸을 지배하지 못하게 하여 몸의 사욕에 순종하지 말고...(12-13)

그런즉 어찌하리요 우리가 법 아래에 있지 아니하고 은혜 아래에 있으니 죄를 지으리요 그럴 수 없느니라...(15-16)

너희 육신이 연약하므로 내가 사람의 예대로 말하노니 전에 너희가 너희 지체를 부정과 불법에 내주어 불법에 이른 것 같이 이제는 너희 지체를 의에게 종으로 내주어 거룩함에 이르라(19)

그러나 이제는 너희가 죄로부터 해방되고 하나님께 종이 되어 거룩함에 이르는 열매를 맺었으니 그 마지막은 영생이라...(22-23)

• **예레미야 45장 : 전심으로 예레미야를 도움**

유다의 요시야 왕의 아들 여호야김 넷째 해에 네리야의 아들 바룩이 예레미야가 불러 주는 대로 이 모든 말을 책에 기록하니라 그 때에 선지자 예레미야가 그에게 말하여 이르되...(1-5)

• **시편 20-21편 : 전심으로 여호와를 의지함**

환난 날에 여호와께서 네게 응답하시고 야곱의 하나님의 이름이 너를 높이 드시며...(20:1-2)

네 마음의 소원대로 허락하시고 네 모든 계획을 이루어 주시기를 원하노라(20:4)

여호와께서 자기에게 기름 부음 받은 자를 구원하시는 줄 이제 내가 아노니 그의 오른손의 구원하는 힘으로 그의 거룩한 하늘에서 그에게 응답하시리로다(20:6-8)

여호와여 왕이 주의 힘으로 말미암아 기뻐하며 주의 구원으로 말미암아 크게 즐거워하리이다...(21:1-7)

여호와여 주의 능력으로 높임을 받으소서 우리가 주의 권능을 노래하고 찬송하게 하소서(21:13)

Ⅲ. 묵상을 위한 질문

1. 사무엘은 이스라엘 온 족속에게 전심으로 여호와께 돌아오려면 어떻게 하라고 했나요?(7:3~6)
2. 사무엘이 늙었을 때 이스라엘 장로들은 모여 그에게 무엇을 요구했나요?(8:4~5)
3. 바울은 우리가 예수의 죽으심과 연합하면 죄에서 벗어나 결국 무엇과 연합하게 된다고 했나요?(4~6,8)
4. 바울은 죄의 종이 되면 나타나는 결과와 죄의 삯은 무엇이라고 했나요?(16,21,23)
5. 예레미야가 불러주는 대로 모든 말을 책에 기록한 자는 누구일까요?(1)
6. 여호와는 고통과 슬픔과 탄식 속에 있는 바룩에게 어떤 은혜를 약속하셨나요?(3,5)
7. 사람들이 병거와 말을 의지할 때 다윗은 누구를 의지하고 자랑했나요?(20:6~7)
8. 다윗은 왕도 누구의 구원과 축복 속에서 산다고 고백했나요?(21:1,3~7)

Ⅳ. 기도

1. 주여, 날마다 우상된 것을 모두 버리고 하나님께 온전히 돌아오게 하옵소서.
2. 주여, 예수와 함께 죽고 예수와 함께 부활하여 복된 영생에 이르게 하옵소서.
3. 주여, 세상의 힘과 조건을 의지하지 말고 오직 주님 만을 의지하게 하옵소서.

• 하나님 마음 알아가기 •

• 나에게 주시는 말씀(암송하기) •

• 오늘의 감사(기록하기) •

목적

8월 17일

I. 맥체인성경의 통독구조<229>

사복음서를 통해 입체적인 예수님을 보듯 신구약 네 장 통독을 통해 하나님의 역사하심을 입체적으로 보는 구조이다.

II. 핵심구절 읽기

성경본문	사무엘상 9장	로마서 7장	예레미야 46장	시편 22편
통일주제	**목적** (目的, 일을 이루려고 하는 목표나 나아가는 방향)			
개별주제	암나귀를 찾게 하신 목적	율법의 궁극적인 목적	애굽을 멸망시킨 목적	하나님이 침묵하신 목적
연합내용	**하나님이 하시는 모든 일에는 목적이 있다. 겉으로 나타난 상황은 일상적인 사건처럼 보여도 그 안에는 더 깊은 하나님의 의도와 이유와 목적이 내재되어 있다. 그러므로 주의 뜻을 찾는 분별함이 필요하다.**			
핵심구절	2~3,5~6,8 11~12,15~16 19~21,24,27	1~2,4~6,9~10 12~13,19~25	2,5~8,10~11 13,15,17~20 24~28	1~2,6~8,11~20 23~26,28

• 사무엘상 9장 : 암나귀를 찾게 하신 목적

기스에게 아들이 있으니 그의 이름은 사울이요 준수한 소년이라 이스라엘 자손 중에 그보다 더 준수한 자가 없고 키는 모든 백성보다 어깨 위만큼 더 컸더라...(2-3)

사환이 사울에게 다시 대답하여 이르되 보소서 내 손에 은 한 세겔의 사분의 일이 있으니 하나님의 사람에게 드려 우리 길을 가르쳐 달라 하겠나이다 하더라(8)

그들이 성읍을 향한 비탈길로 올라가다가 물 길으러 나오는 소녀들을 만나 그들에게 묻되 선견자가 여기 있느냐 하니...(11-12)

사무엘이 사울에게 대답하여 이르되 내가 선견자이니라 너는 내 앞서 산당으로 올라가라 너희가 오늘 나와 함께 먹을 것이요 아침에는 내가 너를 보내되 네 마음에 있는 것을 다 네게 말하리라...(19-21)

성읍 끝에 이르매 사무엘이 사울에게 이르되 사환에게 우리를 앞서게 하라 하니라 사환이 앞서가므로 또 이르되 너는 이제 잠깐 서 있으라 내가 하나님의 말씀을 네게 들려 주리라 하더라(27)

• 로마서 7장 : 율법의 궁극적인 목적

형제들아 내가 법 아는 자들에게 말하노니 너희는 그 법이 사람이 살 동안만 그를 주관하는 줄 알지 못하느냐...(1-2)

그러므로 내 형제들아 너희도 그리스도의 몸으로 말미암아 율법에 대하여 죽임을 당하였으니 이는 다른 이 곧 죽은 자 가운데서 살아나신 이에게 가서 우리가 하나님을 위하여 열매를 맺게 하려 함이라...(4-6)

전에 율법을 깨닫지 못했을 때에는 내가 살았더니 계명이 이르매 죄는 살아나고 나는 죽었도다...(9-10)

이로 보건대 율법은 거룩하고 계명도 거룩하고 의로우며 선하도다...(12-13)

내가 원하는 바 선은 행하지 아니하고 도리어 원하지 아니하는 바 악을 행하는도다...(19-25)

• 예레미야 46장 : 애굽을 멸망시킨 목적

애굽에 관한 것이라 곧 유다의 요시야 왕의 아들 여호야김 넷째 해에 유브라데 강 가 갈그미스에서 바벨론의 느부갓네살 왕에게 패한 애굽의 왕 바로느고의 군대에 대한 말씀이라(2)

여호와의 말씀이니라 내가 본즉 그들이 놀라 물러가며 그들의 용사는 패하여 황급히 도망하며 뒤를 돌아보지 아니함은 어찜이냐 두려움이 그들의 사방에 있음이로다...(5-8)

바벨론의 느부갓네살 왕이 와서 애굽 땅을 칠 일에 대하여 선지자 예레미야에게 이르신 여호와의 말씀이라(13)

너희 장사들이 쓰러짐은 어찌함이냐 그들이 서지 못함은 여호와께서 그들을 몰아내신 까닭이니라(15)

그들이 그 곳에서 부르짖기를 애굽의 바로 왕이 망하였도다 그가 기회를 놓쳤도다...(17-20)

딸 애굽이 수치를 당하여 북쪽 백성의 손에 붙임을 당하리로다...(24-28)

• 시편 22편 : 하나님이 침묵하신 목적

내 하나님이여 내 하나님이여 어찌 나를 버리셨나이까 어찌 나를 멀리 하여 돕지 아니하시오며 내 신음 소리를 듣지 아니하시나이까 내 하나님이여 내가 낮에도 부르짖고 밤에도 잠잠하지 아니하오나 응답하지 아니하시나이다...(1-2)

나는 벌레요 사람이 아니라 사람의 비방거리요 백성의 조롱거리니이다...(6-8)

나를 멀리 하지 마옵소서 환난이 가까우나 도울 자 없나이다...(11-20)

여호와를 두려워하는 너희여 그를 찬송할지어다 야곱의 모든 자손이여 그에게 영광을 돌릴지어다 너희 이스라엘 모든 자손이여 그를 경외할지어다...(23-26)

나라는 여호와의 것이요 여호와는 모든 나라의 주재심이로다(28)

Ⅲ. 묵상을 위한 질문

1. 기스의 아들 사울은 사환과 함께 암나귀를 찾으러 갔다가 못 찾았을 때에 누구를 만나러 갔나요?(3~4,6,11~12,14)
2. 여호와는 사무엘에게 누구를 이스라엘의 지도자로 세우라고 하셨나요?(15~17)
3. 바울은 율법 아래 있는 자가 무엇을 깨닫게 된다고 했나요?(5,7~9)
4. 바울이 깨달은 한 법은 무엇이었나요?(19~23)
5. 예레미야는 애굽이 멸망하게 된 이유를 어떻게 예언했나요?(10,24~25)
6. 예레미야는 애굽이 멸망할 때 이스라엘에 대해서는 어떤 예언을 했나요?(27~28)
7. 다윗은 하나님께 어떤 구원의 기도를 드렸나요?(1~2,6~8,11~20)
8. 다윗은 모든 자들이 여호와를 찬송하고 예배해야 할 이유가 무엇이라고 했나요?(23~24,26~28)

Ⅳ. 기도

1. 주여, 어려운 일을 만났을 때 신앙의 지도자에게 묻는 겸손함을 주옵소서.
2. 주여, 내 속에 있는 죄의 법을 물리치고 하나님의 법을 따르게 하옵소서.
3. 주여, 울부짖음을 들으시고 모든 나라의 주재이신 하나님을 예배하게 하옵소서.

• 하나님 마음 알아가기 •

• 나에게 주시는 말씀(암송하기) •

• 오늘의 감사(기록하기) •

예고

Ⅰ. 맥체인성경의 통독구조<230>

코끼리 알기 : 한 면만을 볼 경우 단면의 한계로 온전히 이해하기 어렵다.

코, 뿔, 다리, 꼬리 알기 : 각각의 특징, 지체를 종합하여 볼 때 온전한 모습을 볼 수 있다. 그러므로 성경의 네 시대를 함께 봄으로써 전체를 보는 구조이다.

Ⅱ. 핵심구절 읽기

성경본문	사무엘상 10장	로마서 8장	예레미야 47장	시편 23~24편
통일주제	**예고** (豫告, 미리 알림)			
개별주제	사울이 기업 지도자 됨을 예고	예수 사랑이 절대적임을 예고	블레셋 사람이 유린 됨을 예고	목자 삼는 자가 축복 됨을 예고
연합내용	**성경은 왕과 선지자 그리고 사도와 제자가 하나님의 영을 받아 기록한 것이다. 그들은 앞으로 되어질 일과 변하지 않는 미래의 사실을 예고하였다. 그 예고는 오늘 우리에게도 적용된다.**			
핵심구절	1~6,8~10,16 19~24,26~27	1~4,6~7,9~11 14~17,21,23,26~28 32,34~35,37	1~2,4,7	23:1~6 24:1,3~5,7~8

• 사무엘상 10장 : 사울이 기업 지도자됨을 예고

이에 사무엘이 기름병을 가져다가 사울의 머리에 붓고 입맞추며 이르되 여호와께서 네게 기름을 부으사 그의 기업의 지도자로 삼지 아니하셨느냐...(1-6)

너는 나보다 앞서 길갈로 내려가라 내가 네게로 내려가서 번제와 화목제를 드리리니 내가 네게 가서 네가 행할 것을 가르칠 때까지 칠 일 동안 기다리라...(8-10)

사울이 그의 숙부에게 말하되 그가 암나귀들을 찾았다고 우리에게 분명히 말하더이다 하고 사무엘이 말하던 나라의 일은 말하지 아니하니라(16)

너희는 너희를 모든 재난과 고통 중에서 친히 구원하여 내신 너희의 하나님을 오늘 버리고 이르기를 우리 위에 왕을 세우라 하는도다 그런즉 이제 너희의 지파대로 천 명씩 여호와 앞에 나아오라 하고...(19-24)

사울도 기브아 자기 집으로 갈 때에 마음이 하나님께 감동된 유력한 자들과 함께 갔느니라...(26-27)

• **로마서 8장 : 예수 사랑이 절대적임을 예고**

그러므로 이제 그리스도 예수 안에 있는 자에게는 결코 정죄함이 없나니...(1-4)

육신의 생각은 사망이요 영의 생각은 생명과 평안이니라...(6-7)

만일 너희 속에 하나님의 영이 거하시면 너희가 육신에 있지 아니하고 영에 있나니 누구든지 그리스도의 영이 없으면 그리스도의 사람이 아니라...(9-11)

무릇 하나님의 영으로 인도함을 받는 사람은 곧 하나님의 아들이라...(14-17)

그 바라는 것은 피조물도 썩어짐의 종 노릇 한 데서 해방되어 하나님의 자녀들의 영광의 자유에 이르는 것이니라(21)

그뿐 아니라 또한 우리 곧 성령의 처음 익은 열매를 받은 우리까지도 속으로 탄식하여 양자 될 것 곧 우리 몸의 속량을 기다리느니라(23)

이와 같이 성령도 우리의 연약함을 도우시나니 우리는 마땅히 기도할 바를 알지 못하나 오직 성령이 말할 수 없는 탄식으로 우리를 위하여 친히 간구하시느니라...(26-28)

자기 아들을 아끼지 아니하시고 우리 모든 사람을 위하여 내주신 이가 어찌 그 아들과 함께 모든 것을 우리에게 주시지 아니하겠느냐(32)

누가 정죄하리요 죽으실 뿐 아니라 다시 살아나신 이는 그리스도 예수시니 그는 하나님 우편에 계신 자요 우리를 위하여 간구하시는 자시니라...(34-35)

그러나 이 모든 일에 우리를 사랑하시는 이로 말미암아 우리가 넉넉히 이기느니라(37)

• **예레미야 47장 : 블레셋 사람이 유린됨을 예고**

바로가 가사를 치기 전에 블레셋 사람에 대하여 선지자 예레미야에게 임한 여호와의 말씀이라...(1-2)

이는 블레셋 사람을 유린하시며 두로와 시돈에 남아 있는 바 도와 줄 자를 다 끊어 버리시는 날이 올 것임이라 여호와께서 갑돌 섬에 남아 있는 블레셋 사람을 유린하시리라(4)

여호와께서 이를 명령하셨은즉 어떻게 잠잠하며 쉬겠느냐 아스글론과 해변을 치려 하여 그가 정하셨느니라 하니라(7)

• **시편 23-24편 : 목자 삼는 자가 축복됨을 예고**

여호와는 나의 목자시니 내게 부족함이 없으리로다...(23:1-6)

땅과 거기에 충만한 것과 세계와 그 가운데에 사는 자들은 다 여호와의 것이로다(24:1)

여호와의 산에 오를 자가 누구며 그의 거룩한 곳에 설 자가 누구인가...(24:3-5)

문들아 너희 머리를 들지어다 영원한 문들아 들릴지어다 영광의 왕이 들어가시리로다...(24:7-8)

Ⅲ. 묵상을 위한 질문

1. 사울에게 여호와의 영이 임한 때는 언제일까요?(5~6,10)
2. 사울이 이스라엘의 지도자로 기름부음을 받자 어떤 반응이 있었나요?(1,24,27)
3. 그리스도의 사람은 어떤 영을 받았나요?(9,11,14~15)
4. 항상 우리를 위하여 간구하시는 분은 누구실까요?(26~27,34)
5. 예레미야가 블레셋 사람의 유린에 대한 여호와의 말씀을 언제 들었나요?(1)
6. 블레셋이 받는 유린은 어느 정도로 잔혹할까요?(2,4,7)
7. 다윗은 여호와 하나님이 목자가 되시면 어떤 은혜가 있다고 했나요?(23:1~6)
8. 다윗은 여호와의 산에 오를 자가 어떤 자라고 했나요?(24:3~5)

Ⅳ. 기도

1. 주여, 사명을 받은 우리가 은혜로운 자와 함께함으로 성령을 받게 하옵소서.
2. 주여, 우리를 위하여 친히 간구하시는 성령과 주 예수를 깊이 믿게 하옵소서.
3. 주여, 하나님을 온전히 섬기고 순종함으로 유린을 당하는 일이 없게 하옵소서.

• 하나님 마음 알아가기 •

• 나에게 주시는 말씀(암송하기) •

• 오늘의 감사(기록하기) •

231 일차 / 365 수치 8월 19일

Ⅰ. 맥체인성경의 통독구조<231>

구약과 신약이 짝을 이루어 흥미롭고 풍성하게 읽을 수 있는 구조다.

구약과 신약이 대조를 이루어 의미의 다채로움을 경험하며 읽을 수 있는 구조다.

Ⅱ. 핵심구절 읽기

성경본문	사무엘상 11장	로마서 9장	예레미야 48장	시편 25편
통일주제	**수치** (羞恥, 창피하고 부끄러움)			
개별주제	오만했던 암몬사람 나하스가 수치를 당함	율법을 좇는 이스라엘 사람이 수치를 당함	그모스를 좇는 교만한 모압이 수치를 당함	여호와께 피하지 않는 자가 수치를 당함
연합내용	**성경은 수치에 대해 여러 종류를 언급한다. 일시적 수치와 영원한 수치, 육체적 수치와 영적 수치, 개인적 수치와 국가적 수치 등이다. 믿는 자는 말씀 안에서 살아감으로 아버지의 영광에 이르러야 한다.**			
핵심구절	1~4,6~7,9~11 13~15	1~5,8,11~13 15~16,18,22~24 30~32	1~4,7~8,10 12~16,20,26,29 33,35,37~38,42	2~3,7,10~12,14 16~18,20~21

• 사무엘상 11장 : 오만했던 암몬사람 나하스가 수치를 당함

암몬 사람 나하스가 올라와서 길르앗 야베스에 맞서 진 치매 야베스 모든 사람들이 나하스에게 이르되 우리와 언약하자 그리하면 우리가 너를 섬기리라 하니...(1-4)

사울이 이 말을 들을 때에 하나님의 영에게 크게 감동되매 그의 노가 크게 일어나...(6-7)

무리가 와 있는 전령들에게 이르되 너희는 길르앗 야베스 사람에게 이같이 이르기를 내일 해가 더울 때에 너희가 구원을 받으리라 하라 전령들이 돌아가서 야베스 사람들에게 전하매 그들이 기뻐하니라...(9-11)

사울이 이르되 이 날에는 사람을 죽이지 못하리니 여호와께서 오늘 이스라엘 중에 구원을 베푸셨음이니라...(13-15)

• 로마서 9장 : 율법을 좇는 이스라엘 사람이 수치를 당함

내가 그리스도 안에서 참말을 하고 거짓말을 아니하노라 나에게 큰 근심이 있는 것과 마음에 그치지 않는 고통이 있는 것을 내 양심이 성령 안에서 나와 더불어 증언하노니...(1-5)

곧 육신의 자녀가 하나님의 자녀가 아니요 오직 약속의 자녀가 씨로 여기심을 받느니라(8)

그 자식들이 아직 나지도 아니하고 무슨 선이나 악을 행하지 아니한 때에 택하심을 따라 되는 하나님의 뜻이 행위로 말미암지 않고 오직 부르시는 이로 말미암아 서게 하려 하사...(11-13)

그런즉 하나님께서 하고자 하시는 자를 긍휼히 여기시고 하고자 하시는 자를 완악하게 하시느니라(18)

만일 하나님이 그의 진노를 보이시고 그의 능력을 알게 하고자 하사 멸하기로 준비된 진노의 그릇을 오래 참으심으로 관용하시고...(22-24)

그런즉 우리가 무슨 말을 하리요 의를 따르지 아니한 이방인들이 의를 얻었으니 곧 믿음에서 난 의요...(30-32)

• 예레미야 48장 : 그모스를 좇는 교만한 모압이 수치를 당함

모압에 관한 것이라 만군의 여호와 이스라엘의 하나님께서 이와 같이 말씀하시되 오호라 느보여 그가 유린 당하였도다 기랴다임이 수치를 당하여 점령되었고 미스갑이 수치를 당하여 파괴되었으니...(1-4)

여호와의 일을 게을리 하는 자는 저주를 받을 것이요 자기 칼을 금하여 피를 흘리지 아니하는 자도 저주를 받을 것이로다(10)

모압이 패하여 수치를 받나니 너희는 울면서 부르짖으며 아르논 가에서 이르기를 모압이 황폐하였다 할지어다(20)

모압으로 취하게 할지어다 이는 그가 여호와에 대하여 교만함이라 그가 그 토한 것에서 뒹굴므로 조롱거리가 되리로다(26)

기쁨과 환희가 옥토와 모압 땅에서 빼앗겼도다 내가 포도주 틀에 포도주가 끊어지게 하리니 외치며 밟는 자가 없을 것이라 그 외침은 즐거운 외침이 되지 못하리로다(33)

모압이 여호와를 거슬러 자만하였으므로 멸망하고 다시 나라를 이루지 못하리로다(42)

• 시편 25편 : 여호와께 피하지 않는 자가 수치를 당함

나의 하나님이여 내가 주께 의지하였사오니 나를 부끄럽지 않게 하시고 나의 원수들이 나를 이겨 개가를 부르지 못하게 하소서...(2-3)

여호와여 내 젊은 시절의 죄와 허물을 기억하지 마시고 주의 인자하심을 따라 주께서 나를 기억하시되 주의 선하심으로 하옵소서(7)

여호와의 친밀하심이 그를 경외하는 자들에게 있음이여 그의 언약을 그들에게 보이시리로다(14)

주여 나는 외롭고 괴로우니 내게 돌이키사 나에게 은혜를 베푸소서...(16-18)

내 영혼을 지켜 나를 구원하소서 내가 주께 피하오니 수치를 당하지 않게 하소서...(20-21)

Ⅲ. 묵상을 위한 질문

1. 암몬 사람 나하스는 길르앗 야베스를 향해 어떤 오만을 보였나요?(1~2)
2. 아하스의 오만을 응징한 사울의 행동을 어떤 결과로 이어졌나요?(6~8,11~15)
3. 바울은 골육의 친척의 구원이 누구의 주권에 달려있다고 말했나요?(1~3,11,16,18)
4. 바울은 하나님의 주권 하에서 유대인이 구원을 얻지 못하고 이방인이 구원을 얻은 것은 무엇 때문이라고 말했나요?(20~24,30~32)
5. 모압이 멸망하게 된 가장 큰 이유는 무엇이었나요?(7,26,29,35,42,46)
6. 여호와 하나님은 예레미야를 통해 마지막에 모압에게 어떤 소망을 주셨나요?(47)
7. 다윗이 여호와 하나님께 작심한 것은 무엇이었나요?(2,5,15,21)
8. 다윗이 여호와 하나님께 회개하고 간구한 것은 무엇이었나요?(7,11,16~18)

Ⅳ. 기도

1. 주여, 교만의 유혹에 빠지지 않게 하시고 겸손함으로 은혜를 입게 하옵소서.
2. 주여, 가족과 친척 그리고 이웃의 구원을 위해 바울의 심정을 닮게 하옵소서.
3. 주여, 다윗처럼 죄와 허물에 민감하게 하시고 하나님만 바라보게 하옵소서.

• 하나님 마음 알아가기 •

• 나에게 주시는 말씀(암송하기) •

• 오늘의 감사(기록하기) •

232 일차 / 365 참 길 8월 20일

Ⅰ. 맥체인성경의 통독구조<232>

전혀 다른 역사 속에서 믿는 자에게 발생했던 많은 문제들을 현재라는 시점에서 종합하여 묵상하고 현재의 문제를 창조적으로 해결해 가도록 돕는 구조이다.

Ⅱ. 핵심구절 읽기

성경본문	사무엘상 12장	로마서 10장	예레미야 49장	시편 26~27편
통일주제	**참 길** (하나님이 자기 백성에게 가르쳐 주신 구원의 길)			
개별주제	사무엘이 이스라엘에게 가르쳐 준 참 길	바울이 이스라엘에게 가르쳐 준 참 길	예레미야가 암몬, 에돔, 엘람에게 전한 참 길	다윗이 경험하고 고백한 신앙적인 참 길
연합내용	**하나님은 자신의 형상을 따라 지음을 받은 사람에게 창세로부터 지금까지 참 길을 가르쳐 주셨다. 하지만 인간은 불순종의 길을 간다. 이에 하나님은 참 길을 걸어가는 자들을 통해 교훈하시고 다시 구원하신다.**			
핵심구절	3~4,7~15,17~19 21~24	1~4,8~10,13~15 17,21	2~5,8~10,13 17~18,20,24 26~30,33,35~37	26:3~8,12 27:1,3~6,9,13

• 사무엘상 12장 : 사무엘이 이스라엘에게 가르쳐 준 참 길

내가 여기 있나니 여호와 앞과 그의 기름 부음을 받은 자 앞에서 내게 대하여 증언하라 내가 누구의 소를 빼앗았느냐 누구의 나귀를 빼앗았느냐 누구를 속였느냐 누구를 압제하였느냐 내 눈을 흐리게 하는 뇌물을 누구의 손에서 받았느냐 그리하였으면 내가 그것을...(3-4)

그런즉 가만히 서 있으라 여호와께서 너희와 너희 조상들에게 행하신 모든 공의로운 일에 대하여 내가 여호와 앞에서 너희와 담론하리라...(7-15)

오늘은 밀 베는 때가 아니냐 내가 여호와께 아뢰리니 여호와께서 우레와 비를 보내사 너희가 왕을 구한 일 곧 여호와의 목전에서 범한 죄악이 큼을 너희에게 밝히 알게 하시리라...(17-19)

돌아서서 유익하게도 못하며 구원하지도 못하는 헛된 것을 따르지 말라 그들은 헛되니라...(21-24)

• 로마서 10장 : 바울이 이스라엘에게 가르쳐 준 참 길

형제들아 내 마음에 원하는 바와 하나님께 구하는 바는 이스라엘을 위함이니 곧 그들로 구원

을 받게 함이라...(1-4)

그러면 무엇을 말하느냐 말씀이 네게 가까워 네 입에 있으며 네 마음에 있다 하였으니 곧 우리가 전파하는 믿음의 말씀이라...(8-10)

누구든지 주의 이름을 부르는 자는 구원을 받으리라 ...(13-15)

그러므로 믿음은 들음에서 나며 들음은 그리스도의 말씀으로 말미암았느니라(17)

이스라엘에 대하여 이르되 순종하지 아니하고 거슬러 말하는 백성에게 내가 종일 내 손을 벌렸노라 하였느니라(21)

• 예레미야 49장 : 예레미야가 암몬, 에돔, 엘람에게 전한 참 길

여호와의 말씀이니라 그러므로 보라 날이 이르리니 내가 전쟁 소리로 암몬 자손의 랍바에 들리게 할 것이라 랍바는 폐허더미 언덕이 되겠고 그 마을들은 불에 탈 것이며 그 때에 이스라엘은 자기를 점령하였던 자를 점령하리라 여호와의 말씀이니라...(2-5)

여호와의 말씀이니라 내가 나를 두고 맹세하노니 보스라가 놀램과 치욕거리와 황폐함과 저줏거리가 될 것이요 그 모든 성읍이 영원히 황폐하리라 하시니라(13)

그런즉 에돔에 대한 여호와의 의도와 데만 주민에 대하여 결심하신 여호와의 계획을 들으라 양 떼의 어린 것들을 그들이 반드시 끌고 다니며 괴롭히고 그 처소로 황폐하게 하지 않으랴(20)

하솔은 큰 뱀의 거처가 되어 영원히 황폐하리니 거기 사는 사람이나 그 가운데에 머물러 사는 사람이 아무도 없게 되리라 하시니라(33)

만군의 여호와가 이같이 말하노라 보라 내가 엘람의 힘의 으뜸가는 활을 꺾을 것이요...(35-37)

• 시편 26-27편 : 다윗이 경험하고 고백한 신앙적인 참 길

주의 인자하심이 내 목전에 있나이다 내가 주의 진리 중에 행하여...(26:3-8)

내 발이 평탄한 데에 섰사오니 무리 가운데에서 여호와를 송축하리이다(26:12)

여호와는 나의 빛이요 나의 구원이시니 내가 누구를 두려워하리요 여호와는 내 생명의 능력이시니 내가 누구를 무서워하리요(27:1)

주의 얼굴을 내게서 숨기지 마시고 주의 종을 노하여 버리지 마소서 주는 나의 도움이 되셨나이다 나의 구원의 하나님이시여 나를 버리지 마시고 떠나지 마소서(27:9)

내가 산 자들의 땅에서 여호와의 선하심을 보게 될 줄 확실히 믿었도다(27:13)

Ⅲ. 묵상을 위한 질문

1. 사무엘은 이스라엘에게 자신의 어떤 삶을 증언하게 했나요?(3~5)
2. 사무엘이 이스라엘에게 너희를 위하여 기도 쉬는 죄를 범하지 않겠다고 약속하면서 그들에게 무엇을 부탁했나요?(13~14,19~20,22~24)
3. 바울은 이스라엘이 구원받지 못할 어떤 잘못을 행한다고 말했나요?(2~3)
4. 바울은 이스라엘이 구원받기를 간절히 원하여 어떤 참 길을 가르쳐 주었나요?(4,8~10,13,17)
5. 선지자 예레미야는 어떤 나라들의 심판을 예언했나요?(2~3,8~10,20,24~27,36)
6. 예레미야가 마지막에는 심판받을 나라들에게 어떤 희망을 예언했나요?(6,11,39)
7. 다윗은 여호와를 의지하면서 어떤 참 길을 걸어갔나요?(26:1,3~8,12)
8. 다윗은 간절히 기도하며 주를 의지할 때 자신에게 어떤 은혜가 임할 것이라고 확신하며 고백했나요?(27:5~7,9,11~13)

Ⅳ. 기도

1. 주여, 평생에 정직하게 하시고 맡은 양떼를 향해 기도를 쉬지 않게 하옵소서.
2. 주여, 그릇된 지식을 따르지 말게 하시고 자기 의를 세우지 않게 하옵소서.
3. 주여, 어떤 상황 속에서도 여호와를 의지하며 참 길을 걸어가게 하옵소서.

• 하나님 마음 알아가기 •

• 나에게 주시는 말씀(암송하기) •

• 오늘의 감사(기록하기) •

233 일차 / 365 주권 8월 21일

Ⅰ. 맥체인성경의 통독구조<233>

편하게 읽을 것인가, 유익하게 읽을 것인가? 편하게 읽는다는 것은 생각을 단순화 시키는 것과 같다. 반면 유익하게 읽으려면 사고를 동원해야 한다.

Ⅱ. 핵심구절 읽기

성경본문	사무엘상 13장	로마서 11장	예레미야 50장	시편 28~29편
통일주제	**주권** (主權, 하나님이 통치하시는 절대적인 권세)			
개별주제	사무엘에게 주어진 제사 집례의 주권	여호와 하나님께 있는 영혼 구원의 주권	교만한 바벨론을 심판하시는 주권	의인과 악인을 보시고 다스리시는 주권
연합내용	**창조주 하나님은 만물을 주관하시는 주권을 갖고 계신다. 그 주권으로 만물과 인생을 구원하시며 심판하신다. 그 주권은 선지자들과 제자들에게 일시적으로 주어졌으며 예수 그리스도에게 영원히 이양되었다.**			
핵심구절	1~2,4,6~15 22~23	1,4~5,11~14 17~21,23~25 29~33,36	2~5,9~10,13~15 18~20,23,25~27 29,31~32,35,38	28:2~7 29:3~9

• 사무엘상 13장 : 사무엘에게 주어진 제사 집례의 주권

사울이 왕이 될 때에 사십 세라 그가 이스라엘을 다스린 지 이 년에...(1-2)

온 이스라엘이 사울이 블레셋 사람들의 수비대를 친 것과 이스라엘이 블레셋 사람들의 미움을 받게 되었다 함을 듣고 그 백성이 길갈로 모여 사울을 따르니라(4)

이스라엘 사람들이 위급함을 보고 절박하여 굴과 수풀과 바위 틈과 은밀한 곳과 웅덩이에 숨으며...(6-15)

싸우는 날에 사울과 요나단과 함께 한 백성의 손에는 칼이나 창이 없고 오직 사울과 그의 아들 요나단에게만 있었더라...(22-23)

• 로마서 11장 : 여호와 하나님께 있는 영혼 구원의 주권

그러므로 내가 말하노니 하나님이 자기 백성을 버리셨느냐 그럴 수 없느니라 나도 이스라엘인이요 아브라함의 씨에서 난 자요 베냐민 지파라(1)

그에게 하신 대답이 무엇이냐 내가 나를 위하여 바알에게 무릎을 꿇지 아니한 사람 칠천 명을 남겨 두었다 하셨으니...(4-5)

또한 가지 얼마가 꺾이었는데 돌감람나무인 네가 그들 중에 접붙임이 되어 참감람나무 뿌리의 진액을 함께 받는 자가 되었은즉...(17-21)

하나님의 은사와 부르심에는 후회하심이 없느니라...(29-33)

이는 만물이 주에게서 나오고 주로 말미암고 주에게로 돌아감이라 그에게 영광이 세세에 있을지어다 아멘(36)

• 예레미야 50장 : 교만한 바벨론을 심판하시는 주권

너희는 나라들 가운데에 전파하라 공포하라 깃발을 세우라 숨김이 없이 공포하여 이르라 바벨론이 함락되고 벨이 수치를 당하며 므로닥이 부스러지며 그 신상들은 수치를 당하며 우상들은 부스러진다 하라...(2-5)

보라 내가 큰 민족의 무리를 북쪽에서 올라오게 하여 바벨론을 대항하게 하리니 그들이 대열을 벌이고 쳐서 정복할 것이라 그들의 화살은 노련한 용사의 화살 같아서 허공을 치지 아니하리라...(9-10)

여호와의 진노로 말미암아 주민이 없어 완전히 황무지가 될 것이라 바벨론을 지나가는 자마다 그 모든 재난에 놀라며 탄식하리로다...(13-15)

그러므로 만군의 여호와 이스라엘의 하나님이 이와 같이 말하노라 보라 내가 앗수르의 왕을 벌한 것 같이 바벨론의 왕과 그 땅을 벌하고...(18-20)

온 세계의 망치가 어찌 그리 꺾여 부서졌는고 바벨론이 어찌 그리 나라들 가운데에 황무지가 되었는고(23)

여호와께서 그의 병기창을 열고 분노의 무기를 꺼냄은 주 만군의 여호와께서 갈대아 사람의 땅에 행할 일이 있음이라...(25-27)

활 쏘는 자를 바벨론에 소집하라 활을 당기는 자여 그 사면으로 진을 쳐서 피하는 자가 없게 하라 그가 일한 대로 갚고 그가 행한 대로 그에게 갚으라 그가 이스라엘의 거룩한 자 여호와를 향하여 교만하였음이라(29)

주 만군의 여호와의 말씀이니라 교만한 자여 보라 내가 너를 대적하나니 너의 날 곧 내가 너를 벌할 때가 이르렀음이라...(31-32)

여호와의 말씀이니라 칼이 갈대아인의 위에와 바벨론 주민의 위에와 그 고관들과 지혜로운 자의 위에 떨어지리라(35)

• 시편 28-29편 : 의인과 악인을 보시고 다스리시는 주권

내가 주의 지성소를 향하여 나의 손을 들고 주께 부르짖을 때에 나의 간구하는 소리를 들으소서...(28:2-7)

여호와의 소리가 물 위에 있도다 영광의 하나님이 우렛소리를 내시니 여호와는 많은 물 위에 계시도다...(29:3-9)

Ⅲ. 묵상을 위한 질문

1. 사울은 블레셋과 전쟁하기 전에 사무엘이 해야 할 어떤 일을 대신했나요?(8~13)
2. 블레셋과 전쟁을 해야 할 이스라엘은 당시 무엇과 무엇이 없었나요?(19~22)
3. 바울은 로마인에게 누구의 구원이 확실하다고 거듭 강조했나요?(1,5,11)
4. 바울은 선민 이스라엘과 로마 이방인을 무엇에 비유하여 설명했나요?(17,23~24)
5. 바벨론이 북방 세력으로 인하여 함락될 때 이스라엘 자손에게는 어떤 역사가 일어날까요?(3~5,9~10,18~20,41)
6. 선지자 예레미야는 바벨론의 멸망 원인을 무엇이라고 말했나요?(14,29,31~32)
7. 다윗은 악인의 특징을 어떻게 정의했나요?(28:3~5)
8. 다윗은 영광의 하나님 여호와의 소리를 어떻게 고백했나요?(29:3~9)

Ⅳ. 기도

1. 주여, 급해도 선을 넘지 않게 하시고 주어진 일에 최선을 다하게 하옵소서.
2. 주여, 가족과 친척, 이웃과 민족이 반드시 구원받을 것을 확신하게 하옵소서.
3. 주여, 멸망의 원인이 되는 교만과 자랑을 버리게 하시고 주만 보게 하옵소서.

• 하나님 마음 알아가기 •

• 나에게 주시는 말씀(암송하기) •

• 오늘의 감사(기록하기) •

234 일차 / 365 합력 8월 22일

Ⅰ. 맥체인성경의 통독구조<234>

익숙하게 읽을 것인가, 새롭게 읽을 것인가?

습관적으로, 전통적으로 읽으면 익숙하게 읽을 수는 있다. 하지만 새롭게 읽으려면 지도와 도움이 필요하다. 맥체인성경통독은 약간의 훈련이 필요한 구조다.

Ⅱ. 핵심구절 읽기

성경본문	사무엘상 14장	로마서 12장	예레미야 51장	시편 30편
통일주제	**합력** (合力, 흩어진 힘을 한 곳으로 모음)			
개별주제	전쟁에 나갈 때 사울과 무기를 든 자가 합력	한 몸을 이룬 각 지체가 다른 기능으로 합력	멸망예언에 대해 예레미야와 스라야가 합력	어떤 상황 속에서도 여호와가 다윗에게 합력
연합내용	**세상은 공중권세 잡은 자에 의해 유혹과 죄가 넘쳐난다. 그러므로 하나님은 믿는 자가 먼저 하나님 자신과 합력하고 더 나아가 성도 상호 간에 합력하여 승리하길 간절히 소망하신다.**			
핵심구절	1,3,6~7,11~13 15,18~27,29~30 32~35,37,39 43~45,47~48	1~2,4~8,11~12 14~15,18~21	1~2,7,10~11,13 17~19,28~29 33~36,43,47~48 53,58~64	1~5,8,10~12

• 사무엘상 14장 : 전쟁에 나갈 때 사울과 무기를 든 자가 합력

하루는 사울의 아들 요나단이 자기의 무기를 든 소년에게 이르되 우리가 건너편 블레셋 사람들의 부대로 건너가자 하고 그의 아버지에게는 아뢰지 아니하였더라(1)

아히야는 에봇을 입고 거기 있었으니 그는 이가봇의 형제 아히둡의 아들이요 비느하스의 손자요 실로에서 여호와의 제사장이 되었던 엘리의 증손이었더라 백성은 요나단이 간 줄을 알지 못하니라(3)

둘이 다 블레셋 사람들에게 보이매 블레셋 사람이 이르되 보라 히브리 사람이 그들이 숨었던 구멍에서 나온다 하고...(11-13)

들에 있는 진영과 모든 백성들이 공포에 떨었고 부대와 노략꾼들도 떨었으며 땅도 진동하였으니 이는 큰 떨림이었더라(15)

요나단이 이르되 내 아버지께서 이 땅을 곤란하게 하셨도다 보라 내가 이 꿀 조금을 맛보고도 내 눈이 이렇게 밝아졌거든...(29-30)

사울이 하나님께 묻자오되 내가 블레셋 사람들을 추격하리이까 주께서 그들을 이스라엘의 손에 넘기시겠나이까 하되 그 날에 대답하지 아니하시는지라(37)

사울이 이스라엘 왕위에 오른 후에 사방에 있는 모든 대적 곧 모압과 암몬 자손과 에돔과 소바의 왕들과 블레셋 사람들을 쳤는데 향하는 곳마다 이겼고...(47-48)

• 로마서 12장 : 한 몸을 이룬 각 지체가 다른 기능으로 합력

그러므로 형제들아 내가 하나님의 모든 자비하심으로 너희를 권하노니 너희 몸을 하나님이 기뻐하시는 거룩한 산 제물로 드리라 이는 너희가 드릴 영적 예배니라...(1-2)

우리가 한 몸에 많은 지체를 가졌으나 모든 지체가 같은 기능을 가진 것이 아니니...(4-8)

부지런하여 게으르지 말고 열심을 품고 주를 섬기라...(11-12)

할 수 있거든 너희로서는 모든 사람과 더불어 화목하라...(18-21)

• 예레미야 51장 : 멸망예언에 대해 예레미야와 스라야가 합력

여호와께서 이와 같이 말씀하시되 보라 내가 멸망시키는 자의 심령을 부추겨 바벨론을 치고 또 나를 대적하는 자 중에 있는 자를 치되...(1-2)

바벨론은 여호와의 손에 잡혀 있어 온 세계가 취하게 하는 금잔이라 뭇 민족이 그 포도주를 마심으로 미쳤도다(7)

많은 물 가에 살면서 재물이 많은 자여 네 재물의 한계 곧 네 끝이 왔도다...(13)

뭇 백성 곧 메대 사람의 왕들과 그 도백들과 그 모든 태수와 그 관할하는 모든 땅을 준비시켜 그를 치게 하라...(28-29)

그 성읍들은 황폐하여 마른 땅과 사막과 사람이 살지 않는 땅이 되었으니 그리로 지나가는 사람이 없도다(43)

가령 바벨론이 하늘까지 솟아오른다 하자 높은 곳에 있는 피난처를 요새로 삼더라도 멸망시킬 자가 내게로부터 그들에게 임하리라 여호와의 말씀이니라(53)

• 시편 30편 : 어떤 상황 속에서도 여호와가 다윗에게 합력

여호와여 내가 주를 높일 것은 주께서 나를 끌어내사 내 원수로 하여금 나로 말미암아 기뻐하지 못하게 하심이니이다...(1-5)

여호와여 내가 주께 부르짖고 여호와께 간구하기를(8)

여호와여 들으시고 내게 은혜를 베푸소서 여호와여 나를 돕는 자가 되소서 하였나이다...(10-12)

Ⅲ. 묵상을 위한 질문

1. 사울의 아들 요나단과 무기를 든 자는 어떤 용맹함을 보였나요?(6~7,12~14)
2. 사울의 저주 맹세 내용을 몰랐던 요나단이 맹세 내용을 어김으로 죽게 되었을 때 누가 그를 살렸나요?(24,27,37~39,41~45)
3. 바울은 로마에 있는 그리스도인들에게 어떤 영적인 권면을 했나요?(1~2)
4. 바울은 기능을 가진 각 지체가 어떤 생활을 해야 한다고 말했나요?(4~18,20)
5. 여호와 하나님은 어떤 나라를 통해 바벨론을 멸하신다고 하셨나요?(11,28)
6. 예레미야는 바벨론이 확실히 멸망할 것을 기록한 후 누구에게 가서 읽으라고 했으며 또 읽은 후에는 어떻게 처리하라고 했나요?(59~64)
7. 다윗은 자신이 힘든 상황에 처해 있을 때 주님이 어떻게 하셨다고 했나요?(1~3)
8. 다윗은 하나님이 함께 합력하여 주지 않으시면 어떻게 된다고 말했나요?(7,9~10)

Ⅳ. 기도

1. 주여, 어려운 상황이 됐을 때 담대히 나가 문제를 해결하는 자가 되게 하옵소서.
2. 주여, 마음을 새롭게 하여 주의 기뻐하시고 온전하신 뜻을 분별하게 하옵소서.
3. 주여, 합력의 하나님을 늘 찬송하며 거룩하심을 기억하고 감사하게 하옵소서.

• 하나님 마음 알아가기 •

• 나에게 주시는 말씀(암송하기) •

• 오늘의 감사(기록하기) •

행함

Ⅰ. 맥체인성경의 통독구조<235>

영혼의 양식 먹기 : 하나님의 말씀을 먹는 방법은 매우 다양하다.
듣기, 읽기, 공부하기, 암송하기, 묵상하기, 적용하기 등이다.

Ⅱ. 핵심구절 읽기

성경본문	사무엘상 15장	로마서 13장	예레미야 52장	시편 31편
통일주제	**행함** (行함, 믿음과 말씀과 정의와 진실은 행할 때 온전해 짐)			
개별주제	사울이 주의 명령을 그릇 행함으로 버림받음	구원의 때에 그리스도인이 단정히 행함	시드기야가 여호와 보시기에 악을 행함	다윗이 어려운 때에도 기도와 찬송을 행함
연합내용	**창조주이신 하나님의 명령과 계명은 절대적이다. 그리스도인은 고난과 어려움 속에서도 마땅히 하나님의 명령과 계명을 행해야 한다. 그 때 비로소 열매를 맺고 하나님은 영광을 받으신다.**			
핵심구절	2~3,7~9,11~15 18~19,22~23 26,35	1~2,5~6,8~10 12~14	2~3,7~8,10~11 13~16,17~19	1,7~9,14~17 21,23~24

• 사무엘상 15장 : 사울이 주의 명령을 그릇 행함으로 버림받음

만군의 여호와께서 이같이 말씀하시기를 아말렉이 이스라엘에게 행한 일 곧 애굽에서 나올 때에 길에서 대적한 일로 내가 그들을 벌하노니...(2-3)

내가 사울을 왕으로 세운 것을 후회하노니 그가 돌이켜서 나를 따르지 아니하며 내 명령을 행하지 아니하였음이니라 하신지라 사무엘이 근심하여 온 밤을 여호와께 부르짖으니라...(11-15)

또 여호와께서 왕을 길로 보내시며 이르시기를 가서 죄인 아말렉 사람을 진멸하되 다 없어지기까지 치라 하셨거늘...(18-19)

사무엘이 사울에게 이르되 나는 왕과 함께 돌아가지 아니하리니 이는 왕이 여호와의 말씀을 버렸으므로 여호와께서 왕을 버려 이스라엘 왕이 되지 못하게 하셨음이니이다 하고(26)

사무엘이 죽는 날까지 사울을 다시 가서 보지 아니하였으니 이는 그가 사울을 위하여 슬퍼함이었고 여호와께서는 사울을 이스라엘 왕으로 삼으신 것을 후회하셨더라(35)

• 로마서 13장 : 구원의 때에 그리스도인이 단정히 행함

각 사람은 위에 있는 권세들에게 복종하라 권세는 하나님으로부터 나지 않음이 없나니 모든 권세는 다 하나님께서 정하신 바라...(1-2)

그러므로 복종하지 아니할 수 없으니 진노 때문에 할 것이 아니라 양심을 따라 할 것이라...(5-6)

피차 사랑의 빚 외에는 아무에게든지 아무 빚도 지지 말라 남을 사랑하는 자는 율법을 다 이루었느니라...(8-10)

밤이 깊고 낮이 가까웠으니 그러므로 우리가 어둠의 일을 벗고 빛의 갑옷을 입자...(12-14)

• 예레미야 52장 : 시드기야가 여호와 보시기에 악을 행함

그가 여호야김의 모든 행위를 본받아 여호와 보시기에 악을 행한지라...(2-3)

그 성벽이 파괴되매 모든 군사가 밤중에 그 성에서 나가 두 성벽 사이 왕의 동산 곁문 길로 도망하여 갈대아인들이 그 성읍을 에워쌌으므로 그들이 아라바 길로 가더니...(7-8)

바벨론 왕이 시드기야의 아들들을 그의 눈 앞에서 죽이고 또 리블라에서 유다의 모든 고관을 죽이며...(10-11)

여호와의 성전과 왕궁을 불사르고 예루살렘의 모든 집과 고관들의 집까지 불살랐으며...(13-16)

갈대아 사람은 또 여호와의 성전의 두 놋기둥과 받침들과 여호와의 성전의 놋대야를 깨뜨려 그 놋을 바벨론으로 가져갔고...(17-19)

• 시편 31편 : 다윗이 어려운 때에도 기도와 찬송을 행함

여호와여 내가 주께 피하오니 나를 영원히 부끄럽게 하지 마시고 주의 공의로 나를 건지소서(1)

내가 주의 인자하심을 기뻐하며 즐거워할 것은 주께서 나의 고난을 보시고 환난 중에 있는 내 영혼을 아셨으며...(7-9)

여호와여 그러하여도 나는 주께 의지하고 말하기를 주는 내 하나님이시라 하였나이다...(14-17)

여호와를 찬송할지어다 견고한 성에서 그의 놀라운 사랑을 내게 보이셨음이로다(21)

너희 모든 성도들아 여호와를 사랑하라 여호와께서 진실한 자를 보호하시고 교만하게 행하는 자에게 엄중히 갚으시느니라...(23-24)

Ⅲ. 묵상을 위한 질문

1. 하나님께서 사무엘을 통해 사울에게 말씀하신 명령은 무엇이었나요?(2~3)

2. 하나님께서 사울을 왕으로 세운 것을 후회하신 이유는 무엇이었나요?(11~12,15,18~19)

3. 위에 있는 권세들에게 복종해야 하는 이유는 무엇일까요?(1~2)

4. 구원의 때가 가까워졌을 때 해야 할 행동은 무엇일까요?(12~14)

5. 하나님께서 예루살렘과 유다에게 진노하신 이유는 무엇일까요?(2~3)

6. 여호와 보시기에 악을 행한 시드기야 왕의 마지막은 어떠했나요?(10~11)

7. 다윗이 고난 중에서도 기뻐하며 즐거워할 수 있었던 이유는 무엇일까요?(7~8)

8. 다윗은 성도들에게 어떻게 행할 것을 요구하고 있나요?(23~24)

Ⅳ. 기도

1. 주여, 하나님께서 주신 명령과 계명을 즐거이 지켜 행하게 하옵소서.
2. 주여, 육신의 정욕보다 사랑을 행하며 사는 하루하루가 되게 하옵소서.
3. 주여, 어떠한 상황 속에서든지 감사로 기도와 찬송을 드리게 하옵소서.

• 하나님 마음 알아가기 •

• 나에게 주시는 말씀(암송하기) •

• 오늘의 감사(기록하기) •

236 일차 / 365 중심 8월 24일

Ⅰ. 맥체인성경의 통독구조<236>

단품, 코스, 퓨전, 뷔페 등 다양하게 음식먹기 : 어떤 음식을 어떻게 먹느냐에 따라 그 맛이 다르다. 맥체인성경통독은 다양한 맛을 느끼게 하는 구조이다.

Ⅱ. 핵심구절 읽기

성경본문	사무엘상 16장	로마서 14장	예레미야애가 1장	시편 32편
통일주제	**중심** (中心, 외모와 반대되는 말로 진실한 마음)			
개별주제	기름부음을 받는 다윗의 중심	성령 안에 있는 믿는 자의 중심	울며 회개하는 예레미야의 중심	주께 나아가는 경건한 자의 중심
연합내용	**하나님은 사람의 겉과 속을 창조해 주셨다. 하나님은 외모의 성결도 보시지만 특히 내면의 중심을 보신다. 그러므로 인간은 하나님의 은혜 안에서 자신이 죄악에 물들지 않도록 끊임없이 관리해야 한다.**			
핵심구절	1~3,5~7,11~13 15~18,21~23	1~3,5~6,8,10 13~14,17~19,22~23	1~5,8~10,12 14~15,18,20~22	1~2,5~7,9~11

• 사무엘상 16장 : 기름부음을 받는 다윗의 중심

여호와께서 사무엘에게 이르시되 내가 이미 사울을 버려 이스라엘 왕이 되지 못하게 하였거늘 네가 그를 위하여 언제까지 슬퍼하겠느냐 너는 뿔에 기름을 채워 가지고 가라 내가 너를 베들레헴 사람 이새에게로 보내리니 이는 내가 그의 아들 중에서 한 왕을 보았느니라 하시는지라...(1-3)

이르되 평강을 위함이니라 내가 여호와께 제사하러 왔으니 스스로 성결하게 하고 와서 나와 함께 제사하자 하고 이새와 그의 아들들을 성결하게 하고 제사에 청하니라...(5-7)

사울의 신하들이 그에게 이르되 보소서 하나님께서 부리시는 악령이 왕을 번뇌하게 하온즉...(15-18)

다윗이 사울에게 이르러 그 앞에 모셔 서매 사울이 그를 크게 사랑하여 자기의 무기를 드는 자로 삼고...(21-23)

• 로마서 14장 : 성령 안에 있는 믿는 자의 중심

믿음이 연약한 자를 너희가 받되 그의 의견을 비판하지 말라...(1-3)

우리가 살아도 주를 위하여 살고 죽어도 주를 위하여 죽나니 그러므로 사나 죽으나 우리가 주의 것이로다(8)

네가 어찌하여 네 형제를 비판하느냐 어찌하여 네 형제를 업신여기느냐 우리가 다 하나님의 심판대 앞에 서리라(10)

하나님의 나라는 먹는 것과 마시는 것이 아니요 오직 성령 안에 있는 의와 평강과 희락이라...(17-19)

네게 있는 믿음을 하나님 앞에서 스스로 가지고 있으라 자기가 옳다 하는 바로 자기를 정죄하지 아니하는 자는 복이 있도다...(22-23)

• 예레미야애가 1장 : 울며 회개하는 예레미야의 중심

슬프다 이 성이여 전에는 사람들이 많더니 이제는 어찌 그리 적막하게 앉았는고 전에는 열국 중에 크던 자가 이제는 과부 같이 되었고 전에는 열방 중에 공주였던 자가 이제는 강제 노동을 하는 자가 되었도다...(1-5)

지나가는 모든 사람들이여 너희에게는 관계가 없는가 나의 고통과 같은 고통이 있는가 볼지어다 여호와께서 그의 진노하신 날에 나를 괴롭게 하신 것이로다(12)

여호와는 의로우시도다 그러나 내가 그의 명령을 거역하였도다 너희 모든 백성들아 내 말을 듣고 내 고통을 볼지어다 나의 처녀들과 나의 청년들이 사로잡혀 갔도다(18)

여호와여 보시옵소서 내가 환난을 당하여 나의 애를 다 태우고 나의 마음이 상하오니 나의 반역이 심히 큼이니이다 밖에서는 칼이 내 아들을 빼앗아 가고 집 안에서는 죽음 같은 것이 있나이다...(20-22)

• 시편 32편 : 주께 나아가는 경건한 자의 중심

허물의 사함을 받고 자신의 죄가 가려진 자는 복이 있도다...(1-2)

내가 이르기를 내 허물을 여호와께 자복하리라 하고 주께 내 죄를 아뢰고 내 죄악을 숨기지 아니하였더니 곧 주께서 내 죄악을 사하셨나이다 (셀라)...(5-7)

너희는 무지한 말이나 노새 같이 되지 말지어다 그것들은 재갈과 굴레로 단속하지 아니하면 너희에게 가까이 가지 아니하리로다...(9-11)

Ⅲ. 묵상을 위한 질문

1. 중심을 보시는 하나님은 사무엘로 하여금 누구에게 기름을 붓게 하셨나요?(7,11~13)
2. 다윗은 악령으로 번뇌하는 사울을 무엇으로 상쾌하도록 낫게 했나요?(13,15,23)
3. 바울은 그리스도인이 절대 하지 말아야 할 일은 무엇이라고 했나요?(1,3,10,13)
4. 바울은 하나님의 나라는 성령 안에서 어떤 일과 열매가 있다고 했나요?(17~19)
5. 예레미야는 예루살렘의 멸망의 원인과 그 결과를 어떻게 말했나요?(5,8,10,14~15)
6. 눈물의 선지자 예레미야는 왜 예루살렘의 멸망의 원인을 최종적으로는 자신의 죄악으로 돌렸을까요?(18~20)
7. 자신의 허물을 자복한 다윗은 어떤 자가 복이 있다고 했나요?(1~2,5)
8. 다윗은 여호와께 나아가는 것을 무엇 같이 하지 말고 어떤 마음으로 하라고 권면했나요?(9~11)

Ⅳ. 기도

1. 주여, 중심을 인정받아 하나님의 영에 충만한 자가 되게 하옵소서.
2. 주여, 하나님의 나라를 지향하는 자로서 비판을 멀리하고 평강을 좇게 하옵소서.
3. 주여, 예레미야와 다윗처럼 문제 앞에서 자신의 죄를 먼저 회개하게 하옵소서.

• 하나님 마음 알아가기 •

• 나에게 주시는 말씀(암송하기) •

• 오늘의 감사(기록하기) •

237 일차 / 365 나라 8월 25일

Ⅰ. 맥체인성경의 통독구조<237>

성경통독은 성경을 읽을 때 비행기를 타고 지나가듯 읽을 수 있으며 기차를 타고 지나가듯 읽을 수도 있다. 또한 자전거나 걸어가면서 가까이 보듯 읽을 수도 있다. 반면 맥체인성경은 입체적이며 전체대강의 줄거리를 보면서 묵상하는 구조다.

Ⅱ. 핵심구절 읽기

성경본문	사무엘상 17장	로마서 15장	예레미야애가 2장	시편 33편
통일주제	**나라** (국민이 주권을 가지고 거주하는 일정한 영토나 그것들의 총체)			
개별주제	만군의 여호와가 세우시는 이스라엘 나라	열방을 구원하여 세우시는 하나님의 나라	선택되었으나 하나님의 진노를 받은 나라	여호와를 자기 하나님으로 삼는 복있는 나라
연합내용	**하나님은 사람에게 생육하고 번성하여 땅에 충만하라고 축복하셨다. 그 후 이 땅에는 많은 민족과 나라가 세워졌다. 나라의 흥망성쇠는 주의 주권에 달려있다. 이 민족이 주의 주권을 인정하는 복된 나라가 되길 소망한다.**			
핵심구절	2,4,8~9,12 14~16,20,23~26 32~37,40~51,58	1~2,4~7,12~14 16~19,23~27 30~32	1~4,6~7,9~11 13~14,17,22	1,3~4,8~12,15 18~20

• 사무엘상 17장 : 만군의 여호와가 세우시는 이스라엘 나라

사울과 이스라엘 사람들이 모여서 엘라 골짜기에 진 치고 블레셋 사람들을 대하여 전열을 벌였으니(2)

블레셋 사람들의 진영에서 싸움을 돋우는 자가 왔는데 그의 이름은 골리앗이요 가드 사람이라 그의 키는 여섯 규빗 한 뼘이요(4)

그가 서서 이스라엘 군대를 향하여 외쳐 이르되 너희가 어찌하여 나와서 전열을 벌였느냐 나는 블레셋 사람이 아니며 너희는 사울의 신복이 아니냐 너희는 한 사람을 택하여 내게로 내려 보내라...(8-9)

그들과 함께 말할 때에 마침 블레셋 사람의 싸움 돋우는 가드 사람 골리앗이라 하는 자가 그 전열에서 나와서 전과 같은 말을 하매 다윗이 들으니라...(23-26)

손에 막대기를 가지고 시내에서 매끄러운 돌 다섯을 골라서 자기 목자의 제구 곧 주머니에 넣고 손에 물매를 가지고 블레셋 사람에게로 나아가니라...(40-51)

사울이 그에게 묻되 소년이여 누구의 아들이냐 하니 다윗이 대답하되 나는 주의 종 베들레헴 사람 이새의 아들이니이다 하니라(58)

• 로마서 15장 : 열방을 구원하여 세우시는 하나님의 나라

믿음이 강한 우리는 마땅히 믿음이 약한 자의 약점을 담당하고 자기를 기쁘게 하지 아니할 것이라...(1-2)

무엇이든지 전에 기록된 바는 우리의 교훈을 위하여 기록된 것이니 우리로 하여금 인내로 또는 성경의 위로로 소망을 가지게 함이니라...(4-7)

또 이사야가 이르되 이새의 뿌리 곧 열방을 다스리기 위하여 일어나시는 이가 있으리니 열방이 그에게 소망을 두리라 하였느니라...(12-14)

이제는 이 지방에 일할 곳이 없고 또 여러 해 전부터 언제든지 서바나로 갈 때에 너희에게 가기를 바라고 있었으니...(23-27)

형제들아 내가 우리 주 예수 그리스도와 성령의 사랑으로 말미암아 너희를 권하노니 너희 기도에 나와 힘을 같이하여 나를 위하여 하나님께 빌어...(30-32)

• 예레미야애가 2장 : 선택되었으나 하나님의 진노를 받은 나라

슬프다 주께서 어찌 그리 진노하사 딸 시온을 구름으로 덮으셨는가 이스라엘의 아름다움을 하늘에서 땅에 던지셨음이여 그의 진노의 날에 그의 발판을 기억하지 아니하셨도다...(1-4)

성문이 땅에 묻히며 빗장이 부서져 파괴되고 왕과 지도자들이 율법 없는 이방인들 가운데에 있으며 그 성의 선지자들은 여호와의 묵시를 받지 못하는도다...(9-11)

딸 예루살렘이여 내가 무엇으로 네게 증거하며 무엇으로 네게 비유할까 처녀 딸 시온이여 내가 무엇으로 네게 비교하여 너를 위로할까 너의 파괴됨이 바다 같이 크니 누가 너를 고쳐 줄소냐...(13-14)

여호와께서 이미 정하신 일을 행하시고 옛날에 명령하신 말씀을 다 이루셨음이여 긍휼히 여기지 아니하시고 무너뜨리사 원수가 너로 말미암아 즐거워하게 하며 네 대적자들의 뿔로 높이 들리게 하셨도다(17)

주께서 내 두려운 일들을 사방에서 부르시기를 절기 때 무리를 부름 같이 하셨나이다 여호와께서 진노하시는 날에는 피하거나 남은 자가 없나이다 내가 낳아 기르는 아이들을...(22)

• 시편 33편 : 여호와를 자기 하나님으로 삼는 복 있는 나라

너희 의인들아 여호와를 즐거워하라 찬송은 정직한 자들이 마땅히 할 바로다(1)

새 노래로 그를 노래하며 즐거운 소리로 아름답게 연주할지어다...(3-4)

그는 그들 모두의 마음을 지으시며 그들이 하는 일을 굽어살피시는 이로다(15)

여호와는 그를 경외하는 자 곧 그의 인자하심을 바라는 자를 살피사...(18-20)

Ⅲ. 묵상을 위한 질문

1. 소년 다윗은 전쟁터에서 어떤 말을 듣고 골리앗 앞으로 나갔나요?(20,23,36)
2. 다윗이 골리앗을 물리칠 수 있었던 두 가지의 힘은 무엇일까요?(45,47~49)
3. 바울은 믿음이 강한 자가 무엇에 힘써야 한다고 말했나요?(1~2,5~7,14)
4. 바울은 서바나로 가기 전에 어떤 아름다운 일을 대행했나요?(23~27)
5. 선지자 예레미야는 유다를 향한 예언사역의 결말이 결국 멸망으로 끝났을 때 어떤 모습을 보였나요?(1~4,10~11,13,22)
6. 예레미야는 유다가 무엇만을 듣고 보다가 망하게 되었다고 했나요?(14)
7. 다윗은 어떤 나라가 복되고 견고히 설 것이라고 했나요?(5,8~12)
8. 다윗은 인생의 구원이 무엇에 달려 있지 않고 오직 여호와를 경외함에 있다고 했나요?(13~20)

Ⅳ. 기도

1. 주여, 주와 성도를 향한 의협심과 재능을 개발한 은사로 세상을 이기게 하옵소서.
2. 주여, 마게도냐와 아가야인이 예루살렘 성도를 도운 것처럼 서로 돕게 하옵소서.
3. 주여, 거짓 경고와 미혹에 빠지지 않는 공의롭고 견고한 나라가 되게 하옵소서.

• 하나님 마음 알아가기 •

• 나에게 주시는 말씀(암송하기) •

• 오늘의 감사(기록하기) •

238 일차 / 365 합당 8월 26일

Ⅰ. 맥체인성경의 통독구조<238>

일차적으로 성경을 사면으로 이해한다. 이차적으로 네 장의 성경말씀을 핵심본문과 그에 대한 예제의 관계로 이해해 본다. 네 장 중 어떤 본문은 원리가 되고 어떤 본문은 그 예가 될 수 있는 구조다.

Ⅱ. 핵심구절 읽기

성경본문	사무엘상 18장	로마서 16장	예레미야애가 3장	시편 34편
통일주제	**합당** (合當, 꼭 알맞아 타당함)			
개별주제	사울이 다윗을 군대의 장으로 세운 것이 합당	충성한 자들을 문안받도록 추천하는 것이 합당	절망 때 인자하신 주께 소망을 두는 것이 합당	여호와를 경외하는 자가 복을 받는 것이 합당
연합내용	**하나님은 세상을 조화롭고 질서있게 창조하셨다. 그러므로 인간은 세상을 살아갈 때 합당한 일을 해야 한다. 사람을 세우는 일, 남을 추천하는 일, 절망 때 주님께 다가가 경외하는 일은 가장 합당한 일이다.**			
핵심구절	1,3~5,7~12 14~17,20~21,23 25~30	1~7,10,12~13 16~19,22~27	1~3,8~9,12~14 17~18,21~26,31~36 39~41,44~45,48~59	1~2,4,6~10 12~14,17~19,22

• 사무엘상 18장 : 사울이 다윗을 군대의 장으로 세운 것이 합당

다윗이 사울에게 말하기를 마치매 요나단의 마음이 다윗의 마음과 하나가 되어 요나단이 그를 자기 생명 같이 사랑하니라(1)

요나단은 다윗을 자기 생명 같이 사랑하여 더불어 언약을 맺었으며...(3-5)

다윗이 그의 모든 일을 지혜롭게 행하니라 여호와께서 그와 함께 계시니라...(14-17)

사울의 딸 미갈이 다윗을 사랑하매 어떤 사람이 사울에게 알린지라 사울이 그 일을 좋게 여겨...(20-21)

사울의 신하들이 이 말을 다윗의 귀에 전하매 다윗이 이르되 왕의 사위 되는 것을 너희는 작은 일로 보느냐 나는 가난하고 천한 사람이라 한지라(23)

사울이 이르되 너희는 다윗에게 이같이 말하기를 왕이 아무 것도 원하지 아니하고 다만 왕의 원수의 보복으로 블레셋 사람들의 포피 백 개를 원하신다 하라 하였으니 이는 사울의 생각에 다윗을 블레셋 사람들의 손에 죽게 하리라 함이라...(25-30)

• 로마서 16장 : 충성한 자들을 문안받도록 추천하는 것이 합당

내가 겐그레아 교회의 일꾼으로 있는 우리 자매 뵈뵈를 너희에게 추천하노니...(1-7)

그리스도 안에서 인정함을 받은 아벨레에게 문안하라 아리스도불로의 권속에게 문안하라(10)

주 안에서 수고한 드루배나와 드루보사에게 문안하라 주 안에서 많이 수고하고 사랑하는 버시에게 문안하라...(12-13)

너희가 거룩하게 입맞춤으로 서로 문안하라 그리스도의 모든 교회가 다 너희에게 문안하느니라...(16-19)

이 편지를 기록하는 나 더디오도 주 안에서 너희에게 문안하노라...(22-27)

• 예레미야애가 3장 : 절망 때 인자하신 주께 소망을 두는 것이 합당

여호와의 분노의 매로 말미암아 고난 당한 자는 나로다...(1-3)

내가 부르짖어 도움을 구하나 내 기도를 물리치시며...(8-9)

활을 당겨 나를 화살의 과녁으로 삼으심이여...(12-14)

주께서 내 심령이 평강에서 멀리 떠나게 하시니 내가 복을 내어버렸음이여...(17-18)

이것을 내가 내 마음에 담아 두었더니 그것이 오히려 나의 소망이 되었사옴은...(21-26)

이는 주께서 영원하도록 버리지 아니하실 것임이며...(31-36)

살아 있는 사람은 자기 죄들 때문에 벌을 받나니 어찌 원망하랴...(39-41)

주께서 구름으로 자신을 가리사 기도가 상달되지 못하게 하시고...(44-45)

딸 내 백성의 파멸로 말미암아 내 눈에는 눈물이 시내처럼 흐르도다...(48-59)

• 시편 34편 : 여호와를 경외하는 자가 복을 받는 것이 합당

내가 여호와를 항상 송축함이여 내 입술로 항상 주를 찬양하리이다...(1-2)

내가 여호와께 간구하매 내게 응답하시고 내 모든 두려움에서 나를 건지셨도다(4)

이 곤고한 자가 부르짖으매 여호와께서 들으시고 그의 모든 환난에서 구원하셨도다...(6-10)

생명을 사모하고 연수를 사랑하여 복 받기를 원하는 사람이 누구뇨...(12-14)

의인이 부르짖으매 여호와께서 들으시고 그들의 모든 환난에서 건지셨도다...(17-19)

여호와께서 그의 종들의 영혼을 속량하시나니 그에게 피하는 자는 다 벌을 받지 아니하리로다(22)

Ⅲ. 묵상을 위한 질문

1. 다윗을 생명같이 사랑한 사람은 누구일까요?(1,3~4)
2. 사울에게 평생 대적이 된 다윗은 어떤 두 가지의 힘으로 승리했나요?(5,12,14~15, 28~30)
3. 바울이 로마에 있는 그리스도인들에게 우선적으로 추천한 사람들은 누구일까요?(1~7)
4. 바울이 로마에 있는 그리스도인들에게 마지막으로 권면한 말씀은 무엇일까요?(17~19)
5. 예레미야는 나라의 멸망으로 인한 자신의 처지를 어떻게 울부짖었나요?(1~3,8~9, 12~14)
6. 절망적인 상황 속에 있는 예레미야는 무엇을 소망으로 삼았나요?(21~26,31~33,55~59)
7. 다윗은 여호와를 경외하는 자에게 어떤 은혜가 있다고 고백했나요?(4,6~11,17)
8. 다윗은 장수하며 복 받기를 원하는 자에게 무엇을 하라고 권면했나요?(12~15)

Ⅳ. 기도

1. 주여, 문제 속에 있을 때 하나님의 능력과 자신의 노력으로 승리하게 하옵소서.
2. 주여, 평생 그리스도를 위해 살므로 믿는 자에게 추천받는 자가 되게 하옵소서.
3. 주여, 오직 여호와를 경외함으로 기도의 응답과 복과 장수를 누리게 하옵소서.

• 하나님 마음 알아가기 •

• 나에게 주시는 말씀(암송하기) •

• 오늘의 감사(기록하기) •

영향

Ⅰ. 맥체인성경의 통독구조<239>

66권 중 한 권의 여러 장을 읽을 때 전체 대강의 줄거리를 묵상하는 일반적인 통독과는 달리, 66권 중 다른 네 권의 한 장씩을 합쳐 네 장을 읽을 때 링크된 내용을 묵상함으로 다양하게 역사하신 하나님의 구속사를 깨닫게 되는 구조다.

Ⅱ. 핵심구절 읽기

성경본문	사무엘상 19장	고린도전서 1장	예레미야애가 4장	시편 35편
통일주제	**영향** (影響, 어떤 사람이나 사물의 효과나 작용이 다른 것에 미치는 일)			
개별주제	다윗이 사울과 백성에게 끼친 영향	십자가의 도가 영혼에게 끼친 영향	예루살렘의 죄악이 삶에 끼친 영향	기도와 찬송이 다윗에게 끼친 영향
연합내용	**사람은 다른 사람이나 환경을 통해 영향을 받기도 하고 주기도 한다. 특히 사람이 보여준 행동들 즉 사역, 십자가, 찬송, 기도 그리고 범죄가 여러 가지 환경과 더불어 모든 영역에 많은 영향을 끼친다.**			
핵심구절	1~2,4~6,8~12 15,17~18,20~24	2~3,5~7,10 12~13,17~18 21~25,27~29	1~2,6~8,10,13 17,22	1~3,9~10,11~16 19~21,24,26

• 사무엘상 19장 : 다윗이 사울과 백성에게 끼친 영향

사울이 그의 아들 요나단과 그의 모든 신하에게 다윗을 죽이라 말하였더니 사울의 아들 요나단이 다윗을 심히 좋아하므로...(1-2)

요나단이 그의 아버지 사울에게 다윗을 칭찬하여 이르되 원하건대 왕은 신하 다윗에게 범죄하지 마옵소서 그는 왕께 득죄하지 아니하였고 그가 왕께 행한 일은 심히 선함이니이다...(4-6)

사울이 또 전령들을 보내어 다윗을 보라 하며 이르되 그를 침상째 내게로 들고 오라 내가 그를 죽이리라(15)

사울이 미갈에게 이르되 너는 어찌하여 이처럼 나를 속여 내 대적을 놓아 피하게 하였느냐 미갈이 사울에게 대답하되 그가 내게 이르기를 나를 놓아 가게 하라 어찌하여 나로 너를 죽이게 하겠느냐 하더이다 하니라...(17-18)

• 고린도전서 1장 : 십자가의 도가 영혼에게 끼친 영향

고린도에 있는 하나님의 교회 곧 그리스도 예수 안에서 거룩하여지고 성도라 부르심을 받은 자들과 또 각처에서 우리의 주 곧 그들과 우리의 주 되신 예수 그리스도의 이름을 부르는 모든 자들에게...(2-3)

형제들아 내가 우리 주 예수 그리스도의 이름으로 너희를 권하노니 모두가 같은 말을 하고 너희 가운데 분쟁이 없이 같은 마음과 같은 뜻으로 온전히 합하라(10)

그리스도께서 나를 보내심은 세례를 베풀게 하려 하심이 아니요 오직 복음을 전하게 하려 하심이로되 말의 지혜로 하지 아니함은 그리스도의 십자가가 헛되지 않게 하려 함이라...(17-18)

하나님의 지혜에 있어서는 이 세상이 자기 지혜로 하나님을 알지 못하므로 하나님께서 전도의 미련한 것으로 믿는 자들을 구원하시기를 기뻐하셨도다...(21-25)

• 예레미야애가 4장 : 예루살렘의 죄악이 삶에 끼친 영향

슬프다 어찌 그리 금이 빛을 잃고 순금이 변질하였으며 성소의 돌들이 거리 어귀마다 쏟아졌는고...(1-2)

딸 내 백성이 멸망할 때에 자비로운 부녀들이 자기들의 손으로 자기들의 자녀들을 삶아 먹었도다(10)

그의 선지자들의 죄들과 제사장들의 죄악들 때문이니 그들이 성읍 안에서 의인들의 피를 흘렸도다(13)

우리가 헛되이 도움을 바라므로 우리의 눈이 상함이여 우리를 구원하지 못할 나라를 바라보고 바라보았도다(17)

딸 시온아 네 죄악의 형벌이 다하였으니 주께서 다시는 너로 사로잡혀 가지 아니하게 하시리로다 딸 에돔아 주께서 네 죄악을 벌하시며 네 허물을 드러내시리로다(22)

• 시편 35편 : 기도와 찬송이 다윗에게 끼친 영향

여호와여 나와 다투는 자와 다투시고 나와 싸우는 자와 싸우소서...(1-3)

내 영혼이 여호와를 즐거워함이여 그의 구원을 기뻐하리로다...(9-16)

부당하게 나의 원수된 자가 나로 말미암아 기뻐하지 못하게 하시며 까닭 없이 나를 미워하는 자들이 서로 눈짓하지 못하게 하소서...(19-21)

여호와 나의 하나님이여 주의 공의대로 나를 판단하사 그들이 나로 말미암아 기뻐하지 못하게 하소서(24)

나의 재난을 기뻐하는 자들이 함께 부끄러워 낭패를 당하게 하시며 나를 향하여 스스로 뽐내는 자들이 수치와 욕을 당하게 하소서(26)

Ⅲ. 묵상을 위한 질문

1. 사울이 다윗을 죽이려고 할 때 구해 준 두 사람은 누구일까요?(1~2,4~6,11~14)
2. 사울이 자신의 대적 다윗을 죽이려고 했던 두 가지 원인은 무엇일까요?(8~9,17)
3. 바울이 볼 때 고린도교회의 좋은 점과 나쁜 점은 무엇이었나요?(5~7,11~13)
4. 바울은 십자가의 도가 모든 사람들에게 무엇이 된다고 했나요?(18,21,23~24,30)
5. 선지자 예레미야는 예루살렘의 멸망 이후 모습이 어떠할 것이라고 말했나요?(1~2,4~5, 7~8,10)
6. 예레미야는 예루살렘의 멸망의 원인을 다시 어떻게 정리했나요?(6,13,17)
7. 다윗은 여호와 하나님을 어떤 분으로 묘사하고 있나요?(1~3)
8. 다윗은 인간관계 속에서 가장 힘들었던 것이 무엇이라고 고백하고 있나요?(11~16, 19~21,26)

Ⅳ. 기도

1. 주여, 억울한 일로 위험 가운데 있을 때 신뢰하고 돕는 자가 있게 하옵소서.
2. 주여, 교회로 하여금 진리 가운데 굳게 서게 하시고 나뉘지 않게 하옵소서.
3. 주여, 눈을 뜨게 주사 원인을 보게 하시고 대안을 찾아 미래를 열게 하옵소서.

• 하나님 마음 알아가기 •

• 나에게 주시는 말씀(암송하기) •

• 오늘의 감사(기록하기) •

240 일차 / 365 죄인 8월 28일

I. 맥체인성경의 통독구조<240>

신구약성경 전체를 네 등분으로 하루에 4장씩 동시에 읽으면 성경에 기록된 장구한 하나님의 구원의 역사를 크게 네 시대, 네 상황으로 나누어 동시에 묵상할 수 있는 구조다.

II. 핵심구절 읽기

성경본문	사무엘상 20장	고린도전서 2장	예레미야애가 5장	시편 36편
통일주제	**죄인** (罪人, 하나님과 사람 앞에 악을 행하고 죄를 지은 사람)			
개별주제	무고한 다윗을 죽이려 한 악한 사울 죄인	예수를 십자가에 못 박은 무지한 죄인	하나님의 말씀을 거역한 예루살렘 죄인	주를 두려워하지 않고 악을 좇는 죄인
연합내용	**사람은 아담의 불순종 이후 죄인이 되었다. 부패함과 패역함이 마음을 지배하여 대적을 만들고 의인을 죽이며 옳은 길을 버리고 악을 행하되 하나님에 대한 두려움이 없다. 의로운 주님은 반드시 심판하신다.**			
핵심구절	1~5,9~10,12~16 20~22,28~34 37~39,41~42	1~5,7,10~13,15	1~7,11~13,16 20~21	1~4,6~10

· 사무엘상 20장 : 무고한 다윗을 죽이려 한 악한 사울 죄인

다윗이 라마 나욧에서 도망하여 요나단에게 이르되 내가 무엇을 하였으며 내 죄악이 무엇이며 네 아버지 앞에서 내 죄가 무엇이기에 그가 내 생명을 찾느냐...(1-5)

요나단이 이르되 이 일이 결코 네게 일어나지 아니하리라 내 아버지께서 너를 해치려 확실히 결심한 줄 알면 내가 네게 와서 그것을 네게 이르지 아니하겠느냐 하니...(9-10)

요나단이 다윗에게 이르되 이스라엘의 하나님 여호와께서 증언하시거니와 내가 내일이나 모레 이맘때에 내 아버지를 살펴서 너 다윗에게 대한 의향이 선하면 내가 사람을 보내어 네게 알리지 않겠느냐...(12-16)

내가 과녁을 쏘려 함 같이 화살 셋을 그 바위 곁에 쏘고...(20-22)

요나단이 사울에게 대답하되 다윗이 내게 베들레헴으로 가기를 간청하여...(28-34)

아이가 요나단이 쏜 화살 있는 곳에 이를 즈음에 요나단이 아이 뒤에서 외쳐 이르되 화살이 네 앞쪽에 있지 아니하냐 하고...(37-39)

아이가 가매 다윗이 곧 바위 남쪽에서 일어나서 땅에 엎드려 세 번 절한 후에 서로 입 맞추고 같이 울되 다윗이 더욱 심하더니...(41-42)

• 고린도전서 2장 : 예수를 십자가에 못 박은 무지한 죄인

형제들아 내가 너희에게 나아가 하나님의 증거를 전할 때에 말과 지혜의 아름다운 것으로 아니하였나니...(1-5)

오직 은밀한 가운데 있는 하나님의 지혜를 말하는 것으로서 곧 감추어졌던 것인데 하나님이 우리의 영광을 위하여 만세 전에 미리 정하신 것이라(7)

오직 하나님이 성령으로 이것을 우리에게 보이셨으니 성령은 모든 것 곧 하나님의 깊은 것까지도 통달하시느니라...(10-13)

신령한 자는 모든 것을 판단하나 자기는 아무에게도 판단을 받지 아니하느니라(15)

• 예레미야애가 5장 : 하나님의 말씀을 거역한 예루살렘 죄인

여호와여 우리가 당한 것을 기억하시고 우리가 받은 치욕을 살펴보옵소서...(1-7)

대적들이 시온에서 부녀들을, 유다 각 성읍에서 처녀들을 욕보였나이다...(11-13)

우리의 머리에서는 면류관이 떨어졌사오니 오호라 우리의 범죄 때문이니이다(16)

주께서 어찌하여 우리를 영원히 잊으시오며 우리를 이같이 오래 버리시나이까...(20-21)

• 시편 36편 : 주를 두려워하지 않고 악을 좇는 죄인

악인의 죄가 그의 마음속으로 이르기를 그의 눈에는 하나님을 두려워하는 빛이 없다 하니...(1-4)

주의 의는 하나님의 산들과 같고 주의 심판은 큰 바다와 같으니이다 여호와여 주는 사람과 짐승을 구하여 주시나이다...(6-10)

Ⅲ. 묵상을 위한 질문

1. 다윗은 장인 사울 왕으로부터 계속되는 죽음의 두려움을 누구에게 말하고 어떤 도움을 요청했나요?(1,3,5~6)
2. 요나단은 아버지 사울 왕으로부터 다윗을 살리기 위하여 어떤 노력을 했나요?(9,12~13, 19~22,28~29,32,37~38)
3. 바울은 고린도 사람들에게 복음을 전할 때에 오직 무엇으로만 했나요?(1~4)
4. 반면 바울은 장성한 자에게는 오직 무엇으로 복음을 전했나요?(6~7,10,13)
5. 선지자 예레미야가 여호와께 아뢴 회개기도의 내용은 무엇일까요?(6~7,16)
6. 선지자 예레미야가 여호와께 아뢴 구원의 기도내용은 무엇일까요?(19~21)
7. 다윗은 악인의 특성을 무엇이라고 했나요?(1~4)
8. 여호와 하나님은 다윗처럼 주를 아는 자들에게 어떻게 행하시나요?(6~10)

Ⅳ. 기도

1. 주여, 억울한 일을 당한 자의 아픔을 함께 나누는 사랑의 종이 되게 하옵소서.
2. 주여, 복음을 전할 때에 세상의 지혜와 설득보다 성령을 의지하게 하옵소서.
3. 주여, 영원히 주를 아는 자와 정직한 자가 되어 복락의 강물을 마시게 하옵소서.

• 하나님 마음 알아가기 •

• 나에게 주시는 말씀(암송하기) •

• 오늘의 감사(기록하기) •

241 일차 / 365 요새 8월 29일

Ⅰ. 맥체인성경의 통독구조<241>

신구약성경 전체를 네 시대로 구분하여 하루에 4장씩 동시에 읽으면 각 시대별로 또한 거시적인 안목으로 하나님의 다스리시는 통치의 역사를 역동적으로 묵상할 수 있는 구조다.

Ⅱ. 핵심구절 읽기

성경본문	사무엘상 21~22장	고린도전서 3장	에스겔 1장	시편 37편
통일주제	**요새** (要塞, 군사적으로 중요한 곳에 건설한 방어 시설)			
개별주제	아둘람 굴이 도망하는 다윗에게 요새가 됨	교회가 그리스도인들에게 영적인 요새가 됨	주의 모습과 환상이 에스겔에게 영적 요새가 됨	여호와가 환난을 당한 의인에게 요새가 되심
연합내용	**성경이 말하는 요새는 영적인 측면과 육적인 측면이 있다. 영적인 측면은 영원한 피난처이신 여호와 하나님을 의미하고 육적인 측면은 몸과 마음을 숨길 수 있는 환경이나 사람 또는 공동체를 의미한다.**			
핵심구절	21:1~4,8~14 22:1~2,5,8~10 13~15,17,20~23	1~7,9,11~17 21~23	1,3,5~6,10~11 20~21,23~26,28	1~9,14~17 21~26,29,31,34 37,39~40

• 사무엘상 21-22장 : 아둘람 굴이 도망하는 다윗에게 요새가 됨

다윗이 놉에 가서 제사장 아히멜렉에게 이르니 아히멜렉이 떨며 다윗을 영접하여 그에게 이르되 어찌하여 네가 홀로 있고 함께 하는 자가 아무도 없느냐 하니...(21:1-4)

다윗이 아히멜렉에게 이르되 여기 당신의 수중에 창이나 칼이 없나이까 왕의 일이 급하므로 내가 내 칼과 무기를 가지지 못하였나이다 하니...(21:8-14)

그러므로 다윗이 그 곳을 떠나 아둘람 굴로 도망하매 그의 형제와 아버지의 온 집이 듣고 그리로 내려가서 그에게 이르렀고...(22:1-2)

선지자 갓이 다윗에게 이르되 너는 이 요새에 있지 말고 떠나 유다 땅으로 들어가라 다윗이 떠나 헤렛 수풀에 이르니라(22:5)

왕이 좌우의 호위병에게 이르되 돌아가서 여호와의 제사장들을 죽이라 그들도 다윗과 합력하였고 또 그들이 다윗이 도망한 것을 알고도 내게 알리지 아니하였음이니라 하나 왕의 신하들이 손을 들어 여호와의 제사장들 죽이기를 싫어한지라(22:17)

• 고린도전서 3장 : 교회가 그리스도인들에게 영적인 요새가 됨

형제들아 내가 신령한 자들을 대함과 같이 너희에게 말할 수 없어서 육신에 속한 자 곧 그리스도 안에서 어린 아이들을 대함과 같이 하노라...(1-7)

우리는 하나님의 동역자들이요 너희는 하나님의 밭이요 하나님의 집이니라(9)

이 닦아 둔 것 외에 능히 다른 터를 닦아 둘 자가 없으니 이 터는 곧 예수 그리스도라...(11-17)

그런즉 누구든지 사람을 자랑하지 말라 만물이 다 너희 것임이라...(21-23)

• 에스겔 1장 : 주의 모습과 환상이 에스겔에게 영적 요새가 됨

서른째 해 넷째 달 초닷새에 내가 그발 강 가 사로잡힌 자 중에 있을 때에 하늘이 열리며 하나님의 모습이 내게 보이니(1)

갈대아 땅 그발 강 가에서 여호와의 말씀이 부시의 아들 제사장 나 에스겔에게 특별히 임하고 여호와의 권능이 내 위에 있으니라(3)

그 얼굴들의 모양은 넷의 앞은 사람의 얼굴이요 넷의 오른쪽은 사자의 얼굴이요 넷의 왼쪽은 소의 얼굴이요 넷의 뒤는 독수리의 얼굴이니...(10-11)

영이 어떤 쪽으로 가면 생물들도 영이 가려 하는 곳으로 가고 바퀴들도 그 곁에서 들리니 이는 생물의 영이 그 바퀴들 가운데에 있음이니라...(20-21)

그 사방 광채의 모양은 비 오는 날 구름에 있는 무지개 같으니 이는 여호와의 영광의 형상의 모양이라 내가 보고 엎드려 말씀하시는 이의 음성을 들으니라(28)

• 시편 37편 : 여호와가 환난을 당한 의인에게 요새가 되심

악을 행하는 자들 때문에 불평하지 말며 불의를 행하는 자들을 시기하지 말지어다...(1-9)

악인이 칼을 빼고 활을 당겨 가난하고 궁핍한 자를 엎드러뜨리며 행위가 정직한 자를 죽이고자 하나...(14-17)

의인이 땅을 차지함이여 거기서 영원히 살리로다(29)

그의 마음에는 하나님의 법이 있으니 그의 걸음은 실족함이 없으리로다(31)

여호와를 바라고 그의 도를 지키라 그리하면 네가 땅을 차지하게 하실 것이라 악인이 끊어질 때에 네가 똑똑히 보리로다(34)

Ⅲ. 묵상을 위한 질문

1. 다윗은 사울을 두려워하여 어디로 도망갔으며 어떻게 행동했나요?(21:10~13)
2. 다윗이 아둘람 굴에 있을 때 그에게로 모여든 사람들은 누구일까요?(22:1~2,20)
3. 바울은 고린도 교인들이 좇은 지도자들을 어떤 존재라고 설명했나요?(4~7,9)
4. 바울은 그리스도인의 삶을 무엇에 비유하여 설명했나요?(10~16)
5. 제사장 에스겔은 언제 어디서 어떤 상황에서 환상을 보았나요?(1~3)
6. 제사장 에스겔이 본 환상의 내용은 무엇이었나요?(4~5,10~11,20~21,23~24,28)
7. 다윗이 하나님의 백성에게 하지 말라고 권면한 내용은 무엇일까요?(1,7~8)
8. 다윗이 하나님의 백성에게 하라고 권면한 내용은 무엇일까요?(3~5,27,34,37)

Ⅳ. 기도

1. 주여, 환난 때에 지혜롭게 하시고 곤고한 때에 어려운 자들을 품게 하옵소서.
2. 주여, 주의 일을 하는 사역자들과 함께 하나님의 성전을 잘 세우게 하옵소서.
3. 주여, 하지 말 것과 할 것을 분별하여 주의 복을 누리는 자가 되게 하옵소서.

• 하나님 마음 알아가기 •

• 나에게 주시는 말씀(암송하기) •

• 오늘의 감사(기록하기) •

242 일차 / 365 침묵 8월 30일

I. 맥체인성경의 통독구조<242>

맥체인성경은 각 시대의 상황을 기록한 네 장의 다양한 성경 주제 내용을 매일 묵상을 통해 하나로 묶는 풍성하고 놀라운 구조이다.

II. 핵심구절 읽기

성경본문	사무엘상 23장	고린도전서 4장	에스겔 2장	시편 38편
통일주제	**침묵** (沈默, 입을 다물고 조용히 있음)			
개별주제	사울의 박해로 광야 수풀에 숨어 침묵하는 다윗	만물의 찌꺼기같이 되어도 침묵하며 일하는 바울	패역한 백성에게 침묵을 깨고 말씀을 전하는 종	여호와의 노하심 앞에서 침묵하고 기도하는 다윗
연합내용	**어려운 일을 당할 때, 죄로 인하여 징계를 받을 때 하나님의 뜻을 생각하며 묵묵히 침묵하고 때를 기다리는 것은 귀하다. 동시에 정의로움 중에도 박해를 받을 때는 침묵하면서도 기도하고 일해야 한다.**			
핵심구절	1~3,5~6,8~13 16~18,22~23 26~28	1~3,5~7,10~13 15~17,20~21	1~6,8~10	1,3~8,11~14 17~22

• 사무엘상 23장 : 사울의 박해로 광야 수풀에 숨어 침묵하는 다윗

사람들이 다윗에게 전하여 이르되 보소서 블레셋 사람이 그일라를 쳐서 그 타작 마당을 탈취하더이다 하니...(1-3)

다윗과 그의 사람들이 그일라로 가서 블레셋 사람들과 싸워 그들을 크게 쳐서 죽이고 그들의 가축을 끌어 오니라 다윗이 이와 같이 그일라 주민을 구원하니라...(5-6)

사울이 모든 백성을 군사로 불러모으고 그일라로 내려가서 다윗과 그의 사람들을 에워싸려 하더니...(8-13)

사울의 아들 요나단이 일어나 수풀에 들어가서 다윗에게 이르러 그에게 하나님을 힘 있게 의지하게 하였는데...(16-18)

어떤 사람이 내게 말하기를 그는 심히 지혜롭게 행동한다 하나니 너희는 가서 더 자세히 살펴서 그가 어디에 숨었으며 누가 거기서 그를 보았는지 알아보고...(22-23)

사울이 산 이쪽으로 가매 다윗과 그의 사람들은 산 저쪽으로 가며 다윗이 사울을 두려워하여 급히 피하려 하였으니 이는 사울과 그의 사람들이 다윗과 그의 사람들을 에워싸고 잡으려 함

이었더라...(26-28)

• 고린도전서 4장 : 만물의 찌꺼기같이 되어도 침묵하며 일하는 바울

사람이 마땅히 우리를 그리스도의 일꾼이요 하나님의 비밀을 맡은 자로 여길지어다...(1-3)

그러므로 때가 이르기 전 곧 주께서 오시기까지 아무 것도 판단하지 말라 그가 어둠에 감추인 것들을 드러내고 마음의 뜻을 나타내시리니 그 때에 각 사람에게 하나님으로부터 칭찬이 있으리라...(5-7)

우리는 그리스도 때문에 어리석으나 너희는 그리스도 안에서 지혜롭고 우리는 약하나 너희는 강하고 너희는 존귀하나 우리는 비천하여...(10-13)

그리스도 안에서 일만 스승이 있으되 아버지는 많지 아니하니 그리스도 예수 안에서 내가 복음으로써 너희를 낳았음이라...(15-17)

하나님의 나라는 말에 있지 아니하고 오직 능력에 있음이라...(20-21)

• 에스겔 2장 : 패역한 백성에게 침묵을 깨고 말씀을 전하는 종

그가 내게 이르시되 인자야 네 발로 일어서라 내가 네게 말하리라 하시며...(1-6)

너 인자야 내가 네게 이르는 말을 듣고 그 패역한 족속 같이 패역하지 말고 네 입을 벌리고 내가 네게 주는 것을 먹으라 하시기로...(8-10)

• 시편 38편 : 여호와의 노하심 앞에서 침묵하고 기도하는 다윗

여호와여 주의 노하심으로 나를 책망하지 마시고 주의 분노하심으로 나를 징계하지 마소서(1)

주의 진노로 말미암아 내 살에 성한 곳이 없사오며 나의 죄로 말미암아 내 뼈에 평안함이 없나이다...(3-8)

내가 사랑하는 자와 내 친구들이 내 상처를 멀리하고 내 친척들도 멀리 섰나이다...(11-14)

내가 넘어지게 되었고 나의 근심이 항상 내 앞에 있사오니...(17-22)

Ⅲ. 묵상을 위한 질문

1. 다윗은 매 순간마다 행동하기 전에 무엇을 했나요?(2,4,10~12)
2. 모든 수단을 동원하여 다윗을 좇던 사울이 갑자기 기브아로 돌아가게 된 것은 무엇 때문일까요?(19~20,25~28)
3. 바울은 하나님의 비밀을 맡은 일꾼이 무엇에 집중하고 무엇을 신경 쓰지 말라고 권면했나요?(1~3,5)
4. 바울은 고린도교회를 향해 어떤 역할을 했으며 어떤 교훈을 남겼나요?(14~16)
5. 하나님은 에스겔에게 이스라엘 자손에 대해서 무엇이라고 말씀하셨나요?(3~5)
6. 하나님은 패역한 이스라엘에게 전할 무엇을 에스겔에게 주셨나요?(4,8~10)
7. 침묵할 수밖에 없는 다윗은 오직 여호와 하나님께 무엇을 드렸나요?(1,21~22)
8. 다윗은 여호와 하나님의 노하심과 징계가운데서 어떻게 되었나요?(3~8,11~14)

Ⅳ. 기도

1. 주여, 매 순간마다 무엇을 하든지 기도하여 주의 뜻을 묻고 행동하게 하옵소서.
2. 주여, 복음을 맡은 그리스도의 일꾼으로서 오직 충성하게 하옵소서.
3. 주여, 하나님의 징계와 원수의 압제중에 있을 때 기도로 승리하게 하옵소서.

• 하나님 마음 알아가기 •

• 나에게 주시는 말씀(암송하기) •

• 오늘의 감사(기록하기) •

243 일차 / 365 재판 8월 31일

Ⅰ. 맥체인성경의 통독구조<243>

하나님의 구원의 역사를 한 눈에 볼 수 있도록 구성되어 있다.
세상을 향한 하나님의 마음과 생각을 폭넓게 연상할 수 있도록 구성되어 있다.

Ⅱ. 핵심구절 읽기

성경본문	사무엘상 24장	고린도전서 5장	에스겔 3장	시편 39편
통일주제	**재판** (裁判, 옳고 그름을 가리어 판단함)			
개별주제	하나님께서 다윗과 사울의 시비를 재판하심	하나님이 성도들의 음행과 교만을 재판하심	파수꾼 에스겔이 선민의 행위를 재판하여 권고함	여호와가 다윗과 악인을 재판하여 벌하심
연합내용	**창조주 하나님은 공의로우시며 정의로우시다. 그러므로 피조물인 사람은 하나님의 재판에 전적으로 따라야 한다. 혹 사람이 재판을 하더라도 그 기준은 오직 하나님의 법과 말씀과 성령의 감동에 의해야 한다.**			
핵심구절	1~2,4~7,9~12 15,17~19	1~3,9~13	3,7,10~11 17~21,26~27	1,4~7,10~13

• 사무엘상 24장 : 하나님께서 다윗과 사울의 시비를 재판하심

사울이 블레셋 사람을 쫓다가 돌아오매 어떤 사람이 그에게 말하여 이르되 보소서 다윗이 엔게디 광야에 있더이다 하니...(1-2)

다윗의 사람들이 이르되 보소서 여호와께서 당신에게 이르시기를 내가 원수를 네 손에 넘기리니 네 생각에 좋은 대로 그에게 행하라 하시더니 이것이 그 날이니이다 하니 다윗이 일어나서 사울의 겉옷 자락을 가만히 베니라...(4-7)

다윗이 사울에게 이르되 보소서 다윗이 왕을 해하려 한다고 하는 사람들의 말을 왕은 어찌하여 들으시나이까...(9-12)

그런즉 여호와께서 재판장이 되어 나와 왕 사이에 심판하사 나의 사정을 살펴 억울함을 풀어 주시고 나를 왕의 손에서 건지시기를 원하나이다 하니라(15)

다윗에게 이르되 나는 너를 학대하되 너는 나를 선대하니 너는 나보다 의롭도다...(17-19)

• 고린도전서 5장 : 하나님이 성도들의 음행과 교만을 재판하심

너희 중에 심지어 음행이 있다 함을 들으니 그런 음행은 이방인 중에서도 없는 것이라 누가 그 아버지의 아내를 취하였다 하는도다...(1-3)

내가 너희에게 쓴 편지에 음행하는 자들을 사귀지 말라 하였거니와 이 말은 이 세상의 음행하는 자들이나 탐하는 자들이나 속여 빼앗는 자들이나 우상 숭배하는 자들을 도무지 사귀지 말라 하는 것이 아니니 만일 그리하려면 너희가 세상 밖으로 나가야 할 것이라...(9-13)

• 에스겔 3장 : 파수꾼 에스겔이 선민의 행위를 재판하여 권고함

내게 이르시되 인자야 내가 네게 주는 이 두루마리를 네 배에 넣으며 네 창자에 채우라 하시기에 내가 먹으니 그것이 내 입에서 달기가 꿀 같더라(3)

그러나 이스라엘 족속은 이마가 굳고 마음이 굳어 네 말을 듣고자 아니하리니 이는 내 말을 듣고자 아니함이니라(7)

또 내게 이르시되 인자야 내가 네게 이를 모든 말을 너는 마음으로 받으며 귀로 듣고...(10-11)

인자야 내가 너를 이스라엘 족속의 파수꾼으로 세웠으니 너는 내 입의 말을 듣고 나를 대신하여 그들을 깨우치라...(17-21)

내가 네 혀를 네 입천장에 붙게 하여 네가 말 못하는 자가 되어 그들을 꾸짖는 자가 되지 못하게 하리니 그들은 패역한 족속임이니라...(26-27)

• 시편 39편 : 여호와가 다윗과 악인을 재판하여 벌하심

내가 말하기를 나의 행위를 조심하여 내 혀로 범죄하지 아니하리니 악인이 내 앞에 있을 때에 내가 내 입에 재갈을 먹이리라 하였도다(1)

여호와여 나의 종말과 연한이 언제까지인지 알게 하사 내가 나의 연약함을 알게 하소서...(4-7)

주의 징벌을 나에게서 옮기소서 주의 손이 치심으로 내가 쇠망하였나이다...(10-13)

Ⅲ. 묵상을 위한 질문

1. 다윗이 사울의 겉옷 자락을 베고 마음이 찔렸던 이유는 무엇일까요?(5~6)
2. 사울이 다윗에게 여호와의 이름으로 맹세를 부탁한 것은 무엇일까요?(20~22)
3. 바울이 소식을 듣는 것만으로 고린도 교회의 성도들을 판단할 수 있었던 이유는 무엇 때문일까요?(3)
4. 바울이 사귀지도 말고 함께 먹지도 말라고 한 것은 어떤 사람들일까요?(11)
5. 에스겔이 먹은 두루마리는 무엇이며 무엇과 같다고 말했나요?(2~3)
6. 하나님께서는 에스겔을 이스라엘 족속의 무엇으로 세우셨나요?(17)
7. 다윗이 자신의 종말과 연한이 언제인지 알고 싶었던 이유는 무엇일까요?(4)
8. 다윗은 자신을 무엇이라고 여기며 어떤 기도를 드렸나요?(12)

Ⅳ. 기도

1. 주여, 성령의 충만함을 힘입어 스스로를 판단하여 깨끗하고 겸손하게 하옵소서.
2. 주여, 꿀 같이 단 주의 말씀을 매일 먹으며 의인의 삶을 살게 하옵소서.
3. 주여, 나그네로 살아가는 중에 주님을 늘 붙잡고 기도로 승리하며 살게 하옵소서.

• 하나님 마음 알아가기 •

• 나에게 주시는 말씀(암송하기) •

• 오늘의 감사(기록하기) •

총명

Ⅰ. 맥체인성경의 통독구조<244>

기존 성경을 읽을 때는 등장인물이 주인공이 될 때도 많이 있으나 맥체인성경의 신구약 4장을 읽으면 모든 통일주제와 개별주제의 주인공이 대부분 하나님과 예수님과 성령님이 되는 구조이다.

Ⅱ. 핵심구절 읽기

성경본문	사무엘상 25장	고린도전서 6장	에스겔 4장	시편 40~41편
통일주제	**총명** (聰明, 매우 영리하고 기억력과 판단력이 좋으며 재주가 있음)			
개별주제	닥쳐 온 위기를 극복하는 아비가일의 총명함	교회 문제를 판단하여 해결하는 성도의 총명함	말씀대로 준비하며 순종하는 에스겔의 총명함	곤고함과 원수를 주께 맡기는 의인의 총명함
연합내용	**하나님은 지혜와 총명의 원천이시다. 그러므로 총명함은 하나님과 함께할 때 얻을 수 있다. 따라서 사람이 삶 속에서 위기나 문제가 생겼을 때 하나님의 지혜와 총명을 구함으로써 능히 해결할 수 있다.**			
핵심구절	2~3,7~8,10~11 13~14,17~18,20 23~24,26,28 32~35,39,42	1~3,5,7~8,11, 19~20	4~7,14~17	40:2~4,8,10~11 16~17 41:3~4,10~11

• 사무엘상 25장 : 닥쳐 온 위기를 극복하는 아비가일의 총명함

마온에 한 사람이 있는데 그의 생업이 갈멜에 있고 심히 부하여 양이 삼천 마리요 염소가 천 마리이므로 그가 갈멜에서 그의 양 털을 깎고 있었으니...(2-3)

다윗이 이미 말하기를 내가 이 자의 소유물을 광야에서 지켜 그 모든 것을 하나도 손실이 없게 한 것이 진실로 허사라 그가 악으로 나의 선을 갚는도다(20)

주의 여종의 허물을 용서하여 주옵소서 여호와께서 반드시 내 주를 위하여 든든한 집을 세우시리니 이는 내 주께서 여호와의 싸움을 싸우심이요 내 주의 일생에 내 주에게서 악한 일을 찾을 수 없음이니이다(28)

아비가일이 급히 일어나서 나귀를 타고 그를 뒤따르는 처녀 다섯과 함께 다윗의 전령들을 따라가서 다윗의 아내가 되니라(42)

• 고린도전서 6장 : 교회 문제를 판단하여 해결하는 성도의 총명함

너희 중에 누가 다른 이와 더불어 다툼이 있는데 구태여 불의한 자들 앞에서 고발하고 성도 앞에서 하지 아니하느냐...(1-3)

너희가 피차 고발함으로 너희 가운데 이미 뚜렷한 허물이 있나니 차라리 불의를 당하는 것이 낫지 아니하며 차라리 속는 것이 낫지 아니하냐...(7-8)

너희 중에 이와 같은 자들이 있더니 주 예수 그리스도의 이름과 우리 하나님의 성령 안에서 씻음과 거룩함과 의롭다 하심을 받았느니라(11)

너희 몸은 너희가 하나님께로부터 받은 바 너희 가운데 계신 성령의 전인 줄을 알지 못하느냐 너희는 너희 자신의 것이 아니라...(19-20)

• 에스겔 4장 : 말씀대로 준비하며 순종하는 에스겔의 총명함

너는 또 왼쪽으로 누워 이스라엘 족속의 죄악을 짊어지되 네가 눕는 날수대로 그 죄악을 담당할지니라...(4-7)

내가 말하되 아하 주 여호와여 나는 영혼을 더럽힌 일이 없었나이다 어려서부터 지금까지 스스로 죽은 것이나 짐승에게 찢긴 것을 먹지 아니하였고 가증한 고기를 입에 넣지 아니하였나이다...(14-17)

• 시편 40-41편 : 곤고함과 원수를 주께 맡기는 의인의 총명함

나를 기가 막힐 웅덩이와 수렁에서 끌어올리시고 내 발을 반석 위에 두사 내 걸음을 견고하게 하셨도다...(40:2-4)

나의 하나님이여 내가 주의 뜻 행하기를 즐기오니 주의 법이 나의 심중에 있나이다 하였나이다...(40:8)

주를 찾는 자는 다 주 안에서 즐거워하고 기뻐하게 하시며 주의 구원을 사랑하는 자는 항상 말하기를 여호와는 위대하시다 하게 하소서...(40:16-17)

여호와께서 그를 병상에서 붙드시고 그가 누워 있을 때마다 그의 병을 고쳐 주시나이다...(41:3-4)

그러하오나 주 여호와여 내게 은혜를 베푸시고 나를 일으키사 내가 그들에게 보응하게 하소서 이로써...(41:10-11)

Ⅲ. 묵상을 위한 질문

1. 마온에 살고 있던 부자 나발의 아내의 이름은 무엇이며 어떠하다고 표현되어 있나요?(2~3)
2. 아비가일에게서 엿볼 수 있는 총명은 어떤 것이 있나요?(18~19,23~31,36~37,42)
3. 바울은 교회에서 벌어진 어떤 일 때문에 고린도 성도를 책망하고 있나요?(1~8)
4. 바울은 왜 성도의 몸으로 하나님께 영광을 돌려야 한다고 했나요?(11,18~20)
5. 에스겔이 담당해야 했던 이스라엘 족속과 유다 족속의 죄악은 각각 몇 일 이었나요?(5~6)
6. 여호와 하나님께서 에스겔에게 어떤 불을 피워 떡을 구우라고 하셨나요?(12,15)
7. 다윗은 자신이 무엇 행하기를 즐거워한다고 고백하였나요?(40:8)
8. 다윗이 원수와 미워하는 자들 앞에서 하나님을 의지할 수 있었던 이유는 무엇일까요?(41:1,3,4,10,11~12)

Ⅳ. 기도

1. 주여, 갑자기 닥쳐온 위기에도 당황하지 않고 하나님의 총명을 구하여 승리하게 하옵소서.
2. 주여, 형제자매를 돌아보며 도울 수 있게 하시고 나의 손해를 아쉬워하지 않게 하옵소서.
3. 주여, 나의 연약함과 곤고함을 여호와께 맡기고 기쁨의 찬송을 드리게 하옵소서.

• 하나님 마음 알아가기 •

• 나에게 주시는 말씀(암송하기) •

• 오늘의 감사(기록하기) •

245 일차 / 365 도리 9월 2일

Ⅰ. 맥체인성경의 통독구조<245>

기존의 성경묵상은 한 책을 읽으므로 한 본문에 한 교훈을 찾는 것이 일반적이지만 맥체인 성경 읽기와 묵상은 네 책을 읽고 네 본문의 공통점을 찾기 때문에 몇 개의 교훈이 나타난다. 그 중에 현재 감동을 주는 교훈을 적용하는 구조이다.

Ⅱ. 핵심구절 읽기

성경본문	사무엘상 26장	고린도전서 7장	에스겔 5장	시편 42~43편
통일주제	**도리** (道理, 사람이 마땅히 행하여야 할 바른 길)			
개별주제	기름부음 받은 자를 해하지 않는 도리	결혼한 부부가 마땅히 해야 할 도리	제사장 에스겔이 선지자로서 할 도리	낙심할 상황 속에서도 성도가 할 도리
연합내용	**사람은 사회 안에서 도리를 다하여야 한다. 성도가 되면 그 도리의 범위는 넓어진다. 하나님께 받은 사명에 따라 그의 뜻 안에서 더 깊고 높고 넓은 도리를 지킴으로 구원과 심판의 역사를 완성해 가야 한다.**			
핵심구절	1~2,5,7~12 15~21,24	2,4~5,7~8,10~11 14~15,17,19~20 23~24,26~27,32~35	1~6,9~10,12~13 16~17	42:1~3,8,11 43:1,3~5

• 사무엘상 26장 : 기름부음 받은 자를 해하지 않는 도리

십 사람이 기브아에 와서 사울에게 말하여 이르되 다윗이 광야 앞 하길라 산에 숨지 아니하였나이까 하매...(1-2)

다윗이 일어나 사울이 진 친 곳에 이르러 사울과 넬의 아들 군사령관 아브넬이 머무는 곳을 본즉 사울이 진영 가운데에 누웠고 백성은 그를 둘러 진 쳤더라(5)

다윗과 아비새가 밤에 그 백성에게 나아가 본즉 사울이 진영 가운데 누워 자고 창은 머리 곁 땅에 꽂혀 있고 아브넬과 백성들은 그를 둘러 누웠는지라...(7-12)

다윗이 아브넬에게 이르되 네가 용사가 아니냐 이스라엘 가운데에 너 같은 자가 누구냐 그러한데 네가 어찌하여 네 주 왕을 보호하지 아니하느냐 백성 가운데 한 사람이 네 주 왕을 죽이려고 들어갔었느니라...(15-21)

오늘 왕의 생명을 내가 중히 여긴 것 같이 내 생명을 여호와께서 중히 여기셔서 모든 환난에서 나를 구하여 내시기를 바라나이다 하니라(24)

• 고린도전서 7장 : 결혼한 부부가 마땅히 해야 할 도리

음행을 피하기 위하여 남자마다 자기 아내를 두고 여자마다 자기 남편을 두라(2)

아내는 자기 몸을 주장하지 못하고 오직 그 남편이 하며 남편도 그와 같이 자기 몸을 주장하지 못하고 오직 그 아내가 하나니...(4-5)

나는 모든 사람이 나와 같기를 원하노라 그러나 각각 하나님께 받은 자기의 은사가 있으니 이 사람은 이러하고 저 사람은 저러하니라...(7-8)

결혼한 자들에게 내가 명하노니 (명하는 자는 내가 아니요 주시라) 여자는 남편에게서 갈라서지 말고...(10-11)

오직 주께서 각 사람에게 나눠 주신 대로 하나님이 각 사람을 부르신 그대로 행하라 내가 모든 교회에서 이와 같이 명하노라(17)

할례 받는 것도 아무 것도 아니요 할례 받지 아니하는 것도 아무 것도 아니로되 오직 하나님의 계명을 지킬 따름이니라...(19-20)

너희는 값으로 사신 것이니 사람들의 종이 되지 말라...(23-24)

• 에스겔 5장 : 제사장 에스겔이 선지자로서 할 도리

너 인자야 너는 날카로운 칼을 가져다가 삭도로 삼아 네 머리털과 수염을 깎아서 저울로 달아 나누어 두라...(1-6)

네 모든 가증한 일로 말미암아 내가 전무후무하게 네게 내릴지라...(9-10)

내가 멸망하게 하는 기근의 독한 화살을 너희에게 보내되 기근을 더하여 너희가 의뢰하는 양식을 끊을 것이라...(16-17)

• 시편 42-43편 : 낙심할 상황 속에서도 성도가 할 도리

하나님이여 사슴이 시냇물을 찾기에 갈급함 같이 내 영혼이 주를 찾기에 갈급하니이다...(42:1-3)

낮에는 여호와께서 그의 인자하심을 베푸시고 밤에는 그의 찬송이 내게 있어 생명의 하나님께 기도하리로다(42:8)

내 영혼아 네가 어찌하여 낙심하며 어찌하여 내 속에서 불안해 하는가 너는 하나님께 소망을 두라 나는 그가 나타나 도우심으로 말미암아 내 하나님을 여전히 찬송하리로다(42:11)

하나님이여 나를 판단하시되 경건하지 아니한 나라에 대하여 내 송사를 변호하시며 간사하고 불의한 자에게서 나를 건지소서(43:1)

주의 빛과 주의 진리를 보내시어 나를 인도하시고 주의 거룩한 산과 주께서 계시는 곳에 이르게 하소서...(43:3-5)

Ⅲ. 묵상을 위한 질문

1. 사울은 다윗을 찾아 죽이기 위해 몇 명을 데리고 어디로 갔나요?(1~3)
2. 다윗은 아비새와 함께 사울 진영에 가서 사울을 해할 기회를 얻었음에도 그를 죽이지 않은 이유는 무엇이며 대신 무엇을 가지고 돌아 왔나요?(7~9,11~12,23)
3. 바울은 고린도교회에게 결혼에 대하여 어떻게 가르치고 있나요?(2,9,28,38)
4. 바울은 고린도교회에게 결혼한 자의 한계가 무엇이며 따라서 어떻게 사는 것이 좋다고 했나요?(7~8,26,40)
5. 하나님은 에스겔에게 어떤 상징적 행동을 하게 함으로 예루살렘에 대한 심판의 내용을 알려 주셨나요?(1~3)
6. 예루살렘은 하나님 앞에 어떤 죄를 저질렀으며 그로 인하여 어떤 심판을 받았나요?(5~7,9~10~12,16~17)
7. 고라 자손은 어떤 갈급함과 갈망을 가지고 있었나요?(42:1~2,5,11)
8. 시편기자는 하나님께 어떤 갈급한 내용의 기도를 드렸나요?(43:1,3,5)

Ⅳ. 기도

1. 주여, 생활 중 유익한 상황이 벌어져도 하나님의 주권을 넘지 않게 하옵소서.
2. 주여, 결혼 후 가정을 이루고 살아갈 때 늘 부부의 도리를 다하게 하옵소서.
3. 주여, 형통할 때나 어려울 때 변함없이 하나님을 갈망하는 자 되게 하옵소서.

• 하나님 마음 알아가기 •

• 나에게 주시는 말씀(암송하기) •

• 오늘의 감사(기록하기) •

246 일차 / 365 은혜 9월 3일

I. 맥체인성경의 통독구조<246>

맥체인성경 통독은 새벽에 80~90절 정도의 핵심요절을 읽고 하루 중 정해 놓은 시간에 통일주제를 중심으로 4장 전체를 정독하면서 묵상문제 8가지를 풀어 영적인 만나를 먹는 구조이다.

II. 핵심구절 읽기

성경본문	사무엘상 27장	고린도전서 8장	에스겔 6장	시편 44편
통일주제	**은혜** (恩惠, 수고한 것이 없어도 사랑으로 베풀어 주는 신세나 혜택)			
개별주제	아기스가 다윗에게 거할 성읍을 제공한 은혜	오직 한 분이신 참 하나님의 절대적인 은혜	재앙이 끝난 후에 남은 자에게 베푸시는 은혜	이스라엘 민족을 새 땅에 정착하게 하신 은혜
연합내용	**하나님은 은혜로우신 분이시다. 그 분 안에는 절대적이며 무궁한 은혜가 넘쳐난다. 그 은혜는 예수 그리스도를 통해 열려졌고 사람과 환경을 통해 다양한 방법과 내용으로 믿는 자에게 주어진다.**			
핵심구절	1~2,4~6,8~12	1~4,6~8,10~13	3~6,8~12	1~3,7,9~11,14 17~18,22~24,26

• 사무엘상 27장 : 아기스가 다윗에게 거할 성읍을 제공한 은혜

다윗이 그 마음에 생각하기를 내가 후일에는 사울의 손에 붙잡히리니 블레셋 사람들의 땅으로 피하여 들어가는 것이 좋으리로다 사울이 이스라엘 온 영토 내에서 다시 나를 찾다가 단념하리니 내가 그의 손에서 벗어나리라 하고...(1-2)

다윗이 가드에 도망한 것을 어떤 사람이 사울에게 전하매 사울이 다시는 그를 수색하지 아니하니라...(4-6)

다윗과 그의 사람들이 올라가서 그술 사람과 기르스 사람과 아말렉 사람을 침노하였으니 그들은 옛적부터 술과 애굽 땅으로 지나가는 지방의 주민이라...(8-12)

• 고린도전서 8장 : 오직 한 분이신 참 하나님의 절대적인 은혜

우상의 제물에 대하여는 우리가 다 지식이 있는 줄을 아나 지식은 교만하게 하며 사랑은 덕을 세우나니...(1-4)

그러나 우리에게는 한 하나님 곧 아버지가 계시니 만물이 그에게서 났고 우리도 그를 위하여 있고 또한 한 주 예수 그리스도께서 계시니 만물이 그로 말미암고 우리도 그로 말미암아 있느니라...(6-8)

지식 있는 네가 우상의 집에 앉아 먹는 것을 누구든지 보면 그 믿음이 약한 자들의 양심이 담력을 얻어 우상의 제물을 먹게 되지 않겠느냐...(10-13)

• 에스겔 6장 : 재앙이 끝난 후에 남은 자에게 베푸시는 은혜

이르기를 이스라엘 산들아 주 여호와의 말씀을 들으라 주 여호와께서 산과 언덕과 시내와 골짜기를 향하여 이같이 말씀하시기를 나 곧 내가 칼이 너희에게 임하게 하여 너희 산당을 멸하리니...(3-6)

그러나 너희가 여러 나라에 흩어질 때에 내가 너희 중에서 칼을 피하여 이방인들 중에 살아남은 자가 있게 할지라...(8-12)

• 시편 44편 : 이스라엘 민족을 새 땅에 정착하게 하신 은혜

하나님이여 주께서 우리 조상들의 날 곧 옛날에 행하신 일을 그들이 우리에게 일러 주매 우리가 우리 귀로 들었나이다...(1-3)

오직 주께서 우리를 우리 원수들에게서 구원하시고 우리를 미워하는 자로 수치를 당하게 하셨나이다(7)

그러나 이제는 주께서 우리를 버려 욕을 당하게 하시고 우리 군대와 함께 나아가지 아니하시나이다...(9-11)

주께서 우리를 뭇 백성 중에 이야기거리가 되게 하시며 민족 중에서 머리 흔듦을 당하게 하셨나이(14)

이 모든 일이 우리에게 임하였으나 우리가 주를 잊지 아니하며 주의 언약을 어기지 아니하였나이다...(17-18)

우리가 종일 주를 위하여 죽임을 당하게 되며 도살할 양 같이 여김을 받았나이다...(22-24)

일어나 우리를 도우소서 주의 인자하심으로 말미암아 우리를 구원하소서(26)

Ⅲ. 묵상을 위한 질문

1. 다윗은 사울을 피하여 어디로 갔으며 그 곳에서 얼마 동안 지냈나요?(1~2,6~7)

2. 다윗은 시글락에 살면서 어디를 침노했고 아기스에게는 어떻게 말했나요?(8~11)

3. 바울은 고린도교회에게 우상 제물에 대하여 어떤 교훈을 주었나요?(4~8)

4. 바울은 믿음이 강한 자가 우상 제물을 먹음으로 믿음이 약한 자에게 어떤 결과가 미치지 않도록 그 자유를 조심하라고 말했나요?(8~13)

5. 여호와 하나님이 에스겔을 통해 이스라엘 산과 족속에게 예언하신 내용은 무엇이었나요?(2~6,11~12)

6. 여호와 하나님은 이스라엘 족속에게 칼과 기근과 전염병으로 재앙을 내리신 후에도 어떤 은혜를 베푸실 약속을 하셨나요?(8~10)

7. 고라 자손은 여호와가 선민에게 옛적부터 하신 일이 무엇이라고 했나요?(1~3)

8. 그러나 그 후 고라 자손은 선민이 어떤 처지에 놓였다고 말했나요?(9~14,19,22)

Ⅳ. 기도

1. 주여, 다윗처럼 위험할 때나 미약할 때 최선을 다하는 삶을 살게 하옵소서.
2. 주여, 믿음을 강하게 하시고 그 믿음으로 약한 자를 무시하지 않게 하옵소서.
3. 주여, 옛적부터 베풀어 주신 은혜를 알고 고난 중에도 신앙을 지키게 하옵소서.

• 하나님 마음 알아가기 •

• 나에게 주시는 말씀(암송하기) •

• 오늘의 감사(기록하기) •

247 일차 / 365 신념 9월 4일

Ⅰ. 맥체인성경의 통독구조<247>

맥체인성경의 바른 통독은 읽는 속도보다 읽는 자세에 있다. 신약과 구약의 각각 두 장을 필사하듯 정리하면서 깊이 묵상하는 자세로 읽으면 지혜의 은사를 경험할 수 있는 신비로운 구조이다. 더 나아가 통독을 뛰어넘어 정독의 영적 구조이다.

Ⅱ. 핵심구절 읽기

성경본문	사무엘상 28장	고린도전서 9장	에스겔 7장	시편 45~46편
통일주제	**신념** (信念, 어떤 사상이나 생각을 굳게 믿고 그것을 실현하려는 의지)			
개별주제	사울의 우상타파에 대한 일시적인 신념	바울의 복음전파에 대한 헌신적인 신념	에스겔의 유다 재앙에 대한 종말적 신념	고라 자손의 하나님의 대한 왕적인 신념
연합내용	**사람은 누구나 신념대로 행동한다. 그 신념이 주의 말씀 안에서 세워진 것이라면 하나님의 도우심으로 성취될 것이다. 하지만 즉흥적이고 일시적인 충동에 의한 신념이라면 그 결과는 자신에게 유익이 없다.**			
핵심구절	1~3,5~15,18~20 23	1~2,5~12,15~16 18~20,23~27	2~4,7,10~12,15 18~20,24,26~27	45:2,4~7,9~16 46:1,4~5,7,10

• 사무엘상 28장 : 사울의 우상타파에 대한 일시적인 신념

그 때에 블레셋 사람들이 이스라엘과 싸우려고 군대를 모집한지라 아기스가 다윗에게 이르되 너는 밝히 알라 너와 네 사람들이 나와 함께 나가서 군대에 참가할 것이니라...(1-3)

사울이 블레셋 사람들의 군대를 보고 두려워서 그의 마음이 크게 떨린지라...(5-15)

네가 여호와의 목소리를 순종하지 아니하고 그의 진노를 아말렉에게 쏟지 아니하였으므로 여호와께서 오늘 이 일을 네게 행하셨고...(18-20)

사울이 거절하여 이르되 내가 먹지 아니하겠노라 하니라 그의 신하들과 여인이 강권하매 그들의 말을 듣고 땅에서 일어나 침상에 앉으니라(23)

• 고린도전서 9장 : 바울의 복음전파에 대한 헌신적인 신념

내가 자유인이 아니냐 사도가 아니냐 예수 우리 주를 보지 못하였느냐 주 안에서 행한 나의 일이 너희가 아니냐...(1-2)

우리가 다른 사도들과 주의 형제들과 게바와 같이 믿음의 자매 된 아내를 데리고 다닐 권리가 없겠느냐...(5-12)

그러나 내가 이것을 하나도 쓰지 아니하였고 또 이 말을 쓰는 것은 내게 이같이 하여 달라는 것이 아니라 내가 차라리 죽을지언정 누구든지 내 자랑하는 것을 헛된 데로 돌리지 못하게 하리라...(15-16)

그런즉 내 상이 무엇이냐 내가 복음을 전할 때에 값없이 전하고 복음으로 말미암아 내게 있는 권리를 다 쓰지 아니하는 이것이로다...(18-20)

내가 복음을 위하여 모든 것을 행함은 복음에 참여하고자 함이라...(23-27)

• 에스겔 7장 : 에스겔의 유다 재앙에 대한 종말적 신념

너 인자야 주 여호와께서 이스라엘 땅에 관하여 이같이 말씀하셨느니라 끝났도다 이 땅 사방의 일이 끝났도다...(2-4)

이 땅 주민아 정한 재앙이 네게 임하도다 때가 이르렀고 날이 가까웠으니 요란한 날이요 산에서 즐거이 부르는 날이 아니로다(7)

볼지어다 그 날이로다 볼지어다 임박하도다 정한 재앙이 이르렀으니 몽둥이가 꽃이 피며 교만이 싹이 났도다...(10-12)

밖에는 칼이 있고 안에는 전염병과 기근이 있어서 밭에 있는 자는 칼에 죽을 것이요 성읍에 있는 자는 기근과 전염병에 망할 것이며(15)

그들이 굵은 베로 허리를 묶을 것이요 두려움이 그들을 덮을 것이요 모든 얼굴에는 수치가 있고 모든 머리는 대머리가 될 것이며...(18-20)

내가 극히 악한 이방인들을 데려와서 그들이 그 집들을 점령하게 하고 강한 자의 교만을 그치게 하리니 그들의 성소가 더럽힘을 당하리라(24)

환난에 환난이 더하고 소문에 소문이 더할 때에 그들이 선지자에게서 묵시를 구하나...(26-27)

• 시편 45-46편 : 고라 자손의 하나님의 대한 왕적인 신념

왕은 사람들보다 아름다워 은혜를 입술에 머금으니 그러므로 하나님이 왕에게 영원히 복을 주시도다(45:2)

왕은 진리와 온유와 공의를 위하여 왕의 위엄을 세우시고 병거에 오르소서 왕의 오른손이 왕에게 놀라운 일을 가르치리이다...(45:4-7)

왕이 가까이 하는 여인들 중에는 왕들의 딸이 있으며 왕후는 오빌의 금으로 꾸미고 왕의 오른쪽에 서도다...(45:9-16)

하나님은 우리의 피난처시요 힘이시니 환난 중에 만날 큰 도움이시라(46:1)

한 시내가 있어 나뉘어 흘러 하나님의 성 곧 지존하신 이의 성소를 기쁘게 하도다...(46:4-5)

이르시기를 너희는 가만히 있어 내가 하나님 됨을 알지어다 내가 뭇 나라 중에서 높임을 받으리라 내가 세계 중에서 높임을 받으리라 하시도다(46:10)

Ⅲ. 묵상을 위한 질문

1. 사울은 블레셋 사람들의 군대가 싸우러 온 것을 보고 어떤 행동을 했나요?(3~11)
2. 땅에서 올라온 사무엘의 영은 질문하는 사울에게 어떤 내용을 전했나요?(13~19)
3. 바울은 고린도교회에게 자기에게는 어떤 권리가 있다고 말했나요?(2,5~8,11~12)
4. 바울은 복음을 전하기 위해 어떤 철학과 자세를 가지고 있다고 했나요?(16~23)
5. 여호와 하나님은 에스겔을 통해 이스라엘 땅을 향하여 무엇을 예언하셨나요?(2~3, 5~7,9,12)
6. 여호와 하나님이 이스라엘에게 행하시는 심판적 벌의 특징은 무엇일까요?(14,17, 19~20,22,25~26)
7. 고라 자손은 어떤 왕에 대하여 찬가를 불렀나요?(45:2,4~7)
8. 고라 자손은 여호와 하나님이 자신들의 무엇이 되신다고 했나요?(46:1,5,7,10)

Ⅳ. 기도

1. 주여, 불안한 미래를 알기 위해 우상숭배나 미신적 일을 행치 말게 하옵소서.
2. 주여, 복음 전파의 사명을 깨닫고 눈높이에 맞춰 최선을 다해 전하게 하옵소서.
3. 주여, 하나님의 뜻을 범해 벌을 받지 말고 그를 의지하여 도움을 받게 하옵소서.

• 하나님 마음 알아가기 •

• 나에게 주시는 말씀(암송하기) •

• 오늘의 감사(기록하기) •

248 일차 / 365 동참 9월 5일

I. 맥체인성경의 통독구조<248>

영화 감상하기 : 영화의 중심내용은 변할 수 없다. 하지만 그 전개 과정이나 보조적인 내용이 더 큰 감동과 좋은 기억을 주기도 한다. 구약 2장, 신약 2장씩 읽는 맥체인성경 통독방식은 본 중심내용 외에 다양한 감동을 줄 수 있는 구조이다.

II. 핵심구절 읽기

성경본문	사무엘상 29~30장	고린도전서 10장	에스겔 8장	시편 47편
통일주제	**동참** (同參, 어떤 일이나 모임 등에 함께 참여함)			
개별주제	아말렉 추격에 동참하는 다윗과 백성들	주의 식탁에 동참하는 바울과 성도들	하나님의 환상에 동참하는 선지자 에스겔	즐거운 소리와 찬송에 동참하는 만민들
연합내용	**창조주 하나님은 역사를 주관하시는 분이시다. 사람은 하나님이 부르실 때 순종함으로 하나님의 일하심에 동참해야 한다. 오직 겸손과 성실과 진실과 충성으로 동참할 때 축복의 상급이 주어진다.**			
핵심구절	29:2~5,11 30:1~6,8,17~20, 22~23,26	1~7,11,13,14, 16~17,20~21	1~3,5~6,17~18	1~2,6~7

• 사무엘상 29-30장 : 아말렉 추격에 동참하는 다윗과 백성들

블레셋 사람들의 수령들은 수백 명씩 수천 명씩 인솔하여 나아가고 다윗과 그의 사람들은 아기스와 함께 그 뒤에서 나아가더니...(29:2-5)

이에 다윗이 자기 사람들과 더불어 아침에 일찍이 일어나서 떠나 블레셋 사람들의 땅으로 돌아가고 블레셋 사람들은 이스르엘로 올라가니라(29:11)

다윗과 그의 사람들이 사흘 만에 시글락에 이른 때에 아말렉 사람들이 이미 네겝과 시글락을 침노하였는데 그들이 시글락을 쳐서 불사르고...(30:1-6)

다윗이 여호와께 묻자와 이르되 내가 이 군대를 추격하면 따라잡겠나이까 하니 여호와께서 그에게 대답하시되 그를 쫓아가라 네가 반드시 따라잡고 도로 찾으리라(30:8)

다윗이 새벽부터 이튿날 저물 때까지 그들을 치매 낙타를 타고 도망한 소년 사백 명 외에는 피한 사람이 없었더라...(30:17-20)

다윗과 함께 갔던 자들 가운데 악한 자와 불량배들이 다 이르되 그들이 우리와 함께 가지 아니하였은즉 우리가 도로 찾은 물건은 무엇이든지 그들에게 주지 말고 각자의 처자만 데리고 떠나가게 하라 하는지라...(30:22-23)

다윗이 시글락에 이르러 전리품을 그의 친구 유다 장로들에게 보내어 이르되 보라 여호와의 원수에게서 탈취한 것을 너희에게 선사하노라 하고(30:26)

• 고린도전서 10장 : 주의 식탁에 동참하는 바울과 성도들

형제들아 나는 너희가 알지 못하기를 원하지 아니하노니 우리 조상들이 다 구름 아래에 있고 바다 가운데로 지나며...(1-7)

그들에게 일어난 이런 일은 본보기가 되고 또한 말세를 만난 우리를 깨우치기 위하여 기록되었느니라(11)

사람이 감당할 시험 밖에는 너희가 당한 것이 없나니 오직 하나님은 미쁘사 너희가 감당하지 못할 시험 당함을 허락하지 아니하시고 시험 당할 즈음에 또한 피할 길을 내사 너희로 능히 감당하게 하시느니라...(13-14)

우리가 축복하는 바 축복의 잔은 그리스도의 피에 참여함이 아니며 우리가 떼는 떡은 그리스도의 몸에 참여함이 아니냐...(16-17)

• 에스겔 8장 : 하나님의 환상에 동참하는 선지자 에스겔

여섯째 해 여섯째 달 초닷새에 나는 집에 앉았고 유다의 장로들은 내 앞에 앉아 있는데 주 여호와의 권능이 거기에서 내게 내리기로...(1-3)

그가 내게 이르시되 인자야 이제 너는 눈을 들어 북쪽을 바라보라 하시기로 내가 눈을 들어 북쪽을 바라보니 제단문 어귀 북쪽에 그 질투의 우상이 있더라...(5-6)

또 내게 이르시되 인자야 네가 보았느냐 유다 족속이 여기에서 행한 가증한 일을 적다 하겠느냐 그들이 그 땅을 폭행으로 채우고 또 다시 내 노여움을 일으키며 심지어 나뭇가지를 그 코에 두었느니라...(17-18)

• 시편 47편 : 즐거운 소리와 찬송에 동참하는 만민들

너희 만민들아 손바닥을 치고 즐거운 소리로 하나님께 외칠지어다 지존하신 여호와는 두려우시고 온 땅에 큰 왕이 되심이로다(1-2)

찬송하라 하나님을 찬송하라 찬송하라 우리 왕을 찬송하라 하나님은 온 땅의 왕이심이라 지혜의 시로 찬송할지어다(6-7)

Ⅲ. 묵상을 위한 질문

1. 블레셋 방백들이 아기스에게 다윗을 돌려보내라고 말한 이유는 무엇일까요?(29:3~5)
2. 다윗이 전리품을 동일하게 분배하기로 한 이유는 무엇일까요?(30:21~25)
3. 바울이 이스라엘 조상들의 광야생활을 본보기 삼아 스스로를 깨우치자고 말한 사건들은 무엇일까요?(6~10)
4. 바울은 고린도교회 성도들에게 무엇과 무엇을 겸하지 말라고 말했나요?(20~21)
5. 하나님께서 에스겔을 환상 중에 어디로 이끌어 가셨나요?(3)
6. 하나님께서 에스겔에게 보이신 이스라엘 백성들의 우상숭배는 무엇이었나요?(10,14, 16~17)
7. 만민들이 하나님을 찬송해야 하는 이유는 무엇일까요?(2,6~7)
8. 고라 자손의 인도자는 만민들에게 하나님을 어떻게 찬송하라고 했나요?(1,5)

Ⅳ. 기도

1. 주여, 하나님의 일에 마땅히 참여할 수 있는 용기와 넉넉한 믿음을 주옵소서.
2. 주여, 하나님의 영에 붙들리어 한눈팔지 않고 주님만 예배하며 살게 하옵소서.
3. 주여, 하나님의 왕 되심을 인정하는 나라와 찬송하는 백성이 되게 하옵소서.

• 하나님 마음 알아가기 •

• 나에게 주시는 말씀(암송하기) •

• 오늘의 감사(기록하기) •

249 일차 / 365 사망 9월 6일

Ⅰ. 맥체인성경의 통독구조<249>

맥체인성경통독은 구약과 신약 4장을 읽을 때 특별히 교훈을 찾기 어려운 본문을 만나면 다른 본문을 통해 충분한 교훈을 얻을 수 있는 구조다. 예를 들어 구약에 족보만 나오는 장이 있을 때 신약은 족보와 연관된 풍성한 다른 내용이 펼쳐짐으로 충분한 교훈을 얻게 되는 구조다.

Ⅱ. 핵심구절 읽기

성경본문	사무엘상 31장	고린도전서 11장	에스겔 9장	시편 48편
통일주제	**사망** (死亡, 사람의 목숨이 끊어짐)			
개별주제	사울 왕과 요나단이 예언대로 전장에서 사망	성만찬의 근거가 되는 예수 그리스도의 사망	이마에 표 있는 자를 제외한 모든 자들의 사망	하나님의 성을 찬송치 않는 자의 심판적 사망
연합내용	**죄로 인해 세상에 사망이 들어왔다. 결국 죄의 삯은 사망이다. 사람이 한번 죽는 것은 정한 이치가 되었다. 믿는 자는 육의 죽음인 첫째 사망은 당할지라도 영원한 불못에 들어가는 둘째 사망은 피해야 한다.**			
핵심구절	1~6,9~12	1,3,7~9,11~12 14,17,20~27,32	1~6,8~9	1~2,8~9,11~14

• 사무엘상 31장 : 사울 왕과 요나단이 예언대로 전장에서 사망

블레셋 사람들이 이스라엘을 치매 이스라엘 사람들이 블레셋 사람들 앞에서 도망하여 길보아 산에서 엎드러져 죽으니라...(1-6)

사울의 머리를 베고 그의 갑옷을 벗기고 자기들의 신당과 백성에게 알리기 위하여 그것을 블레셋 사람들의 땅 사방에 보내고...(9-12)

• 고린도전서 11장 : 성만찬의 근거가 되는 예수 그리스도의 사망

내가 그리스도를 본받는 자가 된 것 같이 너희는 나를 본받는 자가 되라(1)

그러나 나는 너희가 알기를 원하노니 각 남자의 머리는 그리스도요 여자의 머리는 남자요 그리스도의 머리는 하나님이시라(3)

남자는 하나님의 형상과 영광이니 그 머리를 마땅히 가리지 않거니와 여자는 남자의 영광이니라...(7-9)

그러나 주 안에는 남자 없이 여자만 있지 않고 여자 없이 남자만 있지 아니하니라...(11-12)

내가 명하는 이 일에 너희를 칭찬하지 아니하나니 이는 너희의 모임이 유익이 못되고 도리어 해로움이라(17)

만일 남자에게 긴 머리가 있으면 자기에게 부끄러움이 되는 것을 본성이 너희에게 가르치지 아니하느냐(14)

그런즉 너희가 함께 모여서 주의 만찬을 먹을 수 없으니...(20-27)

우리가 판단을 받는 것은 주께 징계를 받는 것이니 이는 우리로 세상과 함께 정죄함을 받지 않게 하려 하심이라(32)

• 에스겔 9장 : 이마에 표 있는 자를 제외한 모든 자들의 사망

또 그가 큰 소리로 내 귀에 외쳐 이르시되 이 성읍을 관할하는 자들이 각기 죽이는 무기를 손에 들고 나아오게 하라 하시더라...(1-6)

그들이 칠 때에 내가 홀로 있었는지라 엎드려 부르짖어 이르되 아하 주 여호와여 예루살렘을 향하여 분노를 쏟으시오니 이스라엘의 남은 자를 모두 멸하려 하시나이까 그가 내게 이르시되 이스라엘과 유다 족속의 죄악이 심히 중하여 그 땅에 피가 가득하며 그 성읍에 불법이 찼나니 이는 그들이 이르기를 여호와께서 이 땅을 버리셨으며 여호와께서 보지 아니하신다 함이라(8-9)

• 시편 48편 : 하나님의 성을 찬송치 않는 자의 심판적 사망

여호와는 위대하시니 우리 하나님의 성, 거룩한 산에서 극진히 찬양 받으시리로다...(1-2)

우리가 들은 대로 만군의 여호와의 성, 우리 하나님의 성에서 보았나니 하나님이 이를 영원히 견고하게 하시리로다 (셀라) 하나님이여 우리가 주의 전 가운데에서 주의 인자하심을 생각하였나이다(8-9)

주의 심판으로 말미암아 시온 산은 기뻐하고 유다의 딸들은 즐거워할지어다...(11-14)

Ⅲ. 묵상을 위한 질문

1. 사울 왕과 그의 세 아들은 어떻게 죽었나요?(2~4,8)
2. 사울 왕의 시체를 끝까지 챙겨 온전한 장례를 치러 준 자는 누구일까요?(9~13)
3. 바울이 고린도교회에게 교훈한 남자와 여자의 모습은 어떤 것이었나요?(13~15)
4. 바울이 고린도교회에게 칭찬하지 않고 꾸중한 내용은 무엇일까요?(17,20~27)
5. 하나님은 가는 베 옷을 입고 허리에 서기관의 먹 그릇을 찬 사람에게 어떤 명령을 내리셨나요?(2~6)
6. 하나님께서 이스라엘의 남은 자인 예루살렘 백성들까지 모두 멸하시는 이유는 무엇일까요?(8~10)
7. 고라 자손은 하나님과 이스라엘 백성 앞에서 어떤 노래를 불렀나요?(1~2,8,14)
8. 고라 자손은 여호와의 성에 거하지 못하는 누구의 심판을 노래했나요?(4~7,11)

Ⅳ. 기도

1. 주여, 악을 행하여 부끄러운 죽음을 맞이하지 않게 하옵소서.
2. 주여, 교회의 모든 모임이 그릇된 신앙생활로 인하여 나뉘지 않게 하옵소서.
3. 주여, 천국에 소망을 두고 구원을 노래하는 그리스도인이 되게 하옵소서.

• 하나님 마음 알아가기 •

• 나에게 주시는 말씀(암송하기) •

• 오늘의 감사(기록하기) •

250 일차 / 365 위로 9월 7일

Ⅰ. 맥체인성경의 통독구조<250>

맥체인성경의 묵상하기 문제는 성경을 읽어나가면서 바로 성령의 감동을 받아 질문 문제를 작성한다. 읽은 말씀 중에서 여러 요절의 내용으로 문제를 만들 수도 있고 한 요절로 문제를 만들 수도 있다.

Ⅱ. 핵심구절 읽기

성경본문	사무엘하 1장	고린도전서 12장	에스겔10장	시편 49편
통일주제	**위로** (慰勞, 남의 괴로움이나 슬픔을 달래 주려고 따뜻한 말이나 행동 또는 은혜를 베풂)			
개별주제	다윗이 노래로 사울과 요나단의 죽음을 위로함	성령이 은사를 통해 몸된 모든 지체를 위로함	천사가 그룹과 바퀴를 통해 에스겔을 위로함	하나님이 영접을 통해 유한한 사람을 위로함
연합내용	**유한하고 부족한 인간은 자주 어려움 속에 처한다. 또한 가치 있는 일을 위해 노력하지만 한계에 부딪친다. 그때마다 자비로우신 하나님과 사랑이 넘치는 사람들은 어려움 당한 자에게 다가와 위로를 베푼다.**			
핵심구절	2~10,14~15,17 19~21,23~24,26	1,3~12,17~26 28~31	1~2,6~14,16~17 20~22	2~4,6~8,10~13 15~20

• 사무엘하 1장 : 다윗이 노래로 사울과 요나단의 죽음을 위로함

사흘째 되는 날에 한 사람이 사울의 진영에서 나왔는데 그의 옷은 찢어졌고 머리에는 흙이 있더라 그가 다윗에게 나아와 땅에 엎드려 절하매...(2-10)

다윗이 그에게 이르되 네가 어찌하여 손을 들어 여호와의 기름 부음 받은 자 죽이기를 두려워하지 아니하였느냐 하고...(14-15)

다윗이 이 슬픈 노래로 사울과 그의 아들 요나단을 조상하고(17)

이스라엘아 네 영광이 산 위에서 죽임을 당하였도다 오호라 두 용사가 엎드러졌도다...(19-21)

사울과 요나단이 생전에 사랑스럽고 아름다운 자이러니 죽을 때에도 서로 떠나지 아니하였도다 그들은 독수리보다 빠르고 사자보다 강하였도다...(23-24)

내 형 요나단이여 내가 그대를 애통함은 그대는 내게 심히 아름다움이라 그대가 나를 사랑함이 기이하여 여인의 사랑보다 더하였도다(26)

• 고린도전서 12장 : 성령이 은사를 통해 몸된 모든 지체를 위로함

형제들아 신령한 것에 대하여 나는 너희가 알지 못하기를 원하지 아니하노니(1)

그러므로 내가 너희에게 알리노니 하나님의 영으로 말하는 자는 누구든지 예수를 저주할 자라 하지 아니하고 또 성령으로 아니하고는 누구든지 예수를 주시라 할 수 없느니라...(3-12)

만일 온 몸이 눈이면 듣는 곳은 어디며 온 몸이 듣는 곳이면 냄새 맡는 곳은 어디냐...(17-26)

하나님이 교회 중에 몇을 세우셨으니 첫째는 사도요 둘째는 선지자요 셋째는 교사요 그 다음은 능력을 행하는 자요 그 다음은 병 고치는 은사와 서로 돕는 것과 다스리는 것과 각종 방언을 말하는 것이라...(28-31)

• 에스겔 10장 : 천사가 그룹과 바퀴를 통해 에스겔을 위로함

이에 내가 보니 그룹들 머리 위 궁창에 남보석 같은 것이 나타나는데 그들 위에 보좌의 형상이 있는 것 같더라...(1-2)

하나님이 가는 베 옷을 입은 자에게 명령하시기를 바퀴 사이 곧 그룹들 사이에서 불을 가져가라 하셨으므로 그가 들어가 바퀴 옆에 서매...(6-14)

그룹들이 나아갈 때에는 바퀴도 그 곁에서 나아가고 그룹들이 날개를 들고 땅에서 올라가려 할 때에도 바퀴가 그 곁을 떠나지 아니하며...(16-17)

그것은 내가 그발 강 가에서 보던 이스라엘의 하나님 아래에 있던 생물이라 그들이 그룹인 줄을 내가 아니라...(20-22)

• 시편 49편 : 하나님이 영접을 통해 유한한 사람을 위로함

귀천 빈부를 막론하고 다 들을지어다...(2-4)

자기의 재물을 의지하고 부유함을 자랑하는 자는...(6-8)

그러나 그는 지혜 있는 자도 죽고 어리석고 무지한 자도 함께 망하며 그들의 재물은 남에게 남겨 두고 떠나는 것을 보게 되리로다...(10-13)

그러나 하나님은 나를 영접하시리니 이러므로 내 영혼을 스올의 권세에서 건져내시리로다 (셀라)...(15-20)

Ⅲ. 묵상을 위한 질문

1. 다윗은 사울의 죽음에 대해 거짓말을 한 아말렉 사람을 어떻게 처리하였나요?(4~10, 13~16)
2. 다윗은 사울과 그의 아들 요나단을 위해 어떤 슬픈 조가를 불렀나요?(19~26)
3. 성령은 그리스도의 몸된 교회의 각 지체에게 무엇을 은사로 주시나요?(4~12)
4. 또 성령은 그리스도의 몸된 교회를 세우기 위해 어떤 은사도 주시나요?(27~31)
5. 에스겔은 그룹들 곁에 있는 무엇을 보았으며 어떤 모양이었나요?(9~10,12~14)
6. 에스겔이 본 그룹들과 바퀴들은 서로 어떻게 행동하였나요?(16~17,19~22)
7. 고라 자손은 지혜, 명철, 비유를 통해 어떤 오묘한 말을 했나요?(6~11,13,17~19)
8. 고라 자손은 깨닫지 못하는 사람에 대해 무엇과 같다고 비유했나요?(12,20)

Ⅳ. 기도

1. 주여, 타인의 죽음을 평가하지 말고 위로하는 선한 마음을 주옵소서.
2. 주여, 그리스도의 몸된 교회의 지체로서 신령한 은사를 사용하게 하옵소서.
3. 주여, 세상의 것으로 자신의 유한함을 벗으려는 우매함을 버리게 하옵소서.

• 하나님 마음 알아가기 •

• 나에게 주시는 말씀(암송하기) •

• 오늘의 감사(기록하기) •

유익

Ⅰ. 맥체인성경의 통독구조<251>

맥체인성경통독은 성경을 내용 중심뿐만이 아니라 적용 중심으로 보게 하는 구조다. 일반적으로 적용은 한 본문일 경우 단면적 교훈을 찾게 된다. 하지만 맥체인 성경은 4장의 본문을 읽는 것이기 때문에 현실 상황에 맞는 응용적인 여러 개의 교훈을 찾아 적용할 수 있도록 도와주는 놀라운 구조이다.

Ⅱ. 핵심구절 읽기

성경본문	사무엘하 2장	고린도전서 13장	에스겔 11장	시편 50편
통일주제	**유익** (有益, 이롭거나 도움이 됨)			
개별주제	휴전은 싸우는 모두를 유익하게 하는 것	사랑은 나보다 상대를 유익하게 하는 것	예언은 사로잡힌 자를 유익하게 하는 것	제물은 제사하는 자를 유익하게 하는 것
연합내용	**세상에는 유익한 일과 무익한 일이 있다. 유익한 일이라 해도 자신에게만 국한되고 타인에게는 피해가 되는 일도 있다. 그러므로 영적이든 육적이든 타인에게 유익이 되는 일을 하는 선한 자가 되어야 한다.**			
핵심구절	1~5,8~13,17~19 23,26~28,30~32	1~7,11~13	1~5,7,9~12 15~20,22~25	1~2,4~6,8~9,12 14~15,21~23

• 사무엘하 2장 : 휴전은 싸우는 모두를 유익하게 하는 것

그 후에 다윗이 여호와께 여쭈어 아뢰되 내가 유다 한 성읍으로 올라가리이까 여호와께서 이르시되 올라가라 다윗이 아뢰되 어디로 가리이까 이르시되 헤브론으로 갈지니라...(1-5)

사울의 군사령관 넬의 아들 아브넬이 이미 사울의 아들 이스보셋을 데리고 마하나임으로 건너가...(8-13)

그 날에 싸움이 심히 맹렬하더니 아브넬과 이스라엘 사람들이 다윗의 신복들 앞에서 패하니라...(17-19)

아브넬이 요압에게 외쳐 이르되 칼이 영원히 사람을 상하겠느냐 마침내 참혹한 일이 생길 줄을 알지 못하느냐 네가 언제 무리에게 그의 형제 쫓기를 그치라 명령하겠느냐...(26-28)

요압이 아브넬 쫓기를 그치고 돌아와 무리를 다 모으니 다윗의 신복 중에 열아홉 명과 아사헬이 없어졌으나...(30-32)

• 고린도전서 13장 : 사랑은 나보다 상대를 유익하게 하는 것

내가 사람의 방언과 천사의 말을 할지라도 사랑이 없으면 소리 나는 구리와 울리는 꽹과리가 되고 내가 예언하는 능력이 있어 모든 비밀과 모든 지식을 알고 또 산을 옮길 만한 모든 믿음이 있을지라도 사랑이 없으면 내가 아무 것도 아니요...(1-7)

내가 어렸을 때에는 말하는 것이 어린 아이와 같고 깨닫는 것이 어린 아이와 같고 생각하는 것이 어린 아이와 같다가 장성한 사람이 되어서는 어린 아이의 일을 버렸노라...(11-12)

그런즉 믿음, 소망, 사랑, 이 세 가지는 항상 있을 것인데 그 중의 제일은 사랑이라(13)

• 에스겔 11장 : 예언은 사로잡힌 자를 유익하게 하는 것

그 때에 주의 영이 나를 들어올려서 여호와의 전 동문 곧 동향한 문에 이르시기로 보니 그 문에 사람이 스물다섯 명이 있는데 내가 그 중에서 앗술의 아들 야아사냐와 브나야의 아들 블라댜를 보았으니 그들은 백성의 고관이라...(1-5)

그러므로 주 여호와께서 이같이 말씀하셨느니라 이 성읍 중에서 너희가 죽인 시체는 그 고기요 이 성읍은 그 가마인데 너희는 그 가운데에서 끌려 나오리라(7)

너희를 그 성읍 가운데에서 끌어내어 타국인의 손에 넘겨 너희에게 벌을 내리리니...(9-12)

인자야 예루살렘 주민이 네 형제 곧 네 형제와 친척과 온 이스라엘 족속을 향하여 이르기를 너희는 여호와에게서 멀리 떠나라 이 땅은 우리에게 주어 기업이 되게 하신 것이라 하였나니...(15-20)

그 때에 그룹들이 날개를 드는데 바퀴도 그 곁에 있고 이스라엘 하나님의 영광도 그 위에 덮였더니...(22-25)

• 시편 50편 : 제물은 제사하는 자를 유익하게 하는 것

전능하신 이 여호와 하나님께서 말씀하사 해 돋는 데서부터 지는 데까지 세상을 부르셨도다...(1-2)

하나님이 자기의 백성을 판결하시려고 위 하늘과 아래 땅에 선포하여...(4-6)

나는 네 제물 때문에 너를 책망하지는 아니하리니 네 번제가 항상 내 앞에 있음이로다...(8-9)

내가 가령 주려도 네게 이르지 아니할 것은 세계와 거기에 충만한 것이 내 것임이로다(12)

감사로 하나님께 제사를 드리며 지존하신 이에게 네 서원을 갚으며...(14-15)

네가 이 일을 행하여도 내가 잠잠하였더니 네가 나를 너와 같은 줄로 생각하였도다 그러나 내가 너를 책망하여 네 죄를 네 눈 앞에 낱낱이 드러내리라 하시는도다...(21-23)

Ⅲ. 묵상을 위한 질문

1. 다윗은 하나님이 말씀하시기 전에도 먼저 기도를 통해 자신의 무엇을 여쭤 보았나요?(1)
2. 사울의 군사령관 넬의 아들 아브넬과 다윗의 신복 요압 간의 싸움은 어떻게 끝났나요?(12~17,24~29,32)
3. 바울은 고린도교회에게 사랑의 중요성과 필요성을 어떻게 설명했나요?(1~3)
4. 바울은 고린도교회에게 사랑의 성격과 특성을 어떻게 설명했나요?(4~7)
5. 하나님은 에스겔을 통해 백성의 고관들에게 어떤 예언을 하셨나요?(1~4,7~12)
6. 하나님은 에스겔을 통해 사로잡힌 자에게 어떤 약속을 주셨나요?(15~20)
7. 아삽은 여호와 하나님이 누구를 위해 주신다고 했나요?(4~8,14~15,23)
8. 아삽은 여호와 하나님이 누구를 책망하며 심판하신다고 했나요?(16~22)

Ⅳ. 기도

1. 주여, 범사에 기도를 통해 자신의 길을 여쭤보는 경건한 자가 되게 하옵소서.
2. 주여, 사랑의 중요성을 깨닫고 사랑의 특성을 실천하는 자가 되게 하옵소서.
3. 주여, 타인에게 헛된 말이나 거짓을 말하지 않는 진실한 자가 되게 하옵소서.

• 하나님 마음 알아가기 •

• 나에게 주시는 말씀(암송하기) •

• 오늘의 감사(기록하기) •

252 일차 / 365 대의 9월 9일

I. 맥체인성경의 통독구조<252>

성경을 통독하는 이유는 먼저 내용을 알기 위함이다. 하지만 좀 더 나아가 묵상을 하고 그 내용을 삶에 적용하기 위함이다. 이를 위하여 다양한 사건의 본문을 대하는 것은 통독자에게 매우 유익하다. 한 본문이 아닌 여러 본문 속에서 다양한 적용을 찾아 적용 문제를 만들 수 있기 때문이다.

II. 핵심구절 읽기

성경본문	사무엘하 3장	고린도전서 14장	에스겔 12장	시편 51편
통일주제	**대의** (大義/大意, 하나님과 사람이 행하거나 지켜야 할 큰 도리와 큰 뜻)			
개별주제	민족 화합을 이루려는 다윗의 수용적인 대의	교회의 덕을 세우려는 지체의 양보적인 대의	반역한 족속을 벌하시는 주의 공의적인 대의	죄를 용서해 주시는 하나님의 긍휼적인 대의
연합내용	**죄악된 세상은 온전히 공평하지 못하다. 대개 한쪽으로 기울게 마련이다. 그 때 하나님과 참 그리스도인은 큰 뜻과 마음을 가지고 수용하고 양보하며 때로는 공의와 긍휼로 세상을 화평하게 세워가야 한다.**			
핵심구절	2~3,6~14,17~21 27~29,31~32 35~37	1~5,9,11~15 19~20,24~26 28~29,33~34,40	2~6,9~13,16 18~19,22~25,28	1~3,7,9~13,17

• 사무엘하 3장 : 민족 화합을 이루려는 다윗의 수용적인 대의

다윗이 헤브론에서 아들들을 낳았으되 맏아들은 암논이라 이스르엘 여인 아히노암의...(2-3)

사울의 집과 다윗의 집 사이에 전쟁이 있는 동안에 아브넬이 사울의 집에서 점점...(6-14)

아브넬이 이스라엘 장로들에게 말하여 이르되 너희가 여러 번 다윗을 너희의 임금으로 세우기를 구하였으니...(17-21)

아브넬이 헤브론으로 돌아오매 요압이 더불어 조용히 말하려는 듯이 그를 데리고 성문 안으로 들어가 거기서 배를 찔러 죽이니 이는 자기의 동생 아사헬의 피로 말미암음이더라...(27-29)

다윗이 요압과 및 자기와 함께 있는 모든 백성에게 이르되 너희는 옷을 찢고 굵은 베를 띠고 아브넬 앞에서 애도하라 하니라 다윗 왕이 상여를 따라가...(31-32)

석양에 뭇 백성이 나아와 다윗에게 음식을 권하니 다윗이 맹세하여 이르되 만일 내가 해 지기 전에 떡이나 다른 모든 것을 맛보면 하나님이 내게 벌 위에 벌을 내리심이...(35-37)

• 고린도전서 14장 : 교회의 덕을 세우려는 지체의 양보적인 대의

사랑을 추구하며 신령한 것들을 사모하되 특별히 예언을 하려고 하라...(1-5)

이와 같이 너희도 혀로써 알아 듣기 쉬운 말을 하지 아니하면 그 말하는 것을 어찌 알리요 이는 허공에다 말하는 것이라(9)

그러나 교회에서 내가 남을 가르치기 위하여 깨달은 마음으로 다섯 마디 말을 하는 것이 일만 마디 방언으로 말하는 것보다 나으니라...(19-20)

그러나 다 예언을 하면 믿지 아니하는 자들이나 알지 못하는 자들이 들어와서 모든 사람에게 책망을 들으며 모든 사람에게 판단을 받고...(24-26)

만일 통역하는 자가 없으면 교회에서는 잠잠하고 자기와 하나님께 말할 것이요...(28-29)

하나님은 무질서의 하나님이 아니시요 오직 화평의 하나님이시니라 모든 성도가...(33-34)

모든 것을 품위 있게 하고 질서 있게 하라(40)

• 에스겔 12장 : 반역한 족속을 벌하시는 주의 공의적인 대의

인자야 네가 반역하는 족속 중에 거주하는도다 그들은 볼 눈이 있어도 보지 아니하고 들을 귀가 있어도 듣지 아니하나니 그들은 반역하는 족속임이라...(2-6)

인자야 이스라엘 족속 곧 그 반역하는 족속이 네게 묻기를 무엇을 하느냐 하지 아니하더냐...(9-13)

그러나 내가 그 중 몇 사람을 남겨 칼과 기근과 전염병에서 벗어나게 하여 그들이 이르는 이방인 가운데에서 자기의 모든 가증한 일을 자백하게 하리니 내가 여호와인 줄을...(16)

인자야 너는 떨면서 네 음식을 먹고 놀라고 근심하면서 네 물을 마시며...(18-19)

인자야 이스라엘 땅에서 이르기를 날이 더디고 모든 묵시가 사라지리라 하는 너희의 이 속담이 어찌 됨이냐...(22-25)

그러므로 너는 그들에게 이르기를 주 여호와의 말씀에 나의 말이 하나도 다시 더디지 아니할지니 내가 한 말이 이루어지리라 나 주 여호와의 말이니라 하셨다 하라(28)

• 시편 51편 : 죄를 용서해 주시는 하나님의 긍휼적인 대의

하나님이여 주의 인자를 따라 내게 은혜를 베푸시며 주의 많은 긍휼을 따라 내 죄악을...(1-3)

우슬초로 나를 정결하게 하소서 내가 정하리이다 나의 죄를 씻어 주소서 내가 눈보다 희리이다(7)

주의 얼굴을 내 죄에서 돌이키시고 내 모든 죄악을 지워 주소서...(9-13)

하나님께서 구하시는 제사는 상한 심령이라 하나님이여 상하고 통회하는 마음을 주께서 멸시하지 아니하시리이다(17)

Ⅲ. 묵상을 위한 질문

1. 다윗은 점점 강해질 때에 사울 집의 아브넬의 어떤 제안을 수용했나요?(1,6,12~13)
2. 다윗은 요압에 의해 죽은 아브넬을 진실하게 장사 지내줌으로 어떤 결과를 얻게 되었나요?(26~27,31~37)
3. 바울은 고린도교회에게 어떤 은사로 교회에 덕을 세우라고 했나요?(1,3~5,19)
4. 바울은 고린도교회에게 하나님은 어떤 분이라고 강조했나요?(33,40)
5. 여호와 하나님은 반역하는 족속에게 앞일을 보이시려고 에스겔로 하여금 어떤 행장을 하게 하셨나요?(3~6,9~12)
6. 하나님은 "날이 더디고 모든 묵시가 사라지리라"는 반역하는 족속들의 속담을 어떻게 응하시겠다고 말씀하셨나요?(22~25,27~28)
7. 다윗은 자신의 죄를 회개할 때에 하나님의 어떤 성품을 의지했나요?(1~3,14)
8. 다윗은 회개한 후에 하나님 안에서 어떤 심령이 되길 소망했나요?(7,10~12)

Ⅳ. 기도

1. 주여, 점점 힘이 생기고 강해질 때 너그러운 마음을 갖고 대하게 하옵소서.
2. 주여, 성령의 은사를 받아 질서있게 바로 사용함으로 덕을 세우게 하옵소서.
3. 주여, 하나님의 예언을 경히 여기지 말고 늘 종말론적 자세로 듣게 하옵소서.

• 하나님 마음 알아가기 •

• 나에게 주시는 말씀(암송하기) •

• 오늘의 감사(기록하기) •

253 일차 / 365 살림 9월 10일

Ⅰ. 맥체인성경의 통독구조<253>

4장의 전개를 드라마의 시나리오 구성처럼 생각하고 묵상하라. 우선 등장인물 한 사람의 이야기부터 시작한다. 다음 등장인물을 중심으로 일어난 한 사건의 이야기를 풀어간다. 또한 다른 한 편에서 일어나는 인물과 사건에도 연계하여 내용을 파악, 전개한다. 종합적으로 시나리오를 완성한다.

Ⅱ. 핵심구절 읽기

성경본문	사무엘하 4~5장	고린도전서 15장	에스겔 13장	시편 52~54편
통일주제	**살림** (復活, 쇠퇴한 것이 다시 성하게 일어나고 죽은 것이 다시 살아남)			
개별주제	흩어진 지파를 다윗을 중심으로 다시 살리심	그리스도가 죽게된 모든 영혼을 다시 살리심	거짓 예언에 죽은 백성의 영혼을 다시 살리심	고난과 역경 속에 처한 다윗을 다시 살리심
연합내용	**하나님은 창조주이시며 구원자이시다. 개인적으로는 죄로 인하여 죽은 자를 믿음 안에서 살리시며 국가적으로는 민족을 섭리 안에서 회복시키신다. 오직 하나님과 예수 그리스도만이 다시 살리실 수 있다.**			
핵심구절	4:1~2,4~5,7~12 5:1~7,9~12,14 19~20,22~24	2~10,13~15,17~20 22~24,29~32,35~36 39~47,50~52,55~58	2~6,9~14,17~22	52:1~3,5,7~8 53:1~3,5~6 54:1~6

• 사무엘하 4-5장 : 흩어진 지파를 다윗을 중심으로 다시 살리심

사울의 아들 이스보셋은 아브넬이 헤브론에서 죽었다 함을 듣고 손의 맥이 풀렸고 온 이스라엘이 놀라니라...(4:1-2)

그들이 집에 들어가니 이스보셋이 침실에서 침상 위에 누워 있는지라 그를 쳐죽이고 목을 베어 그의 머리를 가지고 밤새도록 아라바 길로 가...(4:7-12)

이스라엘 모든 지파가 헤브론에 이르러 다윗에게 나아와 이르되 보소서 우리는 왕의 한 골육이니이다...(5:1-7)

다윗이 그 산성에 살면서 다윗 성이라 이름하고 다윗이 밀로에서부터 안으로 성을...(5:9-12)

다윗이 여호와께 여쭈어 이르되 내가 블레셋 사람에게로 올라가리이까 여호와께서 그들을 내 손에 넘기시겠나이까 하니 여호와께서 다윗에게 말씀하시되 올라가라...(5:19-20)

블레셋 사람들이 다시 올라와서 르바임 골짜기에 가득한지라...(5:22-24)

• 고린도전서 15장 : 그리스도가 죽게된 모든 영혼을 다시 살리심

너희가 만일 내가 전한 그 말을 굳게 지키고 헛되이 믿지 아니하였으면 그로 말미암아...(2-10)

만일 죽은 자의 부활이 없으면 그리스도도 다시 살아나지 못하셨으리라...(13-15)

그리스도께서 다시 살아나신 일이 없으면 너희의 믿음도 헛되고 너희가 여전히 죄 가운데 있을 것이요...(17-20)

아담 안에서 모든 사람이 죽은 것 같이 그리스도 안에서 모든 사람이 삶을 얻으리라...(22-24)

만일 죽은 자들이 도무지 다시 살아나지 못하면 죽은 자들을 위하여 세례를 받는 자들이 무엇을 하겠느냐 어찌하여 그들을 위하여 세례를 받느냐...(29-32)

누가 묻기를 죽은 자들이 어떻게 다시 살아나며 어떠한 몸으로 오느냐 하리니...(35-36)

육체는 다 같은 육체가 아니니 하나는 사람의 육체요 하나는 짐승의 육체요...(39-47)

형제들아 내가 이것을 말하노니 혈과 육은 하나님 나라를 이어 받을 수 없고 또한 썩는 것은 썩지 아니하는 것을 유업으로 받지 못하느니라...(50-52)

사망아 너의 승리가 어디 있느냐 사망아 네가 쏘는 것이 어디 있느냐...(55-58)

• 에스겔 13장 : 거짓 예언에 죽은 백성의 영혼을 다시 살리심

인자야 너는 이스라엘의 예언하는 선지자들에게 경고하여 예언하되 자기 마음대로 예언하는 자에게 말하기를 너희는 여호와의 말씀을 들으라...(2-6)

그 선지자들이 허탄한 묵시를 보며 거짓 것을 점쳤으니 내 손이 그들을 쳐서 내 백성의 공회에 들어오지 못하게 하며 이스라엘 족속의 호적에도 기록되지 못하게 하며 이스라엘 땅에도 들어가지 못하게 하리니 너희가 나를 여호와인 줄 알리라...(9-14)

너 인자야 너의 백성 중 자기 마음대로 예언하는 여자들에게 경고하며 예언하여...(17-22)

• 시편 52-54편 : 고난과 역경 속에 처한 다윗을 다시 살리심

포악한 자여 네가 어찌하여 악한 계획을 스스로 자랑하는가 하나님의 인자하심은 항상 있도다...(52:1-3)

이 사람은 하나님을 자기 힘으로 삼지 아니하고 오직 자기 재물의 풍부함을 의지하며 자기의 악으로 스스로 든든하게 하던 자라 하리로다...(52:7-8)

어리석은 자는 그의 마음에 이르기를 하나님이 없다 하도다 그들은 부패하며 가증한 악을 행함이여 선을 행하는 자가 없도다...(53:1-3)

그들이 두려움이 없는 곳에서 크게 두려워하였으니 너를 대항하여 진 친 그들의 뼈를 하나님이 흩으심이라 하나님이 그들을 버리셨으므로 네가 그들에게 수치를 당하게...(53:5-6)

하나님이여 주의 이름으로 나를 구원하시고 주의 힘으로 나를 변호하소서...(54:1-6)

Ⅲ. 묵상을 위한 질문

1. 다윗은 사울의 아들 이스보셋을 배반하고 죽인 두 군지휘관 바아나와 레갑을 어떻게 처리했나요?(4:2,5~12)
2. 다윗이 하나님께 받은 큰 은혜 세 가지는 무엇일까요?(5:1~3,10~12,19,23~24)
3. 바울은 예수 그리스도가 다시 사신 후 누구에게 나타나셨다고 했나요?(3~8)
4. 바울은 죽은 자의 부활이 어떻게 가능하다고 설명했나요?(22,29~32,35~36,39~44)
5. 여호와는 에스겔에게 누구를 향하여 경고하라고 말씀하셨나요?(2~6,15~17)
6. 여호와는 거짓 예언을 하는 선지자와 여자로부터 백성을 어떻게 하시겠다고 약속하셨나요?(20~23)
7. 다윗은 에돔사람 도엑을 어떤 사람이라고 말했나요?(52:1~3,5,7, 삼상22:18~19)
8. 다윗은 하나님이 하늘에서 굽어 살피사 어떤 자를 찾으신다고 했나요?(53:2~3)

Ⅳ. 기도

1. 주여, 만군의 하나님 여호와가 함께하심으로 점점 강성해지게 하옵소서.
2. 주여, 부활을 의심하지 말고 믿음으로 삶의 모든 영역을 회복하게 하옵소서.
3. 주여, 거짓된 말과 행동으로 영혼을 병들게 하는 자가 되지 않게 하옵소서.

• 하나님 마음 알아가기 •

• 나에게 주시는 말씀(암송하기) •

• 오늘의 감사(기록하기) •

경건

Ⅰ. 맥체인성경의 통독구조<254>

워드링크(Word Link): 단어를 서로 연결한다. 성경 4장에는 같은 단어가 서로 연결되어 있고, 표현이 다른 단어지만 뜻이 같아 연결되어 있다.

Ⅱ. 핵심구절 읽기

성경본문	사무엘하 6장	고린도전서 16장	에스겔 14장	시편 55편
통일주제	**경건** (敬虔, 공경하는 마음으로 삼가고 조심하며 대상을 받들어 올림)			
개별주제	정성껏 제사하며 여호와의 궤를 옮기는 경건	예루살렘교회를 위해 은혜롭게 헌금하는 경건	마음에서 우상과 가증한 것을 제하는 경건	사망의 위험에서 하나님께 부르짖는 경건
연합내용	**경외와 경건은 인간이 창조된 때로부터 하나님 앞에 서는 최선의 방법이다. 바울이 말하기를 경건은 범사에 유익하니 금생과 내생에 약속이 있다고 했다. 그러므로 어떤 상황 속에서든 경건의 삶을 살아야 한다.**			
핵심구절	1~3,6~14,16,18 20~22	1~4,7~10,13~18 22	1~8,10~11 13~20,21~23	1,3~5,9~11 13~16,19,22

• 사무엘하 6장 : 정성껏 제사하며 여호와의 궤를 옮기는 경건

다윗이 이스라엘에서 뽑은 무리 삼만 명을 다시 모으고...(1-3)

그들이 나곤의 타작 마당에 이르러서는 소들이 뛰므로 웃사가 손을 들어 하나님의 궤를 붙들었더니...(6-14)

여호와의 궤가 다윗 성으로 들어올 때에 사울의 딸 미갈이 창으로 내다보다가 다윗 왕이 여호와 앞에서 뛰놀며 춤추는 것을 보고 심중에 그를 업신여기니라(16)

다윗이 번제와 화목제 드리기를 마치고 만군의 여호와의 이름으로 백성에게 축복하고(18)

다윗이 자기의 가족에게 축복하러 돌아오매 사울의 딸 미갈이 나와서 다윗을 맞으며 이르되 이스라엘 왕이 오늘 어떻게 영화로우신지 방탕한 자가 염치 없이 자기의 몸을 드러내는 것처럼 오늘 그의 신복의 계집종의 눈앞에서 몸을 드러내셨도다 하니...(20-22)

• 고린도전서 16장 : 예루살렘교회를 위해 은혜롭게 헌금하는 경건

성도를 위하는 연보에 관하여는 내가 갈라디아 교회들에게 명한 것 같이 너희도 그렇게 하

라...(1-4)

이제는 지나는 길에 너희 보기를 원하지 아니하노니 이는 만일 주께서 허락하시면 얼마 동안 너희와 함께 머물기를 바람이라...(7-10)

깨어 믿음에 굳게 서서 남자답게 강건하라...(13-18)

만일 누구든지 주를 사랑하지 아니하면 저주를 받을지어다 우리 주여 오시옵소서(22)

• 에스겔 14장 : 마음에서 우상과 가증한 것을 제하는 경건

이스라엘 장로 두어 사람이 나아와 내 앞에 앉으니...(1-8)

선지자의 죄악과 그에게 묻는 자의 죄악이 같은즉 각각 자기의 죄악을 담당하리니...(10-11)

인자야 가령 어떤 나라가 불법을 행하여 내게 범죄하므로 내가 손을 그 위에 펴서 그 의지하는 양식을 끊어 기근을 내려 사람과 짐승을 그 나라에서 끊는다 하자...(13-20)

주 여호와께서 이같이 이르시되 내가 나의 네 가지 중한 벌 곧 칼과 기근과 사나운 짐승과 전염병을 예루살렘에 함께 내려 사람과 짐승을 그 중에서 끊으리니 그 해가 더욱 심하지 아니하겠느냐...(21-23)

• 시편 55편 : 사망의 위험에서 하나님께 부르짖는 경건

하나님이여 내 기도에 귀를 기울이시고 내가 간구할 때에 숨지 마소서(1)

이는 원수의 소리와 악인의 압제 때문이라 그들이 죄악을 내게 더하며 노하여 나를 핍박하나이다...(3-5)

내가 성내에서 강포와 분쟁을 보았사오니 주여 그들을 멸하소서 그들의 혀를 잘라 버리소서...(9-11)

그는 곧 너로다 나의 동료, 나의 친구요 나의 가까운 친우로다...(13-16)

옛부터 계시는 하나님이 들으시고 그들을 낮추시리이다 (셀라) 그들은 변하지 아니하며 하나님을 경외하지 아니함이니이다(19)

네 짐을 여호와께 맡기라 그가 너를 붙드시고 의인의 요동함을 영원히 허락하지 아니하시리로다(22)

Ⅲ. 묵상을 위한 질문

1. 다윗은 여호와의 궤를 성으로 옮겨오기 위해 어떤 준비를 했나요?(1~2,5,12~15)
2. 여호와의 궤와 관련하여 화를 입은 자와 복을 받은 자는 누구일까요?(6~8,11)
3. 바울은 고린도교회에게 연보에 대하여 어떻게 가르쳤나요?(1~3)
4. 바울이 고린도교회에게 권면한 서너 가지 내용은 무엇일까요?(13~19)
5. 여호와는 에스겔을 통하여 우상을 마음에 품고 하나님 앞에 나와 주의 뜻을 묻는 장로들에게 어떤 말씀을 하셨나요?(1~8)
6. 여호와 하나님이 에스겔에게 심판의 엄중함을 설명하시기 위해 "가령"으로 시작하신 네 가지의 비유 내용은 무엇일까요?(13~20)
7. 다윗은 자기를 사망의 위험에 이르게 한 자들이 누구라고 했나요?(3~5,10~14)
8. 다윗은 이 사망의 위험에서 빠져나올 수 있는 힘은 오직 무엇이라고 고백하고 있나요?(1,16,22)

Ⅳ. 기도

1. 주여, 하나님의 말씀과 주의 성전을 대할 때 늘 마음을 다하게 하옵소서.
2. 주여, 두 마음을 품고 하나님 앞에 나아오는 일이 없게 하옵소서.
3. 주여, 가까운 사람으로부터 큰 실망을 느낄 때 더 주님을 의지하게 하옵소서.

• 하나님 마음 알아가기 •

• 나에게 주시는 말씀(암송하기) •

• 오늘의 감사(기록하기) •

심정

Ⅰ. 맥체인성경의 통독구조<255>

미닝링크(Meaning Link): 의미가 서로 연결되어 있다. 신. 구약성경 4장을 자세히 살펴보고 묵상하면 같은 의미가 서로 연결되어 있음을 알 수 있다.

Ⅱ. 핵심구절 읽기

성경본문	사무엘하 7장	고린도후서 1장	에스겔 15장	시편 56~57편
통일주제	**심정** (心情, 마음에 품은 생각과 감정)			
개별주제	다윗의 중심을 보시고 감동하신 주님의 심정	성도를 거룩과 진실함으로 대한 바울의 심정	범법한 예루살렘을 대적하시는 주님의 심정	쫓길 때 주님을 절실히 의지하는 다윗의 심정
연합내용	**인간은 온전할 수 없다. 하지만 주를 믿고 새 피조물인 하나님의 사람은 중심을 바로 잡고 변화된 삶을 시작할 수 있다. 그 후 진실하고 헌신된 심정으로 주어진 모든 일을 최선을 다해 성취해 가는 것이다.**			
핵심구절	1~16,18~24 27~29	3~6,8~10,12 18~22	1~8	56:1~5,8~11 57:1~3,6~8

• 사무엘하 7장 : 다윗의 중심을 보시고 감동하신 주님의 심정

여호와께서 주위의 모든 원수를 무찌르사 왕으로 궁에 평안히 살게 하신 때에 왕이 선지자 나단에게 이르되 볼지어다 나는 백향목 궁에 살거늘 하나님의 궤는 휘장 가운데에 있도다...(1-16)

다윗 왕이 여호와 앞에 들어가 앉아서 이르되 주 여호와여 나는 누구이오며 내 집은 무엇이기에 나를 여기까지 이르게 하셨나이까...(18-24)

만군의 여호와 이스라엘의 하나님이여 주의 종의 귀를 여시고 이르시기를 내가 너를 위하여 집을 세우리라 하셨으므로 주의 종이 이 기도로 주께 간구할 마음이 생겼나이다 주 여호와여 오직 주는 하나님이시며 주의 말씀들이 참되시니이다 주께서 이 좋은 것을 주의 종에게 말씀하셨사오니 이제 청하건대 종의 집에 복을 주사 주 앞에 영원히 있게 하옵소서 주 여호와께서 말씀하셨사오니 주의 종의 집이 영원히 복을 받게 하옵소서 하니라(27-29)

• 고린도후서 1장 : 성도를 거룩과 진실함으로 대한 바울의 심정

찬송하리로다 그는 우리 주 예수 그리스도의 하나님이시요 자비의 아버지시요 모든 위로의 하나님이시며...(3-6)

형제들아 우리가 아시아에서 당한 환난을 너희가 모르기를 원하지 아니하노니 힘에 겹도록 심한 고난을 당하여 살 소망까지 끊어지고...(8-10)

우리가 세상에서 특별히 너희에 대하여 하나님의 거룩함과 진실함으로 행하되 육체의 지혜로 하지 아니하고 하나님의 은혜로 행함은 우리 양심이 증언하는 바니 이것이 우리의 자랑이라(12)

하나님은 미쁘시니라 우리가 너희에게 한 말은 예 하고 아니라 함이 없노라...(18-22)

• 에스겔 15장 : 범법한 예루살렘을 대적하시는 주님의 심정

여호와의 말씀이 내게 임하여 이르시되 인자야 포도나무가 모든 나무보다 나은 것이 무엇이랴 숲속의 여러 나무 가운데에 있는 그 포도나무 가지가 나은 것이 무엇이랴...(1-8)

• 시편 56-57편 : 쫓길 때 주님을 절실히 의지하는 다윗의 심정

하나님이여 내게 은혜를 베푸소서 사람이 나를 삼키려고 종일 치며 압제하나이다...(56:1-5)

나의 유리함을 주께서 계수하셨사오니 나의 눈물을 주의 병에 담으소서 이것이 주의 책에 기록되지 아니하였나이까...(56:8-11)

하나님이여 내게 은혜를 베푸소서 내게 은혜를 베푸소서 내 영혼이 주께로 피하되 주의 날개 그늘 아래에서 이 재앙들이 지나기까지 피하리이다...(57:1-3)

그들이 내 걸음을 막으려고 그물을 준비하였으니 내 영혼이 억울하도다 그들이 내 앞에 웅덩이를 팠으나 자기들이 그 중에 빠졌도다 (셀라)...(57:6-8)

Ⅲ. 묵상을 위한 질문

1. 다윗이 하나님의 은혜를 회고하고 성전 건축을 생각할 때에 여호와께서 나단을 통해 다윗에게 보이신 계시의 내용은 무엇이었나요?(1~16)
2. 나단을 통해 주의 계시를 들은 다윗은 어떤 깊은 기도를 드렸나요?(18~24,27~29)
3. 바울은 거듭 고린도교회에게 참 하나님을 어떻게 소개하고 있나요?(3~6,10)
4. 바울은 고린도교회를 어떤 마음과 태도로 대했다고 했나요?(12,16~18,23~24)
5. 여호와 하나님은 예루살렘을 무엇에 비유하셨나요?(1~6)
6. 여호와 하나님이 예루살렘을 대적하신 이유는 무엇이셨나요?(7~8)
7. 다윗이 가드에서 블레셋 인에게 잡혔을 때 어떤 심정으로 하나님을 의지했나요?(56:3~4,8~11)
8. 다윗이 사울을 피하여 굴에 있을 때 하나님께 부르짖은 후 이어 어떤 찬송을 올렸나요?(57:2,5~7,9)

Ⅳ. 기도

1. 주여, 먼저 하나님을 경외할 마음을 갖게 하시고 이 맘을 실천하게 하옵소서.
2. 주여, 교회 내의 모든 성도를 대할 때 거룩함과 진실함으로 행하게 하옵소서.
3. 주여, 심히 감당하기 어려운 일을 당할 때 참되신 주님을 의지하게 하옵소서.

• 하나님 마음 알아가기 •

• 나에게 주시는 말씀(암송하기) •

• 오늘의 감사(기록하기) •

256 일차 / 365 향기 9월 13일

Ⅰ. 맥체인성경의 통독구조<256>

통일성: 구약과 신약은 예수 안에서 연결되고 통일된다. 이것을 통독하면서 찾아 해석하는 구조이다.

Ⅱ. 핵심구절 읽기

성경본문	사무엘하 8~9장	고린도후서 2장	에스겔 16장	시편 58~59편
통일주제	**향기** (香氣, 꽃이나 향 따위에서 나는 좋은 냄새)			
개별주제	노략물을 바치고 므비보셋을 품은 다윗의 향기	복음 전파자는 모든 자에게 그리스도의 향기	심판 후에 구원을 베푸시는 하나님의 향기	요새와 피난처가 되어 주시는 전능자의 향기
연합내용	**모든 피조물은 나름의 냄새를 가지고 있다. 좋은 향이 나면 향기요 나쁜 향이 나면 냄새다. 하나님과 그 백성, 그 자녀는 가시밭의 백합화처럼 향기를 날려야 한다. 그 향기는 다양하고 풍성해야 한다.**			
핵심구절	8:1~6,9~15,18 9:3~11	3~9,11,14~17	2~11,14~17,20~21 27~30,33~34,36~42 47~51,59~60,62~63	58:1~2,4~5,7~9 59:1,3~4,7~10 12,15~17

· 사무엘하 8-9장 : 노략물을 바치고 므비보셋을 품은 다윗의 향기

그 후에 다윗이 블레셋 사람들을 쳐서 항복을 받고 블레셋 사람들의 손에서 메덱암마를 빼앗으니라...(8:1-6)

하맛 왕 도이가 다윗이 하닷에셀의 온 군대를 쳐서 무찔렀다 함을 듣고...(8:9-15)

여호야다의 아들 브나야는 그렛 사람과 블렛 사람을 관할하고 다윗의 아들들은 대신들이 되니라...(8:18)

왕이 이르되 사울의 집에 아직도 남은 사람이 없느냐 내가 그 사람에게 하나님의 은총을 베풀고자 하노라 하니 시바가 왕께 아뢰되 요나단의 아들 하나가 있는데 다리 저는 자니이다 하니라...(9:3-11)

· 고린도후서 2장 : 복음 전파자는 모든 자에게 그리스도의 향기

내가 이같이 쓴 것은 내가 갈 때에 마땅히 나를 기쁘게 할 자로부터 도리어 근심을 얻을까 염려함이요 또 너희 모두에 대한 나의 기쁨이 너희 모두의 기쁨인 줄 확신함이로라...(3-9)

이는 우리로 사탄에게 속지 않게 하려 함이라 우리는 그 계책을 알지 못하는 바가 아니로라 (11)

항상 우리를 그리스도 안에서 이기게 하시고 우리로 말미암아 각처에서 그리스도를 아는 냄새를 나타내시는 하나님께 감사하노라...(14-17)

• 에스겔 16장 : 심판 후에 구원을 베푸시는 하나님의 향기

인자야 예루살렘으로 그 가증한 일을 알게 하여...(2-11)

네 화려함으로 말미암아 네 명성이 이방인 중에 퍼졌음은 내가 네게 입힌 영화로 네 화려함이 온전함이라 나 주 여호와의 말이니라...(14-17)

사람들은 모든 창기에게 선물을 주거늘 오직 너는 네 모든 정든 자에게 선물을 주며 값을 주어서 사방에서 와서 너와 행음하게 하니...(33-34)

네가 그들의 행위대로만 행하지 아니하며 그 가증한 대로만 행하지 아니하고 그것을 적게 여겨서 네 모든 행위가 그보다 더욱 부패하였도다...(47-51)

나 주 여호와가 이같이 말하노라 네가 맹세를 멸시하여 언약을 배반하였은즉 내가 네 행한 대로 네게 행하리라...(59-60)

내가 네게 내 언약을 세워 내가 여호와인 줄 네가 알게 하리니...(62-63)

• 시편 58-59편 : 요새와 피난처가 되어 주시는 전능자의 향기

통치자들아 너희가 정의를 말해야 하거늘 어찌 잠잠하냐 인자들아 너희가 올바르게 판결해야 하거늘 어찌 잠잠하냐...(58:1-2)

그들이 급히 흐르는 물 같이 사라지게 하시며 겨누는 화살이 꺾임 같게 하시며...(58:7-9)

나의 하나님이여 나의 원수에게서 나를 건지시고 일어나 치려는 자에게서 나를 높이 드소서 (59:1)

그들이 나의 생명을 해하려고 엎드려 기다리고 강한 자들이 모여 나를 치려 하오니 여호와여 이는 나의 잘못으로 말미암음이 아니요 나의 죄로 말미암음도 아니로소이다...(59:3-4)

그들의 입술의 말은 곧 그들의 입의 죄라 그들이 말하는 저주와 거짓말로 말미암아 그들이 그 교만한 중에서 사로잡히게 하소서(59:12)

III. 묵상을 위한 질문

1. 다윗이 모든 싸움에서 이길 수 있었던 이유는 무엇이며 그 결과 다윗은 어떤 행동을 했나요?(8:6,10~12,14~15)
2. 다윗은 끝까지 누구에게 의리와 약속을 지켰나요?(9:3,6~8,11,13)
3. 바울이 고린도교회 두 번째 편지를 쓴 이유는 무엇일까요?(3~4,9)
4. 바울은 하나님 앞에서 그리스도인이 구원 받는 자들이나 망하는 자들에게 어떤 존재가 된다고 말했나요?(14~17)
5. 예루살렘은 여호와 앞에서 어느 정도로 타락한 우상숭배자 였나요?(15~22,25~30)
6. 여호와는 혹독한 심판 후 다시 어떻게 회복시켜 주시겠다고 약속하셨나요?(59~63)
7. 다윗은 악한 통치자들을 보면서 그들은 어떠해야 한다고 외쳤나요?(58:1~2,4~5)
8. 다윗이 여호와께 기도하면서 고백한 말 중에 하나님에 대하여 가장 많이 사용한 표현은 무엇일까요?(59:1,9,16~17)

IV. 기도

1. 주여, 주님이 변함없이 사랑해 주신 것처럼 우리도 의리를 지키게 하옵소서.
2. 주여, 주의 은혜를 입은 자로서 모든 이에게 그리스도의 향기가 되게 하옵소서.
3. 주여, 이 나라의 통치자들에게 정의와 올바르게 판결하는 정직함을 주옵소서.

• 하나님 마음 알아가기 •

• 나에게 주시는 말씀(암송하기) •

• 오늘의 감사(기록하기) •

257 일차 / 365 심령 9월 14일

Ⅰ. 맥체인성경의 통독구조<257>

사복음서를 통해 입체적인 예수님을 보듯 신구약 네 장 통독을 통해 하나님의 역사하심을 입체적으로 보는 구조이다.

Ⅱ. 핵심구절 읽기

성경본문	사무엘하 10장	고린도후서 3장	에스겔 17장	시편 60~61편
통일주제	**심령** (心靈, 성경에서 말하는 마음과 영혼)			
개별주제	담대히 싸우는 요압과 아비새의 신앙적 심령	새 언약을 마음판에 새긴 성도의 만족한 심령	반역한 자들을 심판하시는 하나님의 노한 심령	회복의 응답을 구하는 다윗의 애절한 심령
연합내용	**하나님께서 주관하시는 역사는 곧 하나님의 마음이 투영된 것이다. 늘 관심을 가지고 하나님의 마음을 생각할 때 우리의 심령은 그 역사하심에 동참하고 그 결과와 열매를 누릴 수 있다.**			
핵심구절	1~3,6~7,8~14	2~3,12~18	2~10,12~16, 19~24	60:5,10~12 61:1~8

• 사무엘하 10장 : 담대히 싸우는 요압과 아비새의 신앙적 심령

그 후에 암몬 자손의 왕이 죽고 그의 아들 하눈이 대신하여 왕이 되니...(1-3)

암몬 자손들이 자기들이 다윗에게 미움이 된 줄 알고 암몬 자손들이 사람을 보내 벧르홉 아람 사람과 소바 아람 사람의 보병 이만 명과 마아가 왕과 그의 사람 천 명과 돕 사람 만 이천 명을 고용한지라...(6-7)

암몬 자손은 나와서 성문 어귀에 진을 쳤고 소바와 르홉 아람 사람과 돕과 마아가 사람들은 따로 들에 있더라...(8-14)

• 고린도후서 3장 : 새 언약을 마음판에 새긴 성도의 만족한 심령

너희는 우리의 편지라 우리 마음에 썼고 뭇 사람이 알고 읽는 바라...(2-3)

우리가 이같은 소망이 있으므로 담대히 말하노니...(12-18)

• 에스겔 17장 : 반역한 자들을 심판하시는 하나님의 노한 심령

인자야 너는 이스라엘 족속에게 수수께끼와 비유를 말하라...(2-10)

너는 반역하는 족속에게 묻기를 너희가 이 비유를 깨닫지 못하겠느냐 하고 그들에게 말하기를 바벨론 왕이 예루살렘에 이르러 왕과 고관을 사로잡아 바벨론 자기에게로 끌어 가고...(12-16)

그러므로 주 여호와의 말씀이니라 내가 나의 삶을 두고 맹세하노니 그가 내 맹세를 업신여기고 내 언약을 배반하였은즉 내가 그 죄를 그 머리에 돌리되...(19-24)

• 시편 60-61편 : 회복의 응답을 구하는 다윗의 애절한 심령

주께서 사랑하시는 자를 건지시기 위하여 주의 오른손으로 구원하시고 응답하소서(60:5)

하나님이여 주께서 우리를 버리지 아니하셨나이까 하나님이여 주께서 우리 군대와 함께 나아가지 아니하시나이다...(60:10-12)

하나님이여 나의 부르짖음을 들으시며 내 기도에 유의하소서...(61:1-8)

Ⅲ. 묵상을 위한 질문

1. 암몬 자손이 아람 사람의 손을 잡고 다윗과 싸우게 된 이유는 무엇일까요?(1~4)
2. 전쟁에 앞서 요압이 그의 아우 아비새에게 당부한 말은 무엇일까요?(12)
3. 바울은 왜 고린도교회의 성도들이 자신의 편지라고 말했나요?(1~3)
4. 바울이 말하는 새 언약은 무엇일까요?(6,12,14)
5. 독수리와 포도나무는 무엇을 가리키는 것일까요?(12~15)
6. 언약을 배반하고 하나님을 반역한 자들을 어떻게 하신다고 말씀하셨나요?(19~21)
7. 전쟁을 이기는 다윗의 비결은 무엇이었나요?(60:12)
8. 응답을 구하며 기도를 부르짖는 다윗의 심령은 어떤 상태였나요?(61:2)

Ⅳ. 기도

1. 주여, 전쟁과 같은 치열한 세상 속에서 담대하게 싸워 믿음으로 이기게 하옵소서.
2. 주여, 나의 심령에 새겨주신 새 언약의 말씀을 결코 배반하지 않게 하옵소서.
3. 주여, 승리가 눈앞에 있어도 겸손하게 하나님을 구하며 영광을 돌리게 하옵소서.

• 하나님 마음 알아가기 •

• 나에게 주시는 말씀(암송하기) •

• 오늘의 감사(기록하기) •

258 일차 / 365 의인 9월 15일

I. 맥체인성경의 통독구조<258>

구약 2장, 신약 2장을 읽을 때 제일 먼저 읽는 구약성경에서 가능한 주제를 모두 묵상하고 신약을 읽을 때 연관된 주제를 찾은 후, 구약 그리고 신약에서 주제를 점점 좁혀가는 묵상 구조이다.

II. 핵심구절 읽기

성경본문	사무엘하 11장	고린도후서 4장	에스겔 18장	시편 62~63편
통일주제	**의인** (義人, 여호와의 말씀에 합당하여 하나님이 의롭게 여긴 사람)			
개별주제	편함을 버리고 책임을 다하며 충성하는 의인	자신을 전하지 않고 예수만 전파하는 의인	율례와 규례를 지켜 진실하게 행동하는 의인	고난 중에 주만 구원 소망으로 인정하는 의인
연합내용	**성경은 의인에 대해서 일반적으로 두 가지 뜻을 말한다. 구약에서는 율법(말씀)을 잘 지킨 자를 의인(義人)으로, 신약에서는 예수를 그리스도로 믿는 자를 의롭게 인정하는 의인(義認된 義人)으로 말한다.**			
핵심구절	2~4,7~9,11~17 20~21,25~27	2~4,7~11,14 16~18	2~20,22~24 26~27,30~32	62:1~3,5~8,10 63:1~4,6~8

• 사무엘하 11장 : 편함을 버리고 책임을 다하며 충성하는 의인

저녁 때에 다윗이 그의 침상에서 일어나 왕궁 옥상에서 거닐다가 그 곳에서 보니 한 여인이 목욕을 하는데 심히 아름다워 보이는지라...(2-4)

우리아가 다윗에게 이르매 다윗이 요압의 안부와 군사의 안부와 싸움이 어떠했는지를 묻고(7-9)

혹시 왕이 노하여 네게 말씀하기를 너희가 어찌하여 성에 그처럼 가까이 가서 싸웠느냐 그들이 성 위에서 쏠 줄을 알지 못하였느냐...(20-21)

다윗이 전령에게 이르되 너는 요압에게 이같이 말하기를 이 일로 걱정하지 말라 칼은 이 사람이나 저 사람이나 삼키느니라 그 성을 향하여 더욱 힘써 싸워 함락시키라 하여 너는 그를 담대하게 하라 하니라...(25-27)

• 고린도후서 4장 : 자신을 전하지 않고 예수만 전파하는 의인

이에 숨은 부끄러움의 일을 버리고 속임으로 행하지 아니하며 하나님의 말씀을 혼잡하게 하지 아니하고 오직 진리를 나타냄으로 하나님 앞에서 각 사람의 양심에 대하여 스스로 추천하노라...(2-4)

우리가 이 보배를 질그릇에 가졌으니 이는 심히 큰 능력은 하나님께 있고 우리에게 있지 아니함을 알게 하려 함이라...(7-11)

주 예수를 다시 살리신 이가 예수와 함께 우리도 다시 살리사 너희와 함께 그 앞에 서게 하실 줄을 아노라(14)

그러므로 우리가 낙심하지 아니하노니 우리의 겉사람은 낡아지나 우리의 속사람은 날로 새로워지도다...(16-18)

• 에스겔 18장 : 율례와 규례를 지켜 진실하게 행동하는 의인

너희가 이스라엘 땅에 관한 속담에 이르기를 아버지가 신 포도를 먹었으므로 그의 아들의 이가 시다고 함은 어찌 됨이냐...(2-20)

그 범죄한 것이 하나도 기억함이 되지 아니하리니 그가 행한 공의로 살리라...(22-24)

만일 의인이 그 공의를 떠나 죄악을 행하고 그로 말미암아 죽으면 그 행한 죄악으로 말미암아 죽는 것이요...(26-27)

주 여호와의 말씀이니라 이스라엘 족속아 내가 너희 각 사람이 행한 대로 심판할지라 너희는 돌이켜 회개하고 모든 죄에서 떠날지어다 그리한즉 그것이 너희에게 죄악의 걸림돌이 되지 아니하리라...(30-32)

• 시편 62-63편 : 고난 중에 주만 구원 소망으로 인정하는 의인

나의 영혼이 잠잠히 하나님만 바람이여 나의 구원이 그에게서 나오는도다...(62:1-3)

나의 영혼아 잠잠히 하나님만 바라라 무릇 나의 소망이 그로부터 나오는도다...(62:5-8)

포악을 의지하지 말며 탈취한 것으로 허망하여지지 말며 재물이 늘어도 거기에 마음을 두지 말지어다...(62:10)

하나님이여 주는 나의 하나님이시라 내가 간절히 주를 찾되 물이 없어 마르고 황폐한 땅에서 내 영혼이 주를 갈망하며 내 육체가 주를 앙모하나이다...(63:1-4)

내가 나의 침상에서 주를 기억하며 새벽에 주의 말씀을 작은 소리로 읊조릴 때에 하오리니...(63:6-8)

Ⅲ. 묵상을 위한 질문

1. 하나님의 복을 누리던 다윗이 행한 세 가지의 악한 일은 무엇일까요?(2~4,7~17)
2. 다윗과는 다르게 의로운 우리아가 보여준 충성된 모습은 무엇일까요?(9~11,13)
3. 오직 그리스도 예수의 주 되신 것과 또 예수를 위하여 다른 자들에게 종이 된 바울과 그리스도인은 어떤 의인된 모습을 보였나요?(2~6)
4. 연약한 육체에 보배를 가진 바울과 그리스도인은 어떤 삶을 살았나요?(7~11)
5. 여호와 하나님 앞에서 살고 죽는 것은 각 자의 무엇 때문일까요?(9,13,18~22)
6. 범죄한 이스라엘을 향한 하나님의 진심어린 마음은 무엇이실까요?(23,30~32)
7. 사람으로 인해 고난을 당한 다윗은 오직 하나님만 구원과 소망으로 고백하고 절대 어떤 일은 하지 않겠다고 결단했나요?(62:1~3,5~8,10)
8. 다윗이 주의 권능과 영광을 보기 위하여 어디에서 무엇을 했나요?(63:1~8)

Ⅳ. 기도

1. 주여, 주의 복을 누리고 있을 때 다가오는 유혹을 이기는 자가 되게 하옵소서.
2. 주여, 믿음으로 의인된 우리가 오직 예수 그리스도의 복음만 전하게 하옵소서.
3. 주여, 어떤 상황 속에 처할지라도 결코 넘어지지 않는 우리가 되게 하옵소서.

• 하나님 마음 알아가기 •

• 나에게 주시는 말씀(암송하기) •

• 오늘의 감사(기록하기) •

259 일차 / 365 비유 9월 16일

Ⅰ. 맥체인성경의 통독구조<259>

네 권의 책을 한 장씩 읽을 때 먼저 각 장마다 전체적인 내용을 파악하고 핵심주제 2개 이상을 찾는다. 그 다음 각 장의 주제를 비교하여 동일한 것을 연결하여 묵상하는 구조이다.

Ⅱ. 핵심구절 읽기

성경본문	사무엘하 12장	고린도후서 5장	에스겔 19장	시편 64~65편
통일주제	**비유** (譬喩, 어떤 사물이나 현상을 그와 비슷한 다른 것에 빗대어 표현함)			
개별주제	작은 암양 새끼를 빼앗은 부자로 비유된 다윗	새로운 피조물과 주의 사신으로 비유된 바울	젊은 사자와 포도나무로 비유된 이스라엘 고관	칼의 혀와 화살의 말을 쓰는 자로 비유된 원수
연합내용	**성경에는 많은 비유가 있다. 예수님은 진리를 깨닫게 하기 위해 사용하셨고, 또 역사서나 시편이나 잠언에서는 여러 상황과 교훈을 전하기 위해 사용하였으며, 예언과 같은 비밀을 전하는 도구로도 사용하였다.**			
핵심구절	1~5,7~9,12~13 15하~20,22~25 29~31	1~2,5~10,13~19 21	1~9,10~14	64:1~5,8~10 65:2~5,8~13

• 사무엘하 12장 : 작은 암양 새끼를 빼앗은 부자로 비유된 다윗

여호와께서 나단을 다윗에게 보내시니 그가 다윗에게 가서 그에게 이르되 한 성읍에 두 사람이 있는데 한 사람은 부하고 한 사람은 가난하니...(1-5)

나단이 다윗에게 이르되 당신이 그 사람이라 이스라엘의 하나님 여호와께서 이와 같이 이르시기를 내가 너를 이스라엘 왕으로 기름 붓기 위하여 너를 사울의 손에서 구원하고...(7-9)

너는 은밀히 행하였으나 나는 온 이스라엘 앞에서 백주에 이 일을 행하리라 하셨나이다 하니...(12-13)

우리아의 아내가 다윗에게 낳은 아이를 여호와께서 치시매 심히 앓는지라 다윗이 그 아이를 위하여 하나님께 간구하되 다윗이 금식하고 안에 들어가서 밤새도록 땅에 엎드렸으니...(15하-20)

이르되 아이가 살았을 때에 내가 금식하고 운 것은 혹시 여호와께서 나를 불쌍히 여기사 아이를 살려 주실는지 누가 알까 생각함이거니와...(22-25)

다윗이 모든 군사를 모아 랍바로 가서 그 곳을 쳐서 점령하고...(29-31)

· 고린도후서 5장 : 새로운 피조물과 주의 사신으로 비유된 바울

만일 땅에 있는 우리의 장막 집이 무너지면 하나님께서 지으신 집 곧 손으로 지은 것이 아니요 하늘에 있는 영원한 집이 우리에게 있는 줄 아느니라...(1-2)

곧 이것을 우리에게 이루게 하시고 보증으로 성령을 우리에게 주신 이는 하나님이시니라...(5-10)

우리가 만일 미쳤어도 하나님을 위한 것이요 정신이 온전하여도 너희를 위한 것이니...(13-19)

하나님이 죄를 알지도 못하신 이를 우리를 대신하여 죄로 삼으신 것은 우리로 하여금 그 안에서 하나님의 의가 되게 하려 하심이라(21)

· 에스겔 19장 : 젊은 사자와 포도나무로 비유된 이스라엘 고관

너는 이스라엘 고관들을 위하여 애가를 지어 부르라 네 어머니는 무엇이냐 암사자라 그가 사자들 가운데에 엎드려 젊은 사자 중에서 그 새끼를 기르는데...(1-9)

네 피의 어머니는 물 가에 심겨진 포도나무 같아서 물이 많으므로 열매가 많고 가지가 무성하며...(10-14)

· 시편 64-65편 : 칼의 혀와 화살의 말을 쓰는 자로 비유된 원수

하나님이여 내가 근심하는 소리를 들으시고 원수의 두려움에서 나의 생명을 보존하소서...(64:1-5)

이러므로 그들이 엎드러지리니 그들의 혀가 그들을 해함이라 그들을 보는 자가 다 머리를 흔들리로다...(64:8-10)

기도를 들으시는 주여 모든 육체가 주께 나아오리이다 죄악이 나를 이겼사오니 우리의 허물을 주께서 사하시리이다...(65:2-5)

땅 끝에 사는 자가 주의 징조를 두려워하나이다 주께서 아침 되는 것과 저녁 되는 것을 즐거워하게 하시며...(65:8-13)

Ⅲ. 묵상을 위한 질문

1. 하나님은 나단 선지자를 통해 범죄한 다윗을 어떻게 깨닫게 하시고 또 이끌어 가셨나요?(1~7,10,13~14,24)
2. 다윗은 밧세바를 통해 얻은 아이가 아팠을 때 어떻게 행동했나요?(15하~23)
3. 바울은 날마다 무엇을 간절히 사모하며 사역에 힘썼나요?(1~2,8~10)
4. 미쳤어도 온전해도 그리스도의 사신으로 사는 새 피조물인 그리스도인은 하나님께 어떤 직분을 받았나요?(13,17~18,20)
5. 에스겔은 이스라엘 고관들에 대해 첫 번째로 어떤 애가를 지어 불렀나요?(1~7)
6. 에스겔은 이스라엘 고관들에 대해 두 번째로 어떤 애가를 지어 불렀나요?(10~14)
7. 다윗은 하나님께 자신을 해하는 원수들에 대해서 어떻게 표현했나요?(64:1~5)
8. 다윗은 사람과 모든 만물이 주 하나님의 은총 속에 살아가고 있음을 어떻게 표현했나요?(65:4~5,8~13)

Ⅳ. 기도

1. 주여, 어려운 일을 간구하다가 내 뜻대로 응답이 없을 때 수용하게 하옵소서.
2. 주여, 화목의 직분을 받은 새 피조물이요 그리스도의 사신답게 살게 하옵소서.
3. 주여, 마음을 찌르는 칼의 혀와 꽂히는 화살의 말에 넘어지지 않게 하옵소서.

• 하나님 마음 알아가기 •

• 나에게 주시는 말씀(암송하기) •

• 오늘의 감사(기록하기) •

260 일차 / 365 역할 9월 17일

Ⅰ. 맥체인성경의 통독구조<260>

먼저 첫 번째 장을 읽을 때 전체 줄거리 중에서 몇 개의 주제를 찾고 이어 두 번째 장을 읽을 때 그 중 같은 주제를 찾아 연관 짓는다. 이어 세 번째, 네 번째 장을 읽으면서 통일된 한 개의 주제로 압축하는 통독구조이다.

Ⅱ. 핵심구절 읽기

성경본문	사무엘하 13장	고린도후서 6장	에스겔 20장	시편 66~67편
통일주제	**역할** (役割, 일정한 자격으로 자기가 해야 할 맡은 바 직책이나 임무)			
개별주제	암논에게 꾀를 알려주는 요나답의 간교한 역할	하나님과 함께 일하는 자 바울의 희생적 역할	장로에게 주의 뜻을 전하는 에스겔의 대언적 역할	온 땅과 민족이 주를 찬양하는 경배자 역할
연합내용	**모든 사람은 자신의 역할을 가지고 태어난다. 특히 예수 그리스도를 믿고 교회의 지체가 된 성도들은 자신의 역할을 찾고 개발하며 감당함으로써 합당한 열매를 맺혀야 한다. 잘못된 역할은 악과 죄를 낳는다.**			
핵심구절	1~5,7~16,19~21 23~28,30~32 35~37,39	1~10,13~17	1,5~14,17~18 22~24,27~28 30~31,39~40,47	66:3~6,9~14 17~18,20 67:1~5

• 사무엘하 13장 : 암논에게 꾀를 알려주는 요나답의 간교한 역할

그 후에 이 일이 있으니라 다윗의 아들 압살롬에게 아름다운 누이가 있으니 이름은 다말이라 다윗의 다른 아들 암논이 그를 사랑하나...(1-5)

다윗이 사람을 그의 집으로 보내 다말에게 이르되 이제 네 오라버니 암논의 집으로 가서 그를 위하여 음식을 차리라 한지라...(7-16)

만 이 년 후에 에브라임 곁 바알하솔에서 압살롬이 양 털을 깎는 일이 있으매 압살롬이 왕의 모든 아들을 청하고...(23-28)

그들이 길에 있을 때에 압살롬이 왕의 모든 아들들을 죽이고 하나도 남기지 아니하였다는 소문이 다윗에게 이르매...(30-32)

다윗 왕의 마음이 압살롬을 향하여 간절하니 암논은 이미 죽었으므로 왕이 위로를 받았음이더라(39)

• 고린도후서 6장 : 하나님과 함께 일하는 자 바울의 희생적 역할

우리가 하나님과 함께 일하는 자로서 너희를 권하노니 하나님의 은혜를 헛되이 받지 말라...(1-10)

내가 자녀에게 말하듯 하노니 보답하는 것으로 너희도 마음을 넓히라...(13-17)

• 에스겔 20장 : 장로에게 주의 뜻을 전하는 에스겔의 대언적 역할

일곱째 해 다섯째 달 열째 날에 이스라엘 장로 여러 사람이 여호와께 물으려고 와서 내 앞에 앉으니(1)

이르라 주 여호와께서 이같이 말씀하셨느니라 옛날에 내가 이스라엘을 택하고 야곱 집의 후예를 향하여 내 손을 들어 맹세하고 애굽 땅에서 그들에게 나타나 맹세하여 이르기를 나는 여호와 너희 하나님이라 하였노라...(5-14)

내가 내 이름을 위하여 내 손을 막아 달리 행하였나니 내가 그들을 인도하여 내는 것을 본 여러 나라 앞에서 내 이름을 더럽히지 아니하려 하였음이로라...(22-24)

그러므로 너는 이스라엘 족속에게 이르라 주 여호와께서 이같이 말씀하셨느니라 너희가 조상들의 풍속을 따라 너희 자신을 더럽히며 그 모든 가증한 것을 따라 행음하느냐...(30-31)

남쪽의 숲에게 이르기를 여호와의 말씀을 들을지어다 주 여호와께서 이같이 말씀하셨느니라 내가 너의 가운데에 불을 일으켜 모든 푸른 나무와 모든 마른 나무를 없애리니 맹렬한 불꽃이 꺼지지 아니하고 남에서 북까지 모든 얼굴이 그슬릴지라(47)

• 시편 66-67편 : 온 땅과 민족이 주를 찬양하는 경배자 역할

하나님께 아뢰기를 주의 일이 어찌 그리 엄위하신지요 주의 큰 권능으로 말미암아 주의 원수가 주께 복종할 것이며...(66:3-6)

그는 우리 영혼을 살려 두시고 우리의 실족함을 허락하지 아니하시는 주시로다...(66:9-14)

내가 나의 입으로 그에게 부르짖으며 나의 혀로 높이 찬송하였도다...(66:17-18)

하나님을 찬송하리로다 그가 내 기도를 물리치지 아니하시고 그의 인자하심을 내게서 거두지도 아니하셨도다(66:20)

하나님은 우리에게 은혜를 베푸사 복을 주시고 그의 얼굴 빛을 우리에게 비추사 (셀라)...(67:1-5)

Ⅲ. 묵상을 위한 질문

1. 암논은 압살롬의 아름다운 누이 다말에게 어떤 나쁜 짓을 했나요?(1,6~15)
2. 압살롬은 암논에 대하여 마음에 품었던 복수를 언제 어떻게 실행했나요?(23~29)
3. 하나님과 함께 일하는 직분을 받은 바울은 어떤 모습으로 생활했나요?(1~10)
4. 바울이 고린도 교인들에게 권면한 두 가지의 내용은 무엇일까요?(11,13~16)
5. 여호와 하나님은 이스라엘 장로 여러 사람에게 묻지 말고 들으라고 하시면서 어떤 말씀을 상세히 해 주셨나요?(1~3,5~8,10~13,17~18,27~28,30~31,39)
6. 여호와 하나님은 어떤 일을 하실 때 항상 무엇을 중요시 하실까요?(9,14,22)
7. 시편 기자는 온 땅이 주를 경배하고 노래하며 그 앞에 제사를 드려야 할 이유가 무엇이라고 했나요?(66:1,3~6,9~14,20)
8. 시편 기자는 모든 나라와 민족이 하나님께 무엇을 해야 한다고 했나요?(67:1~5)

Ⅳ. 기도

1. 주여, 정직한 사랑을 행하게 하시고 복수보다는 용서를 베풀게 하옵소서.
2. 주여, 하나님과 함께 일하는 자로서 은혜를 받아 사명을 감당하게 하옵소서.
3. 주여, 자신의 허물을 돌아보고 하나님께 귀를 기울이는 자가 되게 하옵소서.

• 하나님 마음 알아가기 •

• 나에게 주시는 말씀(암송하기) •

• 오늘의 감사(기록하기) •

261 일차 / 365 근심 9월 18일

Ⅰ. 맥체인성경의 통독구조<261>

워드링크를 할 때 꼭 네 장 중에 같은 단어만을 뽑는 것은 아니다. 한 단어만 뽑더라도 다른 장에서 비슷한 단어가 나오면 연결할 수 있다. 전혀 단어로 연결이 되지 않을 때는 네 장의 모든 내용을 담을 수 있는 새로운 단어를 제시하면 된다.

Ⅱ. 핵심구절 읽기

성경본문	사무엘하 14장	고린도후서 7장	에스겔 21장	시편 68편
통일주제	**근심** (해결되지 않은 일 때문에 속을 태우거나 우울해 함)			
개별주제	다윗과 압살롬이 풀지 못했던 관계 근심	하나님의 뜻대로 하는 근심과 세상 근심	주의 칼 심판에 대한 에스겔의 탄식과 근심	하나님이 해결하신 소외된 자의 삶의 근심
연합내용	**인간은 불확실한 시대 속에서 염려하며 산다. 염려란 속의 근심과 밖의 걱정이다. 특히 믿음이 적은 자는 속의 근심을 많이 품고 산다. 영적인 근심이나 육적인 근심도 모두 주 안에서 해결 받을 수 있다.**			
핵심구절	1~8,11,13~21 23~25,28~33	1~3,5~7,9~11 14	2~7,10,12 14~17,19,24~27 29,31~32	1,3,5~6,9~10 13,16~17,19~21 24,32~35

• 사무엘하 14장 : 다윗과 압살롬이 풀지 못했던 관계 근심

스루야의 아들 요압이 왕의 마음이 압살롬에게로 향하는 줄 알고...(1-8)

여인이 이르되 청하건대 왕은 왕의 하나님 여호와를 기억하사 원수 갚는 자가 더 죽이지 못하게 하옵소서 내 아들을 죽일까 두렵나이다 하니 왕이 이르되 여호와께서 살아 계심을 두고 맹세하노니 네 아들의 머리카락 하나도 땅에 떨어지지 아니하리라 하니라(11)

여인이 이르되 그러면 어찌하여 왕께서 하나님의 백성에게 대하여 이같은 생각을 하셨나이까 이 말씀을 하심으로 왕께서 죄 있는 사람 같이 되심은 그 내쫓긴 자를 왕께서 집으로 돌아오게 하지 아니하심이니이다...(13-21)

요압이 일어나 그술로 가서 압살롬을 데리고 예루살렘으로 오니 왕이 이르되 그를 그의 집으로 물러가게 하여 내 얼굴을 볼 수 없게 하라 하매 압살롬이 자기 집으로 돌아가고 왕의 얼굴을 보지 못하니라...(23-25)

압살롬이 이태 동안 예루살렘에 있으되 왕의 얼굴을 보지 못하였으므로...(28-33)

• 고린도후서 7장 : 하나님의 뜻대로 하는 근심과 세상 근심

그런즉 사랑하는 자들아 이 약속을 가진 우리는 하나님을 두려워하는 가운데서 거룩함을 온전히 이루어 육과 영의 온갖 더러운 것에서 자신을 깨끗하게 하자...(1-3)

우리가 마게도냐에 이르렀을 때에도 우리 육체가 편하지 못하였고 사방으로 환난을 당하여 밖으로는 다툼이요 안으로는 두려움이었노라...(5-7)

내가 그에게 너희를 위하여 자랑한 것이 있더라도 부끄럽지 아니하니 우리가 너희에게 이른 말이 다 참된 것 같이 디도 앞에서 우리가 자랑한 것도 참되게 되었도다(14)

• 에스겔 21장 : 주의 칼 심판에 대한 에스겔의 탄식과 근심

인자야 너는 얼굴을 예루살렘으로 향하며 성소를 향하여 소리내어 이스라엘 땅에게 예언하라...(2-7)

그 칼이 날카로움은 죽임을 위함이요 빛남은 번개 같이 되기 위함이니 우리가 즐거워하겠느냐 내 아들의 규가 모든 나무를 업신여기는도다(10)

인자야 너는 부르짖어 슬피 울지어다 이것이 내 백성에게 임하며 이스라엘 모든 고관에게 임함이로다 그들과 내 백성이 함께 칼에 넘긴 바 되었으니 너는 네 넓적다리를 칠지어다(12)

인자야 너는 바벨론 왕의 칼이 올 두 길을 한 땅에서 나오도록 그리되 곧 성으로 들어가는 길 어귀에다가 길이 나뉘는 지시표를 하여(19)

네게 대하여 허무한 것을 보며 네게 대하여 거짓 복술을 하는 자가 너를 중상 당한 악인의 목 위에 두리니 이는 그의 날 곧 죄악의 마지막 때가 이름이로다(29)

• 시편 68편 : 하나님이 해결하신 소외된 자의 삶의 근심

하나님이 일어나시니 원수들은 흩어지며 주를 미워하는 자들은 주 앞에서 도망하리이다(1)

의인은 기뻐하여 하나님 앞에서 뛰놀며 기뻐하고 즐거워할지어다(3)

그의 거룩한 처소에 계신 하나님은 고아의 아버지시며 과부의 재판장이시라...(5-6)

하나님이여 주께서 흡족한 비를 보내사 주의 기업이 곤핍할 때에 주께서 그것을 견고하게 하셨고...(9-10)

너희가 양 우리에 누울 때에는 그 날개를 은으로 입히고 그 깃을 황금으로 입힌 비둘기 같도다...(13)

하나님이여 그들이 주께서 행차하심을 보았으니 곧 나의 하나님, 나의 왕이 성소로 행차하시는 것이라(24)

Ⅲ. 묵상을 위한 질문

1. 요압은 다윗 왕의 마음이 압살롬에게로 향한 줄을 알고 어떤 지혜를 발휘하여 다윗의 닫힌 마음에 깨달음을 주었나요?(1~8,13~17)
2. 예루살렘으로 돌아와 두 해를 지낸 압살롬은 다윗 왕 앞에 나가기 위해 어떤 지혜를 발휘하였나요?(28~33)
3. 디도가 바울에게 위로로 전해준 고린도교회의 보고내용은 무엇이었나요?(6~7)
4. 바울은 하나님의 뜻대로 하는 근심은 어떤 유익이 있다고 말했나요?(10~11)
5. 여호와는 에스겔을 통해 이스라엘에게 어떤 칼 심판을 말씀하셨나요?(2~5,14~17)
6. 여호와는 죄악의 마지막 때에 어떤 심판이 임한다고 하셨나요?(24~27,29~32)
7. 다윗은 세상의 모든 근심이 어떤 사람들 때문에 생겨난다고 여겼나요?(1~3,6,21)
8. 다윗은 하나님이 어떤 자들의 삶의 근심을 완전히 해결해 주신다고 말했나요?(5~6, 9~10,19~20)

Ⅳ. 기도

1. 주여, 원한을 풀지 못하는 자에게 도움을 줄 수 있는 자가 되게 하옵소서.
2. 주여, 하나님의 뜻대로 하는 근심을 통해 더욱 성숙한 자가 되게 하옵소서.
3. 주여, 하나님의 심판이 이르기 전에 철저한 회개로 구원을 얻게 하옵소서.

• 하나님 마음 알아가기 •

• 나에게 주시는 말씀(암송하기) •

• 오늘의 감사(기록하기) •

262 일차 / 365 참여 9월 19일

Ⅰ. 맥체인성경의 통독구조<262>

성경을 읽으면서 하나님의 모습, 신앙인의 모습, 대적자의 모습, 주어진 환경 등을 분류하면서 세심하게 읽으면 통일주제를 더 쉽게 발견할 수 있는 구조다.

Ⅱ. 핵심구절 읽기

성경본문	사무엘하 15장	고린도후서 8장	에스겔 22장	시편 69편
통일주제	**참여** (參與, 어떤 일이나 모임에 참가하여 관계함)			
개별주제	다윗의 피난과 미래 재건에 참여하는 자들	가난 중에도 선교와 연보에 참여하는 자들	주가 미워하는 죄에 참여하는 고관과 백성들	수렁에서 건짐을 받아 경배와 복에 참여하는 다윗
연합내용	**사람은 원하든 원치 않든 어는 곳엔가 속하고 또 참여하게 된다. 당연히 좋은 일에 참여해야 하지만 때로는 나쁜 일에 참여하여 죄를 짓고 더 깊은 수렁에 빠지게 된다. 그러므로 항상 깨어 있어야 한다.**			
핵심구절	1~7,9~12,14~15 18,20~21,24~28 30~35	1~5,7~9,12~14 16~19,22~23	3~5,7~12,15 18~20,25~29	2~4,6,10~14 16~18,20,26~32 35

• 사무엘하 15장 : 다윗의 피난과 미래 재건에 참여하는 자들

그 후에 압살롬이 자기를 위하여 병거와 말들을 준비하고 호위병 오십 명을 그 앞에 세우니라...(1-7)

왕이 그에게 이르되 평안히 가라 하니 그가 일어나 헤브론으로 가니라...(9-12)

다윗이 예루살렘에 함께 있는 그의 모든 신하들에게 이르되 일어나 도망하자 그렇지 아니하면 우리 중 한 사람도 압살롬에게서 피하지 못하리라 빨리 가자 두렵건대 그가 우리를 급히 따라와 우리를 해하고 칼날로 성읍을 칠까 하노라...(14-15)

그의 모든 신하들이 그의 곁으로 지나가고 모든 그렛 사람과 모든 블렛 사람과 및 왕을 따라 가드에서 온 모든 가드 사람 육백 명이 왕 앞으로 행진하니라(18)

보라 사독과 그와 함께 한 모든 레위 사람도 하나님의 언약궤를 메어다가 하나님의 궤를 내려놓고 아비아달도 올라와서 모든 백성이 성에서 나오기를 기다리도다...(24-28)

다윗이 감람 산 길로 올라갈 때에 그의 머리를 그가 가리고 맨발로 울며 가고 그와 함께 가는 모든 백성들도 각각 자기의 머리를 가리고 울며 올라가니라...(30-35)

• 고린도후서 8장 : 가난 중에도 선교와 연보에 참여하는 자들

형제들아 하나님께서 마게도냐 교회들에게 주신 은혜를 우리가 너희에게 알리노니...(1-5)

오직 너희는 믿음과 말과 지식과 모든 간절함과 우리를 사랑하는 이 모든 일에 풍성한 것 같이 이 은혜에도 풍성하게 할지니라...(7-9)

할 마음만 있으면 있는 대로 받으실 터이요 없는 것은 받지 아니하시리라...(12-14)

또 그들과 함께 우리의 한 형제를 보내었노니 우리는 그가 여러 가지 일에 간절한 것을 여러 번 확인하였거니와 이제 그가 너희를 크게 믿으므로 더욱 간절하니라...(22-23)

• 에스겔 22장 : 주가 미워하는 죄에 참여하는 고관과 백성들

너는 말하라 주 여호와께서 이같이 말씀하셨느니라 자기 가운데에 피를 흘려 벌 받을 때가 이르게 하며 우상을 만들어 스스로 더럽히는 성아...(3-5)

그들이 네 가운데에서 부모를 업신여겼으며 네 가운데에서 나그네를 학대하였으며 네 가운데에서 고아와 과부를 해하였도다...(7-12)

내가 너를 뭇 나라 가운데에 흩으며 각 나라에 헤치고 너의 더러운 것을 네 가운데에서 멸하리라(15)

인자야 이스라엘 족속이 내게 찌꺼기가 되었나니 곧 풀무 불 가운데에 있는 놋이나 주석이나 쇠나 납이며 은의 찌꺼기로다...(18-20)

그 가운데에서 선지자들의 반역함이 우는 사자가 음식물을 움킴 같았도다 그들이 사람의 영혼을 삼켰으며 재산과 보물을 탈취하며 과부를 그 가운데에 많게 하였으며...(25-29)

• 시편 69편 : 수렁에서 건짐을 받아 경배와 복에 참여하는 다윗

나는 설 곳이 없는 깊은 수렁에 빠지며 깊은 물에 들어가니 큰 물이 내게 넘치나이다...(2-4)

주 만군의 여호와여 주를 바라는 자들이 나를 인하여 수치를 당하게 하지 마옵소서 이스라엘의 하나님이여 주를 찾는 자가 나로 말미암아 욕을 당하게 하지 마옵소서(6)

내가 곡하고 금식하였더니 그것이 도리어 나의 욕이 되었으며...(10-14)

여호와여 주의 인자하심이 선하시오니 내게 응답하시며 주의 많은 긍휼에 따라 내게로 돌이키소서...(16-18)

비방이 나의 마음을 상하게 하여 근심이 충만하니 불쌍히 여길 자를 바라나 없고 긍휼히 여길 자를 바라나 찾지 못하였나이다(20)

무릇 그들이 주께서 치신 자를 핍박하며 주께서 상하게 하신 자의 슬픔을 말하였사오니...(26-32)

하나님이 시온을 구원하시고 유다 성읍들을 건설하시리니 무리가 거기에 살며 소유를 삼으리로다(35)

Ⅲ. 묵상을 위한 질문

1. 압살롬은 몇 년 동안 누구와 함께 반역을 꾀하였나요?(1,6~7,10~12,31)
2. 다윗이 압살롬을 피해 도망할 때에 누가 함께 했으며 앞날을 위해 예루살렘 성에 남은 자들은 누구였나요?(14~18,21,25~27,29,32~37)
3. 바울은 고린도교회에게 연보를 어떻게 드려야 한다고 가르쳤나요?(2~5,12~14)
4. 바울이 고린도교회에게 자신있게 소개한 동역자는 누구이며 어떤 사역자였나요?(16~19,22~23)
5. 여호와는 이스라엘 즉 예루살렘의 어떤 죄까지 다 아신다고 에스겔을 통하여 그들에게 말씀하셨나요?(3~5,7~12)
6. 여호와는 이스라엘을 무엇이라고 말씀하셨으며 특히 어떤 자들의 악한 행동을 지적하셨나요?(18~19,25~28)
7. 다윗은 깊은 수렁에 빠진 자신의 삶을 어떻게 표현했나요?(2,4,8,12,14,19~20)
8. 다윗은 여호와 하나님을 더 기쁘시게 하는 것이 무엇이라고 했나요?(30~31)

Ⅳ. 기도

1. 주여, 억울한 일로 피할 수밖에 없을 때 주께 꿈과 소망을 두게 하옵소서.
2. 주여, 정성어린 연보를 드리므로 나와 다른 이가 모두 안식을 얻게 하옵소서.
3. 주여, 수렁에 빠졌을 때 기도하게 하시고 건짐을 받았을 때 경배하게 하옵소서.

• 하나님 마음 알아가기 •

• 나에게 주시는 말씀(암송하기) •

• 오늘의 감사(기록하기) •

263 일차 / 365 그릇 9월 20일

Ⅰ. 맥체인성경의 통독구조<263>

성경 4장 본문을 읽고 4시대 가운데 나타나는 하나님의 역사에 대해 공통주제와 사상을 찾은 후 그 핵심단어를 서로 링크하여 적용점을 묵상하는 구조이다.

Ⅱ. 핵심구절 읽기

성경본문	사무엘하 16장	고린도후서 9장	에스겔 23장	시편 70~71편
통일주제	**그릇** (일을 해 나갈 만한 도량이나 능력, 마음의 크기)			
개별주제	시므이 저주 앞에서 개의치 않는 큰 마음 그릇	연보를 즐겁게 많이 심는 자의 큰 마음 그릇	주를 버리고 세상 것을 가득 담은 마음 그릇	하나님을 반석과 요새로 가득 채운 마음 그릇
연합내용	**성경은 사람을 그릇에 비유하곤 한다. 귀히 쓰임 받는 그릇은 마음이 크고 비전과 진실함과 실천력을 가짐으로 그 결과 공적을 많이 쌓는 자를 의미하곤 한다. 심적 그릇이 작아 대범치 못한 자는 늘 아쉽다.**			
핵심구절	1~8,10~12 15~19,21~23	2,4~8,10~13	2,4~13,16~21 22~24,27,30,33 36~42,46~48	70:1~2,4~5 71:2~5,7~9,12 14~16,18,20,24

• 사무엘하 16장 : 시므이 저주 앞에서 개의치 않는 큰 마음 그릇

다윗이 마루턱을 조금 지나니 므비보셋의 종 시바가 안장 지운 두 나귀에 떡 이백 개와 건포도 백 송이와 여름 과일 백 개와 포도주 한 가죽부대를 싣고 다윗을 맞는지라...(1-8)

왕이 이르되 스루야의 아들들아 내가 너희와 무슨 상관이 있느냐 그가 저주하는 것은 여호와께서 그에게 다윗을 저주하라 하심이니 네가 어찌 그리하였느냐 할 자가 누구겠느냐 하고...(10-12)

압살롬과 모든 이스라엘 백성들이 예루살렘에 이르고 아히도벨도 그와 함께 이른지라...(15-19)

아히도벨이 압살롬에게 이르되 왕의 아버지가 남겨 두어 왕궁을 지키게 한 후궁들과 더불어 동침하소서 그리하면 왕께서 왕의 아버지가 미워하는 바 됨을 온 이스라엘이 들으리니 왕과 함께 있는 모든 사람의 힘이 더욱 강하여지리이다 하니라...(21-23)

• 고린도후서 9장 : 연보를 즐겁게 많이 심는 자의 큰 마음 그릇

이는 내가 너희의 원함을 앎이라 내가 너희를 위하여 마게도냐인들에게 아가야에서는 일 년

전부터 준비하였다는 것을 자랑하였는데 과연 너희의 열심이 퍽 많은 사람들을 분발하게 하였느니라(2)

혹 마게도냐인들이 나와 함께 가서 너희가 준비하지 아니한 것을 보면 너희는 고사하고 우리가 이 믿던 것에 부끄러움을 당할까 두려워하노라...(4-8)

심는 자에게 씨와 먹을 양식을 주시는 이가 너희 심을 것을 주사 풍성하게 하시고 너희 의의 열매를 더하게 하시리니...(10-13)

• 에스겔 23장 : 주를 버리고 세상 것을 가득 담은 마음 그릇

인자야 두 여인이 있었으니 한 어머니의 딸이라(2)

그 이름이 형은 오홀라요 아우는 오홀리바라 그들이 내게 속하여 자녀를 낳았나니 그 이름으로 말하면 오홀라는 사마리아요 오홀리바는 예루살렘이니라...(4-13)

이와 같이 내가 네 음란과 애굽 땅에서부터 행음하던 것을 그치게 하여 너로 그들을 향하여 눈을 들지도 못하게 하며 다시는 애굽을 기억하지도 못하게 하리라(27)

네가 이같이 당할 것은 네가 음란하게 이방을 따르고 그 우상들로 더럽혔기 때문이로다(30)

여호와께서 또 내게 이르시되 인자야 네가 오홀라와 오홀리바를 심판하려느냐 그러면 그 가증한 일을 그들에게 말하라...(36-42)

주 여호와께서 이같이 말씀하셨느니라 그들에게 무리를 올려 보내 그들이 공포와 약탈을 당하게 하라...(46-48)

• 시편 70-71편 : 하나님을 반석과 요새로 가득 채운 마음 그릇

하나님이여 나를 건지소서 여호와여 속히 나를 도우소서...(70:1-2)

주를 찾는 모든 자들이 주로 말미암아 기뻐하고 즐거워하게 하시며 주의 구원을 사랑하는 자들이 항상 말하기를 하나님은 위대하시다 하게 하소서...(70:4-5)

주의 의로 나를 건지시며 나를 풀어 주시며 주의 귀를 내게 기울이사 나를 구원하소서...(71:2-5)

하나님이여 나를 멀리 하지 마소서 나의 하나님이여 속히 나를 도우소서(71:12)

하나님이여 내가 늙어 백발이 될 때에도 나를 버리지 마시며 내가 주의 힘을 후대에 전하고 주의 능력을 장래의 모든 사람에게 전하기까지 나를 버리지 마소서...(71:18)

우리에게 여러 가지 심한 고난을 보이신 주께서 우리를 다시 살리시며 땅 깊은 곳에서 다시 이끌어 올리시리이다...(71:20)

Ⅲ. 묵상을 위한 질문

1. 피난 가는 다윗 앞에 나타난 시바와 시므이는 어떤 행동을 했나요?(1~8)
2. 압살롬 앞에 있는 후새와 아히도벨의 차이점은 무엇일까요?(15~19,21~23)
3. 바울이 고린도교회에게 가르친 연보관은 무엇일까요?(4~8)
4. 바울은 고린도교회에게 연보의 용도와 결과를 어떻게 설명했나요?(11~13)
5. 여호와는 에스겔을 통해 사마리아와 예루살렘을 무엇으로 비유하셨나요?(2,4)
6. 형 오홀라인 사마리아와 아우 오홀리바인 예루살렘은 어떤 죄를 저질렀나요? (4~8, 10~13)
7. 다윗은 자신과 주를 찾는 모든 자들이 항상 어떤 삶이 되길 기도했나요?(70:4)
8. 다윗은 하나님께 자신이 어떻게 될 때에도 버리지 말아 달라고 기도했나요? (71:9,18)

Ⅳ. 기도

1. 주여, 저주하는 자를 신경쓰지 말고 믿을 만한 친구와 삶을 나누게 하옵소서.
2. 주여, 소중한 재물을 인색하지 않게 정한 대로 즐겨드리는 자세를 주옵소서.
3. 주여, 형통할 때나 힘들 때 젊을 때나 늙었을 때 주의 돌보심을 입게 하옵소서.

• 하나님 마음 알아가기 •

• 나에게 주시는 말씀(암송하기) •

• 오늘의 감사(기록하기) •

264 일차 / 365 담대 9월 21일

Ⅰ. 맥체인성경의 통독구조<264>

신구약 4장은 각 장마다 주제를 가지고 있다. 그 각 장의 개별주제를 서로 연결하여 연합내용을 작성한다. 이 때 연합내용은 통일주제를 설명하는 핵심내용이 되는 구조다.

Ⅱ. 핵심구절 읽기

성경본문	사무엘하 17장	고린도후서 10장	에스겔 24장	시편 72편
통일주제	**담대** (膽大, 담력이 커서 배짱이 두둑하고 용감함)			
개별주제	담대하게 다윗왕과 함께하고 피난을 돕는 자들	그리스도의 복음을 담대하게 전하는 사도 바울	아내를 잃고 담대하게 심판을 예언하는 에스겔	여호와의 공의로 담대하게 통치하는 솔로몬
연합내용	**하나님은 자신이 선택한 자에게 항상 담대하라고 말씀하신다. 상대와 환경이 만만치 않고 열세임에도 불구하고 두려워하지 말라고 하신다. 믿음의 영웅들은 항상 하나님이 함께하심으로 담대하게 행동했다.**			
핵심구절	1~5,8~13,16 18~20,23,27~29	1~2,4~5,8 10~11,13,15~17	2~6,9~14,16~19 21~23,25~26	1~2,4,7~11,15 17~18

• 사무엘하 17장 : 담대하게 다윗왕과 함께하고 피난을 돕는 자들

아히도벨이 또 압살롬에게 이르되 이제 내가 사람 만 이천 명을 택하게 하소서 오늘 밤에 내가 일어나서 다윗의 뒤를 추적하여...(1-5)

또 후새가 말하되 왕도 아시거니와 왕의 아버지와 그의 추종자들은 용사라 그들은 들에 있는 곰이 새끼를 빼앗긴 것 같이 격분하였고 왕의 부친은 전쟁에 익숙한 사람인즉 백성과 함께 자지 아니하고...(8-13)

이제 너희는 빨리 사람을 보내 다윗에게 전하기를 오늘밤에 광야 나루터에서 자지 말고 아무쪼록 건너가소서 하라 혹시 왕과 그를 따르는 모든 백성이 몰사할까 하노라 하니라(16)

한 청년이 그들을 보고 압살롬에게 알린지라 그 두 사람이 빨리 달려서 바후림 어떤 사람의 집으로 들어가서 그의 뜰에 있는 우물 속으로 내려가니...(18-20)

아히도벨이 자기 계략이 시행되지 못함을 보고 나귀에 안장을 지우고 일어나 고향으로 돌아가 자기 집에 이르러 집을 정리하고 스스로 목매어 죽으매 그의 조상의 묘에 장사되니라(23)

다윗이 마하나임에 이르렀을 때에 암몬 족속에게 속한 랍바 사람 나하스의 아들 소비와 로데발 사람 암미엘의 아들 마길과 로글림 길르앗 사람 바르실래가...(27-29)

• 고린도후서 10장 : 그리스도의 복음을 담대하게 전하는 사도 바울

너희를 대면하면 유순하고 떠나 있으면 너희에 대하여 담대한 나 바울은 이제 그리스도의 온유와 관용으로 친히 너희를 권하고...(1-2)

우리의 싸우는 무기는 육신에 속한 것이 아니요 오직 어떤 견고한 진도 무너뜨리는 하나님의 능력이라 모든 이론을 무너뜨리며...(4-5)

주께서 주신 권세는 너희를 무너뜨리려고 하신 것이 아니요 세우려고 하신 것이니 내가 이에 대하여 지나치게 자랑하여도 부끄럽지 아니하리라(8)

그러나 우리는 분수 이상의 자랑을 하지 않고 오직 하나님이 우리에게 나누어 주신 그 범위의 한계를 따라 하노니 곧 너희에게까지 이른 것이라(13)

• 에스겔 24장 : 아내를 잃고 담대하게 심판을 예언하는 에스겔

인자야 너는 날짜 곧 오늘의 이름을 기록하라 바벨론 왕이 오늘 예루살렘에 가까이 왔느니라...(2-6)

그러므로 주 여호와께서 이같이 말씀하셨느니라 화 있을진저 피를 흘린 성읍이여 내가 또 나무 무더기를 크게 하리라...(9-14)

인자야 내가 네 눈에 기뻐하는 것을 한 번 쳐서 빼앗으리니 너는 슬퍼하거나 울거나 눈물을 흘리거나 하지 말며...(16-19)

너는 이스라엘 족속에게 이르기를 주 여호와의 말씀에 내 성소는 너희 세력의 영광이요 너희 눈의 기쁨이요 너희 마음에 아낌이 되거니와 내가 더럽힐 것이며 너희의 버려 둔 자녀를 칼에 엎드러지게 할지라...(21-23)

• 시편 72편 : 여호와의 공의로 담대하게 통치하는 솔로몬

하나님이여 주의 판단력을 왕에게 주시고 주의 공의를 왕의 아들에게 주소서...(1-2)

그가 가난한 백성의 억울함을 풀어 주며 궁핍한 자의 자손을 구원하며 압박하는 자를 꺾으리로다(4)

그의 날에 의인이 흥왕하여 평강의 풍성함이 달이 다할 때까지 이르리로다...(7-11)

그들이 생존하여 스바의 금을 그에게 드리며 사람들이 그를 위하여 항상 기도하고 종일 찬송하리로다(15)

그의 이름이 영구함이여 그의 이름이 해와 같이 장구하리로다 사람들이 그로 말미암아 복을 받으리니 모든 민족이 다 그를 복되다 하리로다...(17-18)

III. 묵상을 위한 질문

1. 다윗 왕에게 반란을 일으킨 아들 압살롬은 아히도벨과 후새의 말 중에 누구의 의견을 들었나요?(1~5,8~13)
2. 피난 가는 다윗과 그의 신하들에게 도움을 준 사람들은 누구일까요?(20~21,27~29)
3. 바울은 고린도교회를 대면할 때나 편지를 쓸 때 무엇 때문에 담대했나요?(1,14)
4. 바울이 복음을 전할 때에 반드시 지킨 원칙은 무엇이었나요?(4,8,13,15~16)
5. 여호와 하나님은 녹슨 가마 같은 예루살렘의 죄에 대해 어떻게 행하시겠다고 말씀하셨나요?(6,9~14)
6. 여호와 하나님은 이스라엘 족속을 교훈하기 위해 에스겔에게 어떤 슬픈 일을 표징으로 행하셨나요?(16~19,21~23,25~27)
7. 솔로몬은 하나님이 함께 하시는 왕은 어떻게 다스린다고 고백했나요?(1~2,4,7~12)
8. 솔로몬은 의로운 왕을 세우신 하나님을 어떤 하나님으로 표현했나요?(15,17~18)

IV. 기도

1. 주여, 억울한 일을 당했을 때 하나님의 도우심이 있음을 믿게 하옵소서.
2. 주여, 그리스도의 복음을 전할 때 남의 수고를 가로채지 않게 하옵소서.
3. 주여, 이 민족에 하나님을 두려워하고 주를 인정하는 대통령을 세워 주옵소서.

• 하나님 마음 알아가기 •

• 나에게 주시는 말씀(암송하기) •

• 오늘의 감사(기록하기) •

265 일차 / 365 대우 9월 22일

Ⅰ. 맥체인성경의 통독구조<265>

파편적으로 듣는 말씀 : 우리가 듣는 설교는 일반적으로 설교자의 주관적 본문선택 및 해석에 의해 듣게 되는 경우가 많다. 단 강해설교는 예외일 수 있다.

종합적으로 듣는 말씀 : 반면 맥체인성경의 통독은 전혀 다른 본문을 순서적으로 읽게 되어 입체적이고 사면적으로 통독하기에 종합적인 말씀이 된다.

Ⅱ. 핵심구절 읽기

성경본문	사무엘하 18장	고린도후서 11장	에스겔 25장	시편 73편
통일주제	**대우** (待遇,사회적 관계에 따라 적절히 예우를 갖춰 남을 대함)			
개별주제	함께 피난한 백성들이 다윗왕을 중하게 대우	고린도교회가 중매자 바울을 가볍게 대우	암몬과 모압이 이스라엘과 유다를 멸시로 대우	주가 우매무지하고 짐승 같은 아삽을 귀히 대우
연합내용	**피조물은 창조주를 경배해야 하고, 백성은 왕을 존귀히 여겨야 하며, 영적 제자는 복음을 전하고 가르쳐 주신 스승을 공경해야 한다. 그러나 오히려 하나님이 죄인을 귀하게 대우하심으로 자녀를 삼으셨다.**			
핵심구절	1~5,7,9,12~15 17,21~23,27~33	1~4,6~7,9 12~15,19~30	3~4,6~8,10~16	1~8,11~14 17~23,25~26,28

· 사무엘하 18장 : 함께 피난한 백성들이 다윗왕을 중하게 대우

이에 다윗이 그와 함께 한 백성을 찾아가서 천부장과 백부장을 그들 위에 세우고...(1-5)

거기서 이스라엘 백성이 다윗의 부하들에게 패하매 그 날 그 곳에서 전사자가 많아 이만 명에 이르렀고(7)

압살롬이 다윗의 부하들과 마주치니라 압살롬이 노새를 탔는데 그 노새가 큰 상수리나무 번성한 가지 아래로 지날 때에 압살롬의 머리가 그 상수리나무에 걸리매 그가 공중과 그 땅 사이에 달리고 그가 탔던 노새는 그 아래로 빠져나간지라(9)

그들이 압살롬을 옮겨다가 수풀 가운데 큰 구멍에 그를 던지고 그 위에 매우 큰 돌무더기를 쌓으니라 온 이스라엘 무리가 각기 장막으로 도망하니라(17)

요압이 구스 사람에게 이르되 네가 가서 본 것을 왕께 아뢰라 하매 구스 사람이 요압에게 절하고 달음질하여 가니...(21-23)

파수꾼이 이르되 내가 보기에는 앞선 사람의 달음질이 사독의 아들 아히마아스의 달음질과

같으니이다 하니 왕이 이르되 그는 좋은 사람이니 좋은 소식을 가져오느니라 하니라...(27-33)

• 고린도후서 11장 : 고린도 교회가 중매자 바울을 가볍게 대우

원하건대 너희는 나의 좀 어리석은 것을 용납하라 청하건대 나를 용납하라...(1-4)

내가 비록 말에는 부족하나 지식에는 그렇지 아니하니 이것을 우리가 모든 사람 가운데서 모든 일로 너희에게 나타내었노라...(6-7)

또 내가 너희와 함께 있을 때 비용이 부족하였으되 아무에게도 누를 끼치지 아니하였음은 마게도냐에서 온 형제들이 나의 부족한 것을 보충하였음이라 내가 모든 일에 너희에게 폐를 끼치지 않기 위하여 스스로 조심하였고 또 조심하리라...(9)

너희는 지혜로운 자로서 어리석은 자들을 기쁘게 용납하는구나...(19-30)

• 에스겔 25장 : 암몬과 모압이 이스라엘과 유다를 멸시로 대우

너는 암몬 족속에게 이르기를 너희는 주 여호와의 말씀을 들을지어다 주 여호와께서 이같이 말씀하셨느니라 내 성소가 더럽힘을 받을 때에 네가 그것에 관하여, 이스라엘 땅이 황폐할 때에 네가 그것에 관하여, 유다 족속이 사로잡힐 때에 네가 그들에 대하여 이르기를 아하 좋다 하였도다...(3-4)

주 여호와께서 이같이 말씀하셨느니라 네가 이스라엘 땅에 대하여 손뼉을 치며 발을 구르며 마음을 다하여 멸시하며 즐거워하였나니...(6-8)

암몬 족속과 더불어 동방 사람에게 넘겨 주어 기업을 삼게 할 것이라 암몬 족속이 다시는 이방 가운데에서 기억되지 아니하게 하려니와...(10-16)

• 시편 73편 : 주가 우매무지하고 짐승 같은 아삽을 귀히 대우

하나님이 참으로 이스라엘 중 마음이 정결한 자에게 선을 행하시나...(1-8)

말하기를 하나님이 어찌 알랴 지존자에게 지식이 있으랴 하는도다...(11-14)

하나님의 성소에 들어갈 때에야 그들의 종말을 내가 깨달았나이다...(17-23)

하늘에서는 주 외에 누가 내게 있으리요 땅에서는 주 밖에 내가 사모할 이 없나이다...(25-26)

하나님께 가까이 함이 내게 복이라 내가 주 여호와를 나의 피난처로 삼아 주의 모든 행적을 전파하리이다(28)

Ⅲ. 묵상을 위한 질문

1. 다윗의 군대와 압살롬의 군대가 싸울 때 다윗은 어떤 세 사람을 세웠나요?(2,5)
2. 다윗은 압살롬의 전사 소식을 들었을 때 어떤 행동을 했나요?(28~33)
3. 고린도교회는 자기들에게 복음을 전해 준 바울을 어떻게 대우하였나요?(1,4,7)
4. 바울은 고린도교회에게 자신의 어떤 내용을 애절하게 자랑하였나요?(18,22~30)
5. 암몬은 이스라엘과 유다가 황폐하고 사로잡힐 때 어떤 반응을 보였나요?(3,6)
6. 모압과 세일과 에돔과 블레셋이 여호와 하나님께 심판을 받게 된 이유는 무엇일까요?(8,10~16)
7. 아삽이 오만한 자와 악인의 형통함을 보고 질투한 이유는 무엇일까요?(3~8,12~14)
8. 여호와 하나님이 이들을 갑자기 전멸시키신다는 것을 깨달은 아삽은 그 후 어떤 행동을 했나요?(17~23,25~26,28)

Ⅳ. 기도

1. 주여, 자녀가 함께 있을 때 더 눈물 흘리며 기도하게 하옵소서.
2. 주여, 복음을 전해 주고 진리를 가르쳐 주신 스승을 귀히 대하게 하옵소서.
3. 주여, 악인의 형통함을 보고 질투하지 말고 늘 정결함을 유지하게 하옵소서.

• 하나님 마음 알아가기 •

• 나에게 주시는 말씀(암송하기) •

• 오늘의 감사(기록하기) •

266 일차 / 365 기억 9월 23일

Ⅰ. 맥체인성경의 통독구조<266>

기존의 성경은 권마다 줄거리를 가지고 있다. 그러므로 맥체인성경을 묵상할 때도 신구약 4장의 내용의 공통주제를 찾은 후 다음 4장의 줄거리를 정리할 때 연속적으로 연관된 내용이 되도록 묵상함이 바람직하다.

Ⅱ. 핵심구절 읽기

성경본문	사무엘하 19장	고린도후서 12장	에스겔 26장	시편 74편
통일주제	**기억** (記憶, 지난 일과 내용을 잊지 않고 보전하거나 되살려 생각해 냄)			
개별주제	다윗과의 관계를 기억하는 므비보셋과 바르실래	고린도의 홀대를 기억하고 두려움을 갖는 바울	두로의 오만함을 기억하시고 심판하시는 여호와	주를 비방하고 능욕하는 것을 기억하시는 여호와
연합내용	**생각하고 기억하는 것은 하나님과 그 형상을 따라 창조된 인간의 속성이다. 인간은 자신이 경험한 기억에 따라 언행심사가 달라지고 하나님은 우리의 일거수일투족을 감찰하시고 기억하사 행한대로 갚으신다.**			
핵심구절	1~3,5~8,11~17 19,22~30,32~36 38,41~43	1~5,7~10,12~1619~21	2~7,11~13 16~17,20	1~3,6~9,11~12 16~18,21~22

• 사무엘하 19장 : 다윗과의 관계를 기억하는 므비보셋과 바르실래

하나님께 가까이 함이 내게 복이라 내가 주 여호와를 나의 피난처로 삼아 주의 모든 행적을 전파하리이다...(1-3)

요압이 집에 들어가서 왕께 말씀 드리되 왕께서 오늘 왕의 생명과 왕의 자녀의 생명과 처첩과 비빈들의 생명을 구원한 모든 부하들의 얼굴을 부끄럽게 하시니...(5-8)

왕께 아뢰되 내 주여 원하건대 내게 죄를 돌리지 마옵소서 내 주 왕께서 예루살렘에서 나오시던 날에 종의 패역한 일을 기억하지 마시오며 왕의 마음에 두지 마옵소서(19)

바르실래는 매우 늙어 나이가 팔십 세라 그는 큰 부자이므로 왕이 마하나임에 머물 때에 그가 왕을 공궤하였더라...(32-36)

왕이 대답하되 김함이 나와 함께 건너가리니 나는 네가 좋아하는 대로 그에게 베풀겠고 또 네가 내게 구하는 것은 다 너를 위하여 시행하리라 하니라(38)

• 고린도후서 12장 : 고린도의 훌대를 기억하고 두려움을 갖는 바울

무익하나마 내가 부득불 자랑하노니 주의 환상과 계시를 말하리라...(1-5)

여러 계시를 받은 것이 지극히 크므로 너무 자만하지 않게 하시려고 내 육체에 가시 곧 사탄의 사자를 주셨으니 이는 나를 쳐서 너무 자만하지 않게 하려 하심이라...(7-10)

사도의 표가 된 것은 내가 너희 가운데서 모든 참음과 표적과 기사와 능력을 행한 것이라 ...(12-16)

너희는 이 때까지 우리가 자기 변명을 하는 줄로 생각하는구나 우리는 그리스도 안에서 하나님 앞에 말하노라 사랑하는 자들아 이 모든 것은 너희의 덕을 세우기 위함이니라...(19-21)

• 에스겔 26장 : 두로의 오만함을 기억하시고 심판하시는 여호와

인자야 두로가 예루살렘에 관하여 이르기를 아하 만민의 문이 깨져서 내게로 돌아왔도다 그가 황폐하였으니 내가 충만함을 얻으리라 하였도다...(2-7)

그가 그 말굽으로 네 모든 거리를 밟을 것이며 칼로 네 백성을 죽일 것이며 네 견고한 석상을 땅에 엎드러뜨릴 것이며...(11-13)

그 때에 바다의 모든 왕이 그 보좌에서 내려 조복을 벗으며 수 놓은 옷을 버리고 떨림을 입듯 하고 땅에 앉아서 너로 말미암아 무시로 떨며 놀랄 것이며...(16-17)

내가 너를 구덩이에 내려가는 자와 함께 내려가서 옛적 사람에게로 나아가게 하고 너를 그 구덩이에 내려간 자와 함께 땅 깊은 곳 예로부터 황폐한 곳에 살게 하리라 네가 다시는 사람이 거주하는 곳이 되지 못하리니 살아 있는 자의 땅에서 영광을 얻지 못하리라(20)

• 시편 74편 : 주를 비방하고 능욕하는 것을 기억하시는 여호와

하나님이여 주께서 어찌하여 우리를 영원히 버리시나이까 어찌하여 주께서 기르시는 양을 향하여 진노의 연기를 뿜으시나이까...(1-3)

이제 그들이 도끼와 철퇴로 성소의 모든 조각품을 쳐서 부수고...(6-9)

주께서 어찌하여 주의 손 곧 주의 오른손을 거두시나이까 주의 품에서 손을 빼내시어 그들을 멸하소서...(11-12)

낮도 주의 것이요 밤도 주의 것이라 주께서 빛과 해를 마련하셨으며...(16-18)

학대 받은 자가 부끄러이 돌아가게 하지 마시고 가난한 자와 궁핍한 자가 주의 이름을 찬송하게 하소서...(21-22)

Ⅲ. 묵상을 위한 질문

1. 다윗이 압살롬의 죽음에 대해 심히 애도한다는 소식을 들은 요압은 백성의 사기 저하를 보고 왕에게 달려가 어떤 의견을 피력했나요?(1~8)
2. 돌아온 다윗 왕 앞에서 므비보셋과 바르실래는 어떤 진심을 보였나요?(24~37)
3. 신령한 체험을 많이 한 바울이 약한 것만을 자랑한 이유는 무엇일까요?(5~7,9)
4. 바울이 다시 고린도교회를 방문하려고 할 때 생긴 두려움은 무엇일까요?(19~21)
5. 예루살렘의 황폐함을 보고 즐거워했던 두로는 어떻게 멸망할까요?(2~7,11~13)
6. 하나님은 두로의 멸망이 이웃 나라에 어떤 영향을 준다고 말씀하셨나요?(16~17)
7. 아삽은 하나님께 주의 회중을 기억하사 어떤 일을 해 달라고 했나요?(3,6~11)
8. 아삽은 하나님께 어떤 자의 무엇을 꼭 기억해 달라고 기도했나요?(18,22)

Ⅳ. 기도

1. 주여, 어려운 때에 받은 은혜를 기억하고 항상 갚으며 살게 하옵소서.
2. 주여, 그동안 주신 신령한 체험을 감사하고 더욱 사모하며 살게 하옵소서.
3. 주여, 주를 향한 원수의 비방과 능욕을 기억하사 공평한 심판을 내리소서.

• 하나님 마음 알아가기 •

• 나에게 주시는 말씀(암송하기) •

• 오늘의 감사(기록하기) •

대면

Ⅰ. 맥체인성경의 통독구조<267>

신구약 4장을 동시에 읽으면 전혀 다른 배경과 내용이 나온다. 그곳에서 공통점을 찾으면 주님의 입체적으로 일하심을 발견하게 된다. 따라서 지금 우리의 기도와 실천도 다양한 말씀에 대입하고 응용하여 주어진 삶에 적용할 수 있는 구조다.

Ⅱ. 핵심구절 읽기

성경본문	사무엘하 20장	고린도후서 13장	에스겔 27장	시편 75~76편
통일주제	**대면** (對面, 얼굴을 마주보고 대함)			
개별주제	아벨 성읍의 지혜로운 여인이 요압과 대면함	바울이 고린도교회의 죄 지은 자들과 대면함	에스겔이 범죄로 인해 벌받는 두로와 대면함	아삽이 경외받으실 재판장 하나님과 대면함
연합내용	**인생은 대면의 연속이다. 문제를 해결하기 위해 당사자를 대면하고 교회를 세우기 위해 문제자를 대면하며 예언을 통해 회개를 촉구하기 위해 죄인들을 대면하고 결국 모든 인생은 주 앞에 서서 그를 대면해야 한다.**			
핵심구절	1~2,4~6,10 13~16,19,21~22	2~5,7~10,13	2~4,8~12,17 25~27,29~34,36	75:1~2,4~8,10 76:1~3,6~9,11

• 사무엘하 20장 : 아벨 성읍의 지혜로운 여인이 요압과 대면함

마침 거기에 불량배 하나가 있으니 그의 이름은 세바인데 베냐민 사람 비그리의 아들이었더라 그가 나팔을 불며 이르되 우리는 다윗과 나눌 분깃이 없으며 이새의 아들에게서 받을 유산이 우리에게 없도다 이스라엘아 각각 장막으로 돌아가라 하매...(1-2)

왕이 아마사에게 이르되 너는 나를 위하여 삼 일 내로 유다 사람을 큰 소리로 불러 모으고 너도 여기 있으라 하니라...(4-6)

아마사가 요압의 손에 있는 칼은 주의하지 아니한지라 요압이 칼로 그의 배를 찌르매 그의 창자가 땅에 쏟아지니 그를 다시 치지 아니하여도 죽으니라(10)

아마사를 큰길에서 옮겨가매 사람들이 다 요압을 따라 비그리의 아들 세바를 뒤쫓아가니라...(13-16)

나는 이스라엘의 화평하고 충성된 자 중 하나이거늘 당신이 이스라엘 가운데 어머니 같은 성을 멸하고자 하시는도다 어찌하여 당신이 여호와의 기업을 삼키고자 하시나이까 하니(19)

• 고린도후서 13장 : 바울이 고린도 교회의 죄 지은 자들과 대면함

내가 이미 말하였거니와 지금 떠나 있으나 두 번째 대면하였을 때와 같이 전에 죄 지은 자들과 그 남은 모든 사람에게 미리 말하노니 내가 다시 가면 용서하지 아니하리라...(2-5)

우리가 하나님께서 너희로 악을 조금도 행하지 않게 하시기를 구하노니 이는 우리가 옳은 자임을 나타내고자 함이 아니라 오직 우리는 버림 받은 자 같을지라도 너희는 선을 행하게 하고자 함이라...(7-10)

주 예수 그리스도의 은혜와 하나님의 사랑과 성령의 교통하심이 너희 무리와 함께 있을지어다(13)

• 에스겔 27장 : 에스겔이 범죄로 인해 벌 받는 두로와 대면함

인자야 너는 두로를 위하여 슬픈 노래를 지으라...(2-4)

시돈과 아르왓 주민들이 네 사공이 되었음이여 두로야 네 가운데에 있는 지혜자들이 네 선장이 되었도다...(8-12)

유다와 이스라엘 땅 사람이 네 상인이 되었음이여 민닛 밀과 과자와 꿀과 기름과 유향을 네 물품과 바꾸어 갔도다(17)

다시스의 배는 떼를 지어 네 화물을 나르니 네가 바다 중심에서 풍부하여 영화가 매우 크도다...(25-27)

노를 잡은 모든 자와 사공과 바다의 선장들이 다 배에서 내려 언덕에 서서...(29-34)

많은 민족의 상인들이 다 너를 비웃음이여 네가 공포의 대상이 되고 네가 영원히 다시 있지 못하리라 하셨느니라(36)

• 시편 75-76편 : 아삽이 경외받으실 재판장 하나님과 대면함

하나님이여 우리가 주께 감사하고 감사함은 주의 이름이 가까움이라 사람들이 주의 기이한 일들을 전파하나이다...(75:1-2)

내가 오만한 자들에게 오만하게 행하지 말라 하며 악인들에게 뿔을 들지 말라 하였노니...(75:4-8)

또 악인들의 뿔을 다 베고 의인의 뿔은 높이 들리로다 (75:10)

하나님은 유다에 알려지셨으며 그의 이름이 이스라엘에 크시도다...(76:1-3)

야곱의 하나님이여 주께서 꾸짖으시매 병거와 말이 다 깊이 잠들었나이다...(76:6-9)

너희는 여호와 너희 하나님께 서원하고 갚으라 사방에 있는 모든 사람도 마땅히 경외할 이에게 예물을 드릴지로다(76:11)

Ⅲ. 묵상을 위한 질문

1. 다윗은 불량배 세바의 반역을 어떻게 처리했나요?(1~2,6~7,13~15)
2. 불량배요 반역자인 세바는 누구에 의해 머리 베임을 당했나요?(16,19,21~22)
3. 바울은 고린도교회에게 마지막 권면으로 무엇을 시험해 보라고 말했나요?(5)
4. 초대교회 당시 바울은 모든 성도들에게 어떤 내용으로 인사를 했나요?(13)
5. 여호와 하나님은 두로에게 어떤 지리적인 풍성한 복을 주셨나요?(3~12,25)
6. 여호와 하나님은 에스겔을 통해 두로의 최후 심판에 대하여 어떤 애가를 지어 부르라고 하셨나요?(26~27,29~34,36)
7. 아삽은 하나님이 땅과 그 모든 주민에 대하여 어떤 분이시라고 했나요?(75:2~8)
8. 아삽은 온유한 자를 구원하시는 하나님이 무엇을 받으시기에 합당하신 분이시라고 했나요?(76:7~9,11)

Ⅳ. 기도

1. 주여, 악하게 반역하는 자를 간과하지 말고 세심한 주의로 처리하게 하옵소서.
2. 주여, 선천적으로 받은 은혜와 후천적으로 받은 축복을 잘 관리하게 하옵소서.
3. 주여, 모든 자의 재판장 되시는 하나님만을 온전히 경외하게 하옵소서.

• 하나님 마음 알아가기 •

• 나에게 주시는 말씀(암송하기) •

• 오늘의 감사(기록하기) •

268 일차 / 365 저주 9월 25일

Ⅰ. 맥체인성경의 통독구조<268>

묵상하기 여덟 문제의 답을 요약하여 핵심을 정리하고 그것을 중심으로 세 가지의 기도문 초안을 작성한 후, 신구약 네 장의 말씀을 기도 중에 재차 묵상하는 구조이다.

Ⅱ. 핵심구절 읽기

성경본문	사무엘하 21장	갈라디아서 1장	에스겔 28장	시편 77편
통일주제	**저주** (詛呪, 몹시 악한 자에게 재앙이나 불행한 일이 일어나도록 빌음)			
개별주제	사울과 그 집 때문에 주가 내리신 일시적 저주	다른 복음을 전하는 자들에게 선포한 저주	교만한 두로와 시돈에게 내려진 영원한 저주	아삽이 침묵하시는 하나님께 느낀 주관적 저주
연합내용	**하나님은 광야생활에서 이스라엘 백성들에게 축복과 저주를 선포하셨다. 성경에 나오는 저주에는 일시적인 저주와 영원한 저주, 현재적인 저주와 예언적인 저주, 주관적인 저주와 객관적인 저주 등이 있다.**			
핵심구절	1~6,8~9,13~14 17,19~21	1~4,6~8,10~12 15~19,23	2~8,12~18, 21~23,25~26	1~4,7~9,13~15 19~20

• 사무엘하 21장 : 사울과 그 집 때문에 주가 내리신 일시적 저주

다윗의 시대에 해를 거듭하여 삼 년 기근이 있으므로 다윗이 여호와 앞에 간구하매 여호와께서 이르시되 이는 사울과 피를 흘린 그의 집으로 말미암음이니 그가 기브온 사람을 죽였음이니라 하시니라...(1-6)

왕이 이에 아야의 딸 리스바에게서 난 자 곧 사울의 두 아들 알모니와 므비보셋과 사울의 딸 메랍에게서 난 자 곧 므홀랏 사람 바르실래의 아들 아드리엘의 다섯 아들을 붙잡아...(8-9)

다윗이 그 곳에서 사울의 뼈와 그의 아들 요나단의 뼈를 가지고 올라오매 사람들이 그 달려 죽은 자들의 뼈를 거두어다가...(13-14)

스루야의 아들 아비새가 다윗을 도와 그 블레셋 사람을 쳐죽이니 그 때에 다윗의 추종자들이 그에게 맹세하여 이르되 왕은 다시 우리와 함께 전장에 나가지 마옵소서 이스라엘의 등불이 꺼지지 말게 하옵소서 하니라(17)

또 다시 블레셋 사람과 곱에서 전쟁할 때에 베들레헴 사람 야레오르김의 아들 엘하난은 가드 골리앗의 아우 라흐미를 죽였는데 그 자의 창 자루는 베틀 채 같았더라...(19-21)

• 갈라디아서 1장 : 다른 복음을 전하는 자들에게 선포한 저주

사람들에게서 난 것도 아니요 사람으로 말미암은 것도 아니요 오직 예수 그리스도와 그를 죽은 자 가운데서 살리신 하나님 아버지로 말미암아 사도 된 바울은...(1-4)

그리스도의 은혜로 너희를 부르신 이를 이같이 속히 떠나 다른 복음을 따르는 것을 내가 이상하게 여기노라...(6-8)

이제 내가 사람들에게 좋게 하랴 하나님께 좋게 하랴 사람들에게 기쁨을 구하랴 내가 지금까지 사람들의 기쁨을 구하였다면 그리스도의 종이 아니니라...(10-12)

그러나 내 어머니의 태로부터 나를 택정하시고 그의 은혜로 나를 부르신 이가...(15-19)

다만 우리를 박해하던 자가 전에 멸하려던 그 믿음을 지금 전한다 함을 듣고(23)

• 에스겔 28장 : 교만한 두로와 시돈에게 내려진 영원한 저주

인자야 너는 두로 왕에게 이르기를 주 여호와께서 이같이 말씀하시되 네 마음이 교만하여 말하기를 나는 신이라 내가 하나님의 자리 곧 바다 가운데에 앉아 있다 하도다 네 마음이 하나님의 마음 같은 체할지라도 너는 사람이요 신이 아니거늘...(2-8)

인자야 두로 왕을 위하여 슬픈 노래를 지어 그에게 이르기를 주 여호와의 말씀에 너는 완전한 도장이었고 지혜가 충족하며 온전히 아름다웠도다...(12-18)

인자야 너는 얼굴을 시돈으로 향하고 그에게 예언하라...(21-23)

주 여호와께서 이같이 말씀하셨느니라 내가 여러 민족 가운데에 흩어져 있는 이스라엘 족속을 모으고 그들로 말미암아 여러 나라의 눈 앞에서 내 거룩함을 나타낼 때에 그들이 고국 땅 곧 내 종 야곱에게 준 땅에 거주할지라...(25-26)

• 시편 77편 : 아삽이 침묵하시는 하나님께 느낀 주관적 저주

내가 내 음성으로 하나님께 부르짖으리니 내 음성으로 하나님께 부르짖으면 내게 귀를 기울이시리로다...(1-4)

주께서 영원히 버리실까, 다시는 은혜를 베풀지 아니하실까...(7-9)

하나님이여 주의 도는 극히 거룩하시오니 하나님과 같이 위대하신 신이 누구오니이까...(13-15)

주의 길이 바다에 있었고 주의 곧은 길이 큰 물에 있었으나 주의 발자취를 알 수 없었나이다...(19-20)

Ⅲ. 묵상을 위한 질문

1. 여호와 하나님은 다윗의 시대에 삼년 동안 기근이 있었던 것은 어떤 원인 때문이라고 다윗에게 말씀하셨나요?(1~6)
2. 다윗의 추종자들은 계속 되는 전쟁으로 다윗에게 어떤 진언을 드렸나요?(15~17)
3. 바울은 자신의 사도직에 대해 어떤 분명한 의식과 고백을 갖고 있나요?(1~4)
4. 바울은 자신이 전하는 복음의 근거를 어디에 두고 있나요?(7~8,11~12)
5. 여호와는 두로 왕에게 어떤 잘못을 지적하시고 저주를 선포하셨나요?(2~8)
6. 여호와는 에스겔을 통해 시돈에게 어떤 심판과 저주를 예언하셨나요?(21~23)
7. 아삽이 환난 날에 부르짖을 때 침묵하신 하나님을 생각하면서 느낀 주관적인 저주의 내용은 무엇이었나요?(1~4,7~9)
8. 아삽은 어떤 생각을 함으로 다시 영적이고 신앙적인 회복을 했나요?(11~15,20)

Ⅳ. 기도

1. 주여, 어려운 일이 있을 때 그 원인이 어디에 있는지 분별하는 지혜를 주옵소서.
2. 주여, 대대로 전해 받은 예수 복음 외에 다른 복음을 따르지 않게 하옵소서.
3. 주여, 주의 침묵 속에서도 주관적 곡해에 빠지거나 기도를 멈추지 않게 하옵소서.

• 하나님 마음 알아가기 •

• 나에게 주시는 말씀(암송하기) •

• 오늘의 감사(기록하기) •

비밀

Ⅰ. 맥체인성경의 통독구조<269>

통일주제를 찾을 때 다음의 순서로 접근하는 것이 바람직하다. 먼저 하나님의 입장에서, 다음으로 중심등장인물 입장에서, 그리고 내용의 특징에서 찾는 것이다.

Ⅱ. 핵심구절 읽기

성경본문	사무엘하 22장	갈라디아서 2장	에스겔 29장	시편 78편 1~37절
통일주제	**비밀** (祕密, 그 참된 의미를 숨기고 언어나 상징으로 가르침을 전함)			
개별주제	하나님의 구원은 원수들에게 감추어진 비밀	믿음으로 의롭다함을 얻는 것은 숨겨졌던 비밀	애굽이 미약한 나라가 되는 것은 예언된 비밀	율법과 말 비유로 감추어졌던 비밀을 드러냄
연합내용	**인간은 모든 것에 대해 다 알 수는 없다. 특히 하나님이 미래에 행하실 구원과 심판에 대한 비밀은 더욱 알 수 없다. 오직 하나님이 말씀과 예언과 계시로 나타내실 때에만 깨달아 알 수 있을 뿐이다.**			
핵심구절	1~3,7,16~31 36~37,40,44~45 50~51	1~5,8~14,16 20~21	2~5,8~15,18~20	1~8,10~11 17~20,22,24~25 27~30,33~37

• 사무엘하 22장 : 하나님의 구원은 원수들에게 감추어진 비밀

여호와께서 다윗을 모든 원수의 손과 사울의 손에서 구원하신 그 날에 다윗이 이 노래의 말씀으로 여호와께 아뢰어...(1-3)

내가 환난 중에서 여호와께 아뢰며 나의 하나님께 아뢰었더니 그가 그의 성전에서 내 소리를 들으심이여 나의 부르짖음이 그의 귀에 들렸도다(7)

이럴 때에 여호와의 꾸지람과 콧김으로 말미암아 물 밑이 드러나고 세상의 기초가 나타났도다...(16-31)

주께서 또 주의 구원의 방패를 내게 주시며 주의 온유함이 나를 크게 하셨나이다...(36-37)

이는 주께서 내게 전쟁하게 하려고 능력으로 내게 띠 띠우사 일어나 나를 치는 자를 내게 굴복하게 하셨사오며(40)

주께서 또 나를 내 백성의 다툼에서 건지시고 나를 보전하사 모든 민족의 으뜸으로 삼으셨으니 내가 알지 못하는 백성이 나를 섬기리이다...(44-45)

이러므로 여호와여 내가 모든 민족 중에서 주께 감사하며 주의 이름을 찬양하리이다...(50-51)

• 갈라디아서 2장 : 믿음으로 의롭다함을 얻는 것은 숨겨졌던 비밀

십사 년 후에 내가 바나바와 함께 디도를 데리고 다시 예루살렘에 올라갔나니...(1-5)

베드로에게 역사하사 그를 할례자의 사도로 삼으신 이가 또한 내게 역사하사 나를 이방인의 사도로 삼으셨느니라...(8-14)

사람이 의롭게 되는 것은 율법의 행위로 말미암음이 아니요 오직 예수 그리스도를 믿음으로 말미암는 줄 알므로 우리도 그리스도 예수를 믿나니 이는 우리가 율법의 행위로써가 아니고 그리스도를 믿음으로써 의롭다 함을 얻으려 함이라 율법의 행위로써는 의롭다 함을 얻을 육체가 없느니라(16)

내가 그리스도와 함께 십자가에 못 박혔나니 그런즉 이제는 내가 사는 것이 아니요 오직 내 안에 그리스도께서 사시는 것이라 이제 내가 육체 가운데 사는 것은 나를 사랑하사 나를 위하여 자기 자신을 버리신 하나님의 아들을 믿는 믿음 안에서 사는 것이라...(20-21)

• 에스겔 29장 : 애굽이 미약한 나라가 되는 것은 예언된 비밀

인자야 너는 애굽의 바로 왕과 온 애굽으로 얼굴을 향하고 예언하라...(2-5)

그러므로 주 여호와께서 이같이 말씀하셨느니라 내가 칼이 네게 임하게 하여 네게서 사람과 짐승을 끊은즉...(8-15)

인자야 바벨론의 느부갓네살 왕이 그의 군대로 두로를 치게 할 때에 크게 수고하여 모든 머리털이 무지러졌고 모든 어깨가 벗어졌으나 그와 군대가 그 수고한 대가를 두로에서 얻지 못하였느니라...(18-20)

• 시편 78편 1~37절 : 율법과 말 비유로 감추어졌던 비밀을 드러냄

내 백성이여, 내 율법을 들으며 내 입의 말에 귀를 기울일지어다...(1-8)

그들이 하나님의 언약을 지키지 아니하고 그의 율법 준행을 거절하며...(10-11)

그들은 계속해서 하나님께 범죄하여 메마른 땅에서 지존자를 배반하였도다...(17-20)

이는 하나님을 믿지 아니하며 그의 구원을 의지하지 아니한 때문이로다(22)

그들에게 만나를 비 같이 내려 먹이시며 하늘 양식을 그들에게 주셨나니...(24-25)

먼지처럼 많은 고기를 비 같이 내리시고 나는 새를 바다의 모래 같이 내리셨도다...(27-30)

하나님이 그들의 날들을 헛되이 보내게 하시며 그들의 햇수를 두려움으로 보내게 하셨도다...(33-37)

Ⅲ. 묵상을 위한 질문

1. 다윗은 여호와께서 모든 원수의 손과 사울의 손에서 자신을 구원하신 그 날에 어떤 노래의 말씀으로 하나님께 아뢰었나요?(1~3,7,18~20,29~33,36,40,44,50)
2. 다윗은 구원의 원인이 하나님의 은혜와 또한 자신의 어떤 삶 때문이라고 고백했나요?(21~25)
3. 바울은 갈라디아교회에게 하나님이 사람을 어떻게 세우셨다고 말했나요?(8~9)
4. 바울은 의롭게 되는 것이 율법의 행위로가 아니라 오직 무엇으로 말미암는다고 재차 강조했나요?(16,19~21)
5. 여호와는 에스겔을 통해 어떤 이유로 애굽을 심판하시겠다고 말씀하셨나요?(2~5)
6. 여호와의 심판을 받은 애굽은 그 후 어떤 나라가 된다고 하셨나요?(10~15)
7. 여호와께서 자기 백성들에게 율법과 비유를 주신 이유는 무엇일까요?(1~8)
8. 아삽은 이스라엘이 어떤 범죄를 저질렀다고 지적했나요?(10~11,17~20,22,30,37)

Ⅳ. 기도

1. 주여, 모든 삶 속에서 은혜를 입었을 때 찬송과 감사로 나아가게 하옵소서.
2. 주여, 나에게 직분을 주심이 하나님의 판단과 주권이심을 깨닫게 하옵소서.
3. 주여, 자기 백성을 위하여 주신 율법과 계명을 순종함으로 지키게 하옵소서.

• 하나님 마음 알아가기 •

• 나에게 주시는 말씀(암송하기) •

• 오늘의 감사(기록하기) •

270 일차 / 365 지도 9월 27일

I. 맥체인성경의 통독구조<270>

사복음서를 통해 입체적인 예수님을 보듯 신구약 네 장 통독을 통해 하나님의 역사하심을 입체적으로 보는 구조이다.

II. 핵심구절 읽기

성경본문	사무엘하 23장	갈라디아서 3장	에스겔 30장	시편 78편 38~72절
통일주제	**지도** (指導, 어떤 목적이나 방향으로 남을 가르쳐 이끎)			
개별주제	여호와의 영이 말씀으로 다윗을 지도하심	바울이 오직 믿음으로 의롭게 됨을 지도함	여호와께서 말씀으로 에스겔을 지도하심	하나님께서 양 떼 같은 이스라엘을 지도하심
연합내용	**올바른 길을 걷도록 지도하는 것이 스승의 도리요 그것을 따르는 것이 제자의 도리인 것처럼 하나님께서는 말씀과 긍휼로 우리를 지도하신다. 우리에게 필요한 것은 오직 믿음과 순종이다.**			
핵심구절	1~7,15~17	1~3,9~14,22~23 26~28	1~5,8,19,25~26	38~42,52~53 70~72

• 사무엘하 23장 : 여호와의 영이 말씀으로 다윗을 지도하심

이는 다윗의 마지막 말이라 이새의 아들 다윗이 말함이여 높이 세워진 자, 야곱의 하나님께로부터 기름 부음 받은 자, 이스라엘의 노래 잘 하는 자가 말하노라...(1-7)

다윗이 소원하여 이르되 베들레헴 성문 곁 우물 물을 누가 내게 마시게 할까 하매...(15-17)

• 갈라디아서 3장 : 바울이 오직 믿음으로 의롭게 됨을 지도함

다윗이 소원하여 이르되 베들레헴 성문 곁 우물 물을 누가 내게 마시게 할까 하매...(1-3)

그러므로 믿음으로 말미암은 자는 믿음이 있는 아브라함과 함께 복을 받느니라...(9-14)

그러나 성경이 모든 것을 죄 아래에 가두었으니 이는 예수 그리스도를 믿음으로 말미암는 약속을 믿는 자들에게 주려 함이라...(22-23)

너희가 다 믿음으로 말미암아 그리스도 예수 안에서 하나님의 아들이 되었으니...(26-28)

• 에스겔 30장 : 여호와께서 말씀으로 에스겔을 지도하심

또 여호와의 말씀이 내게 임하여 이르시되...(1-5)

내가 애굽에 불을 일으키며 그 모든 돕는 자를 멸할 때에 그들이 나를 여호와인 줄 알리라(8)

이같이 내가 애굽을 심판하리니 내가 여호와인 줄을 그들이 알리라 하셨다 하라(19)

내가 바벨론 왕의 팔은 들어 주고 바로의 팔은 내려뜨릴 것이라 내가 내 칼을 바벨론 왕의 손에 넘기고 그를 들어 애굽 땅을 치게 하리니 내가 여호와인 줄을 그들이 알리라...(25-26)

• 시편 78편 38~72절 : 하나님께서 양 떼 같은 이스라엘을 지도하심

오직 하나님은 긍휼하시므로 죄악을 덮어 주시어 멸망시키지 아니하시고 그의 진노를 여러 번 돌이키시며 그의 모든 분을 다 쏟아 내지 아니하셨으니...(38-42)

그가 자기 백성은 양 같이 인도하여 내시고 광야에서 양 떼 같이 지도하셨도다...(52-53)

또 그의 종 다윗을 택하시되 양의 우리에서 취하시며...(70-72)

Ⅲ. 묵상을 위한 질문

1. 다윗은 하나님께서 자신의 집을 견고하게 하시고 구원과 모든 소원을 이루어주신 이유가 무엇이라고 고백하고 있나요?(5)
2. 다윗과 함께 싸운 삼십칠 명 중 세 용사의 이름은 무엇일까요?(8~17)
3. 바울은 갈라디아 사람들이 아브라함과 함께 율법이 아닌 무엇으로 복을 받는다고 말했나요?(6~9)
4. 바울은 우리가 믿음으로 말미암아 무엇이 되었음을 강조하고 있나요?(26~28)
5. 에스겔이 여호와의 말씀을 전할 때 강조하는 표현은 무엇일까요?(2,6,10,13,22)
6. 여호와 하나님은 결국 이스라엘이 무엇을 알기 원하시는 것일까요?(8,19,25~26)
7. 이스라엘이 여러 번 하나님께 반항하고 하나님을 잊고 하나님의 명령을 지키지 않았지만 멸망시키지 아니하신 이유는 무엇일까요?(38,52,72)
8. 아삽은 어떤 이야기를 강조하며 자신의 교훈(마스길)을 전하고 있나요?(43~52)

Ⅳ. 기도

1. 주여, 여호와의 영이 충만케 하시고 나의 입술에 말씀과 찬송이 머물게 하옵소서.
2. 주여, 나를 구원하신 하나님의 사랑과 예수님의 복음을 잊지 않게 하옵소서.
3. 주여, 어려움과 고통 속에서 주를 놓지 않게 하시며 주의 긍휼로 붙잡아 주옵소서.

• 하나님 마음 알아가기 •

• 나에게 주시는 말씀(암송하기) •

• 오늘의 감사(기록하기) •

271 일차 / 365 정욕 9월 28일

Ⅰ. 맥체인성경의 통독구조<271>

통일주제로 연결된 네 장의 개별주제가 맥체인 설교방식에서는 네 개의 대지가 되게 할 때 풍성한 설교가 된다.

Ⅱ. 핵심구절 읽기

성경본문	사무엘하 24장	갈라디아서 4장	에스겔 31장	시편 79편
통일주제	**정욕** (情欲, 마음속에 일어나는 여러 가지 욕구)			
개별주제	자신의 힘과 권력을 점검하려는 다윗의 정욕	율법으로 돌아가려는 갈라디아교회의 정욕	크고 아름다운 복때문에 교만해진 애굽의 정욕	주의 기업과 성전을 더럽힌 이방나라의 정욕
연합내용	**인간의 정욕은 욕심이다. 채워지지 않는 끝없는 정욕이 죄를 낳는다. 권력에 대한 정욕, 비진리로 향하는 정욕, 주어진 복 때문에 높아지려는 정욕, 거룩한 것을 더럽히고 정복하려는 정욕이 죄를 낳는 것이다.**			
핵심구절	1~4,8~10,13~18 21~25	4~7,9~11,14~15 17~20,23~26,28~31	2~8,10~13,18	1~4,6~9,13

• 사무엘하 24장 : 자신의 힘과 권력을 점검하려는 다윗의 정욕

여호와께서 다시 이스라엘을 향하여 진노하사 그들을 치시려고 다윗을 격동시키사 가서 이스라엘과 유다의 인구를 조사하라 하신지라...(1-4)

그들 무리가 국내를 두루 돌아 아홉 달 스무 날 만에 예루살렘에 이르러...(8-10)

갓이 다윗에게 이르러 아뢰어 이르되 왕의 땅에 칠 년 기근이 있을 것이니이까 혹은 왕이 왕의 원수에게 쫓겨 석 달 동안 그들 앞에서 도망하실 것이니이까 혹은 왕의 땅에 사흘 동안 전염병이 있을 것이니이까 왕은 생각하여 보고 나를 보내신 이에게 무엇을 대답하게 하소서 하는지라...(13-18)

이르되 어찌하여 내 주 왕께서 종에게 임하시나이까 하니 다윗이 이르되 네게서 타작 마당을 사서 여호와께 제단을 쌓아 백성에게 내리는 재앙을 그치게 하려 함이라 하는지라...(21-25)

• 갈라디아서 4장 : 율법으로 돌아가려는 갈라디아교회의 정욕

때가 차매 하나님이 그 아들을 보내사 여자에게서 나게 하시고 율법 아래에 나게 하신 것은...(4-7)

이제는 너희가 하나님을 알 뿐 아니라 더욱이 하나님이 아신 바 되었거늘 어찌하여 다시 약하고 천박한 초등학문으로 돌아가서 다시 그들에게 종 노릇 하려 하느냐...(9-11)

너희를 시험하는 것이 내 육체에 있으되 이것을 너희가 업신여기지도 아니하며 버리지도 아니하고 오직 나를 하나님의 천사와 같이 또는 그리스도 예수와 같이 영접하였도다...(14-15)

그들이 너희에게 대하여 열심 내는 것은 좋은 뜻이 아니요 오직 너희를 이간시켜 너희로 그들에게 대하여 열심을 내게 하려 함이라...(17-20)

여종에게서는 육체를 따라 났고 자유 있는 여자에게서는 약속으로 말미암았느니라...(23-26)

형제들아 너희는 이삭과 같이 약속의 자녀라...(28-31)

• 에스겔 31장 : 크고 아름다운 복 때문에 교만해진 애굽의 정욕

인자야 너는 애굽의 바로 왕과 그 무리에게 이르기를 네 큰 위엄을 누구에게 비하랴...(2-8)

그러므로 주 여호와께서 이같이 말씀하셨느니라 그의 키가 크고 꼭대기가 구름에 닿아서 높이 솟아났으므로 마음이 교만하였은즉...(10-13)

너의 영광과 위대함이 에덴의 나무들 중에서 어떤 것과 같은고 그러나 네가 에덴의 나무들과 함께 지하에 내려갈 것이요 거기에서 할례를 받지 못하고 칼에 죽임을 당한 자 가운데에 누우리라 이들은 바로와 그의 모든 군대니라 주 여호와의 말씀이니라 하라(18)

• 시편 79편 : 주의 기업과 성전을 더럽힌 이방 나라의 정욕

하나님이여 이방 나라들이 주의 기업의 땅에 들어와서 주의 성전을 더럽히고 예루살렘이 돌무더기가 되게 하였나이다...(1-4)

주를 알지 아니하는 민족들과 주의 이름을 부르지 아니하는 나라들에게 주의 노를 쏟으소서...(6-9)

우리는 주의 백성이요 주의 목장의 양이니 우리는 영원히 주께 감사하며 주의 영예를 대대에 전하리이다(13)

Ⅲ. 묵상을 위한 질문

1. 다윗은 두 번의 반역을 경험한 후 어떤 일을 재촉하여 시행했나요?(1~9)
2. 하나님은 다윗의 행한 일을 죄로 여기시고 어떤 재앙을 내리셨나요?(12~15)
3. 바울은 갈라디아교회에게 어떤 자가 하나님의 유업을 받는다고 했나요?(4~7,30)
4. 바울이 갈리디아교회를 다시 염려하게 된 것은 무엇 때문일까요?(9~11,17,20~21)
5. 여호와 하나님은 애굽의 크고 아름다운 것을 무엇에 비유하셨나요?(2~9)
6. 여호와 하나님은 결국 애굽의 어떤 마음을 보시고 심판하셨나요?(10~11,14)
7. 아삽은 하나님께 이방 나라들의 어떤 죄악의 내용을 고발했나요?(1~4,7)
8. 아삽은 죄악을 행한 이방 나라들에게 어떤 벌을 내려달라고 여호와 하나님께 기도했나요?(6,10,12)

Ⅳ. 기도

1. 주여, 어려웠다가 회복되었을 때 정욕에 이끌려 세상을 의지하지 않게 하옵소서.
2. 주여, 믿음으로 아들의 명분을 얻었음으로 하나님의 유업을 상속받게 하옵소서.
3. 주여, 주가 주신 선천적, 후천적 복으로 인하여 교만에 빠지지 않게 하옵소서.

• 하나님 마음 알아가기 •

• 나에게 주시는 말씀(암송하기) •

• 오늘의 감사(기록하기) •

272 일차 / 365 슬픔 9월 29일

Ⅰ. 맥체인성경의 통독구조<272>

성경 66권은 1600년이 넘는 긴 세월 동안 성령의 감동을 입은 각 시대의 사람들이 각기 다른 장소에서 기록한 것을 정경화한 것이다. 그럼에도 불구하고 놀랍게도 제각기 짝이 있고 통일된 주제와 일관된 메시지를 전한다. 이것은 우연이 아니며 하나님이 저자이심을 증명하고 있다. 따라서 새로운 편집방식으로 읽는다면 전혀 다른 새롭고 놀라운 더 깊은 감동을 경험하게 된다.

Ⅱ. 핵심구절 읽기

성경본문	열왕기상 1장	갈라디아서 5장	에스겔 32장	시편 80편
통일주제	**슬픔** (눈물을 흐리며 느끼는 아픈 마음과 괴롭고 답답한 감정)			
개별주제	아도니야의 반역을 보는 늙은 다윗의 슬픔	종의 멍에와 육체의 소욕을 보는 바울의 슬픔	애굽과 뭇 나라의 심판을 보는 에스겔의 슬픔	하나님의 침묵에 절규하는 이스라엘의 슬픔
연합내용	**슬픔은 아픈 감정이요 마음이다. 자식의 반역을 보며, 성도들이 잘못된 교훈과 육체의 소욕을 좇는 것을 보고, 뭇 나라가 멸망하는 것을 볼 때 어찌 아니 슬플까. 선민의 기도가 응답되지 않을 때는 더 슬프다.**			
핵심구절	1,3,5~14,20 23~25,28~37 40~41,43,46~53	1~7,10~13 16~24	2~4,7~9,11~12 14,16,18~20 23~24,26,29~30	1~5,7~8,12~15 18~19

• 열왕기상 1장 : 아도니야의 반역을 보는 늙은 다윗의 슬픔

다윗 왕이 나이가 많아 늙으니 이불을 덮어도 따뜻하지 아니한지라(1)

이스라엘 사방 영토 내에 아리따운 처녀를 구하던 중 수넴 여자 아비삭을 얻어 왕께 데려왔으니(3)

그 때에 학깃의 아들 아도니야가 스스로 높여서 이르기를 내가 왕이 되리라 하고 자기를 위하여 병거와 기병과 호위병 오십 명을 준비하니...(5-14)

내 주 왕이여 온 이스라엘이 왕에게 다 주목하고 누가 내 주 왕을 이어 그 왕위에 앉을지를 공포하시기를 기다리나이다(20)

다윗 왕이 명령하여 이르되 밧세바를 내 앞으로 부르라 하매 그가 왕의 앞으로 들어가 그 앞에 서는지라...(28-37)

요나단이 아도니야에게 대답하여 이르되 과연 우리 주 다윗 왕이 솔로몬을 왕으로 삼으셨나이다(43)

• 갈라디아서 5장 : 종의 멍에와 육체의 소욕을 보는 바울의 슬픔

그리스도께서 우리를 자유롭게 하려고 자유를 주셨으니 그러므로 굳건하게 서서 다시는 종의 멍에를 메지 말라...(1-7)

나는 너희가 아무 다른 마음을 품지 아니할 줄을 주 안에서 확신하노라 그러나 너희를 요동하게 하는 자는 누구든지 심판을 받으리라...(10-13)

내가 이르노니 너희는 성령을 따라 행하라 그리하면 육체의 욕심을 이루지 아니하리라...(16-24)

• 에스겔 32장 : 애굽과 뭇 나라의 심판을 보는 에스겔의 슬픔

인자야 너는 애굽의 바로 왕에 대하여 슬픈 노래를 불러 그에게 이르라 너를 여러 나라에서 사자로 생각하였더니 실상은 바다 가운데의 큰 악어라 강에서 튀어 일어나 발로 물을 휘저어 그 강을 더럽혔도다...(2-4)

주 여호와께서 이같이 말씀하셨느니라 바벨론 왕의 칼이 네게 오리로다...(11-12)

그 때에 내가 그 물을 맑게 하여 그 강이 기름 같이 흐르게 하리로다 주 여호와의 말씀이니라(14)

이는 슬피 부를 노래이니 여러 나라 여자들이 이것을 슬피 부름이여 애굽과 그 모든 무리를 위하여 이것을 슬피 부르리로다 주 여호와의 말씀이니라(16)

거기에 메섹과 두발과 그 모든 무리가 있고 그 여러 무덤은 사방에 있음이여 그들은 다 할례를 받지 못하고 칼에 죽임을 당한 자로다 그들이 생존하는 사람들의 세상에서 두렵게 하였으나(26)

거기에 에돔 곧 그 왕들과 그 모든 고관이 있음이여 그들이 강성하였었으나 칼에 죽임을 당한 자와 함께 있겠고 할례를 받지 못하고 구덩이에 내려간 자와 함께 누우리로다...(29-30)

• 시편 80편 : 하나님의 침묵에 절규하는 이스라엘의 슬픔

요셉을 양 떼 같이 인도하시는 이스라엘의 목자여 귀를 기울이소서 그룹 사이에 좌정하신 이여 빛을 비추소서...(1-5)

만군의 하나님이여 우리를 회복하여 주시고 주의 얼굴의 광채를 비추사 우리가 구원을 얻게 하소서...(7-8)

주께서 어찌하여 그 담을 허시사 길을 지나가는 모든 이들이 그것을 따게 하셨나이까...(12-15)

그리하시면 우리가 주에게서 물러가지 아니하오리니 우리를 소생하게 하소서 우리가 주의 이름을 부르리이다...(18-19)

Ⅲ. 묵상을 위한 질문

1. 다윗이 나이 많아 늙었을 때 다시 누가 반역을 도모하였나요?(1,5~10,15)

2. 나단 선지자는 다윗과 밧세바에게 어떤 지혜를 발휘하여 아도니야의 반역을 종식시켰나요?(11~14,23~25,28~37,43)

3. 바울은 갈라디아교회에게 다시 무엇을 메지 말라고 권면했나요?(1~4,11~13)

4. 바울은 갈라디아교회에게 성령의 열매를 어떻게 소개했나요?(16~18,22~23,25)

5. 여호와가 큰 악어로 비유한 애굽 왕을 어떻게 심판하신다고 하셨나요?(2~4,7~12)

6. 여호와가 말씀하신 지하에 내려가는 자는 누구일까요?(18,23~24,26,29~30,32)

7. 아삽은 만군의 하나님 여호와와 이스라엘을 무엇에 비유했나요?(1,8~11,14~15)

8. 아삽은 하나님께 이스라엘이 어떤 눈물을 많이 마셨다고 말했나요?(4~6,12~13)

Ⅳ. 기도

1. 주여, 나이들어 힘이 없고 연약할 때 지혜롭고 경건한 자를 옆에 두게 하옵소서.
2. 주여, 종의 멍에를 다시 메지 말고 성령의 열매를 맺으며 살게 하옵소서.
3. 주여, 우리를 양떼 같이 인도하시는 목자이신 주님께 늘 부르짖게 하옵소서.

• 하나님 마음 알아가기 •

• 나에게 주시는 말씀(암송하기) •

• 오늘의 감사(기록하기) •

273 일차 / 365

경고

9월 30일

Ⅰ. 맥체인성경의 통독구조<273>

맥체인성경의 순서대로!

창세기~역대하 : 만물의 시작과 이스라엘의 시작

마태복음~요한복음 : 예수의 복음사역과 십자가 구속

에스라~말라기 : 이스라엘의 멸망과 새 시대의 시작

사도행전~요한계시록 : 교회의 시작과 선교

Ⅱ. 핵심구절 읽기

성경본문	열왕기상 2장	갈라디아서 6장	에스겔 33장	시편 81~82편
통일주제	**경고** (警告, 조심하거나 삼가도록 미리 주의를 줌)			
개별주제	솔로몬이 악한 자들에게 최후 심판을 경고함	성도 관계의 무너짐과 할례의 미혹을 경고함	파수꾼에게 심판과 구원에 대해 경고케 하심	율례, 규례, 계명을 거역함에 대하여 경고하심
연합내용	**성경은 하나님의 심판이 있기 전에 먼저 선지자를 통해 경고의 말씀을 증거 한다. 경고를 무시한 자는 심판을 받고 경고를 듣고 회개한 자나 주의한 자는 구원을 받는다. 그러므로 경고는 곧 생명의 길을 말한다.**			
핵심구절	1~9,13~17 20~28,31~34 36~37,39~44,46	1~8,10,12 14~15,17	2~7,10~12 14~15,17,19~20 24~27,30~31	81:1~4,8~13 82:1~4,8

• 열왕기상 2장 : 솔로몬이 악한 자들에게 최후 심판을 경고함

다윗이 죽을 날이 임박하매 그의 아들 솔로몬에게 명령하여 이르되...(1-9)

학깃의 아들 아도니야가 솔로몬의 어머니 밧세바에게 나아온지라 밧세바가 이르되 네가 화평한 목적으로 왔느냐 대답하되 화평한 목적이니이다...(13-17)

밧세바가 이르되 내가 한 가지 작은 일로 왕께 구하오니 내 청을 거절하지 마소서 왕이 대답하되 내 어머니여 구하소서 내가 어머니의 청을 거절하지 아니하리이다...(20-28)

왕이 이르되 그의 말과 같이 하여 그를 죽여 묻으라 요압이 까닭 없이 흘린 피를 나와 내 아버지의 집에서 네가 제하리라...(31-34)

왕이 사람을 보내어 시므이를 불러서 이르되 너는 예루살렘에서 너를 위하여 집을 짓고 거기서 살고 어디든지 나가지 말라...(36-37)

여호야다의 아들 브나야에게 명령하매 그가 나가서 시므이를 치니 그가 죽은지라 이에 나라가 솔로몬의 손에 견고하여지니라(46)

• 갈라디아서 6장 : 성도 관계의 무너짐과 할례의 미혹을 경고함

형제들아 사람이 만일 무슨 범죄한 일이 드러나거든 신령한 너희는 온유한 심령으로 그러한 자를 바로잡고 너 자신을 살펴보아 너도 시험을 받을까 두려워하라...(1-8)

그러므로 우리는 기회 있는 대로 모든 이에게 착한 일을 하되 더욱 믿음의 가정들에게 할지니라(10)

무릇 육체의 모양을 내려 하는 자들이 억지로 너희에게 할례를 받게 함은 그들이 그리스도의 십자가로 말미암아 박해를 면하려 함뿐이라(12)

그러나 내게는 우리 주 예수 그리스도의 십자가 외에 결코 자랑할 것이 없으니 그리스도로 말미암아 세상이 나를 대하여 십자가에 못 박히고 내가 또한 세상을 대하여 그러하니라...(14-15)

이 후로는 누구든지 나를 괴롭게 하지 말라 내가 내 몸에 예수의 흔적을 지니고 있노라(17)

• 에스겔 33장 : 파수꾼에게 심판과 구원에 대해 경고케 하심

인자야 너는 네 민족에게 말하여 이르라 가령 내가 칼을 한 땅에 임하게 한다 하자 그 땅 백성이 자기들 가운데의 하나를 택하여 파수꾼을 삼은...(2-7)

그런즉 인자야 너는 이스라엘 족속에게 이르기를 너희가 말하여 이르되 우리의 허물과 죄가 이미 우리에게 있어 우리로 그 가운데에서 쇠퇴하게 하니 어찌 능히 살리요 하거니와...(10-12)

가령 내가 악인에게 말하기를 너는 죽으리라 하였다 하자 그가 돌이켜 자기의 죄에서 떠나서 정의와 공의로 행하여...(14-15)

그래도 네 민족은 말하기를 주의 길이 바르지 아니하다 하는도다 그러나 실상은 그들의 길이 바르지 아니하니라(17)

인자야 이 이스라엘의 이 황폐한 땅에 거주하는 자들이 말하여 이르기를 아브라함은 오직 한 사람이라도 이 땅을 기업으로 얻었나니 우리가 많은즉 더욱 이 땅을 우리에게 기업으로 주신 것이 되느니라 하는도다...(24-27)

• 시편 81-82편 : 율례, 규례, 계명을 거역함에 대하여 경고하심

우리의 능력이 되시는 하나님을 향하여 기쁘게 노래하며 야곱의 하나님을 향하여 즐거이 소리칠지어다...(81:1-4)

내 백성이여 들으라 내가 네게 증언하리라 이스라엘이여 내게 듣기를 원하노라...(81:8-13)

하나님은 신들의 모임 가운데에 서시며 하나님은 그들 가운데에서 재판하시느니라...(82:1-4)

하나님이여 일어나사 세상을 심판하소서 모든 나라가 주의 소유이기 때문이니이다(82:8)

Ⅲ. 묵상을 위한 질문

1. 다윗은 솔로몬에게 어떤 자에 대한 공의로운 통치적 유언을 했나요?(1~9)

2. 솔로몬 왕은 나라를 통치할 때에 어떤 일부터 정리했나요?(23~28,34,36~38,46)

3. 바울이 갈라디아교회에게 마지막으로 권면한 세 가지의 교훈은 무엇일까요?(1~8)

4. 바울은 자신이 자랑할 것과 가지고 있는 것에 대해 무엇이라고 말했나요?(14,17)

5. 여호와 하나님은 에스겔에게 어떤 사명을 주셨나요?(2~7,10~12)

6. 여호와 하나님이 지적하신 이스라엘의 범죄는 무엇이었나요?(17,20,24~26,30~31)

7. 아삽은 이스라엘에게 어떤 계명을 지키지 않음에 대해 경고했나요?(81:3~4,8~13)

8. 아삽은 하나님이 그의 백성들에게 어떻게 살라고 하셨음을 대언했나요?(82:2~4)

Ⅳ. 기도

1. 주여, 먼저 믿은 자와 멘토의 가르침을 따라 자신의 삶을 정립하게 하옵소서.
2. 주여, 오직 예수의 십자가만 자랑하고 성도의 관계를 귀히 여기게 하옵소서.
3. 주여, 주 예수의 제자로서 말세에 대한 경고의 사명을 잘 감당하게 하옵소서.

• 하나님 마음 알아가기 •

• 나에게 주시는 말씀(암송하기) •

• 오늘의 감사(기록하기) •

MEMO

MEMO

맥체인 1년 1독 성경읽기

맥체인 통독 맥잡기(7) (7-9월)

2020년 7월 1일 초판 1쇄 발행

지 은 이 김홍양

발 행 처 선교횃불

디 자 인 디자인이츠

등 록 일 1999년 9월 21일 제54호

등록주소 서울시 송파구 백제고분로 27길 12(삼전동)

전 화 (02) 2203-2739

팩 스 (02) 2203-2738

이 메 일 ccm2you@gmail.com

홈페이지 www.ccm2u.com